eons
艺 文 志

拜德雅·人文丛书
学 术 委 员 会

○ ● ○

学术顾问

张一兵　南京大学

学术委员（按姓氏拼音顺序）

陈　越　陕西师范大学	姜宇辉　华东师范大学
蓝　江　南京大学	李科林　中国人民大学
李　洋　北京大学	刘悦笛　中国社会科学院
鲁明军　复旦大学	陆兴华　同济大学
王春辰　中央美术学院	王嘉军　华东师范大学
吴冠军　华东师范大学	吴　琼　中国人民大学
夏可君　中国人民大学	夏　莹　清华大学
杨北辰　北京电影学院	曾　军　上海大学
张　生　同济大学	朱国华　华东师范大学

虚无的解缚

启蒙与灭尽

[英]雷·布拉西耶（Ray Brassier）| 著

聂世昌 | 译

上海文艺出版社

无事可做,无处可去
无物可成,无人可识

——托马斯·里戈蒂(Thomas Ligotti)

目 录

总　序 | 重拾拜德雅之学　　　　　　　　　　/v
序　言　　　　　　　　　　　　　　　　　　/xiii

第 1 部分　摧毁明显图像　　　　　　　　　/3

1　信仰的凋亡　　　　　　　　　　　　　　/5

　　1.1　明显图像和琼斯神话：威尔
　　　　弗里德·塞拉斯　　　　　　　　　/5
　　1.2　科学图像的工具化　　　　　　　　/11
　　1.3　认知的灾难：保罗·丘奇兰德　　　/17
　　1.4　神经计算的方案　　　　　　　　　/20
　　1.5　取消主义的"悖论"　　　　　　　/26
　　1.6　从超经验主义到形而上学　　　　　/32
　　1.7　显像的显像　　　　　　　　　　　/48

2　启蒙的"假死"　　　　　　　　　　　　/59

　　2.1　神话与启蒙：阿多诺与霍克海默　　/59
　　2.2　牺牲的牺牲　　　　　　　　　　　/63
　　2.3　纪念性反思　　　　　　　　　　　/72
　　2.4　空间的剥夺　　　　　　　　　　　/79
　　2.5　死亡的模仿　　　　　　　　　　　/84

3　实在论之谜　/91

3.1　原化石：甘丹·梅亚苏　/91

3.2　相关主义者的回应　/100

3.3　意义的两种机制　/112

3.4　事实性原则　/118

3.5　事实性的三个标志　/129

3.6　思想和存在的历时性　/158

3.7　绝对偶然性的悖论　/163

第2部分　否定的剖析　/179

4　解缚空无　/181

4.1　存在的解缚：阿兰·巴迪欧　/181

4.2　本体论话语的优先性　/184

4.3　呈现的法则　/188

4.4　结构，元结构，再现　/190

4.5　缝合不可呈现之物　/194

4.6　反现象的呈现　/198

4.7　元本体论的例外　/201

4.8　呈现的两种机制　/208

4.9　缩离的后果　/215

5 存在之无 /220

- 5.1 实在论，建构主义，解构：弗朗索瓦·拉吕埃尔 /220
- 5.2 哲学的本质 /224
- 5.3 作为先验演绎的哲学决定 /229
- 5.4 命名实在 /239
- 5.5 用腹语发声的哲学 /247
- 5.6 实在的撤离 /254
- 5.7 最终规定 /261
- 5.8 思考的客体 /264
- 5.9 先验的解缚 /268
- 5.10 绝对的和相对的自主性 /271
- 5.11 非辩证的否定性 /275
- 5.12 时空同一性 /281

第3部分 时间的终结 /285

6 纯粹且空无的死亡 /287

- 6.1 谁是时间？海德格尔 /287
- 6.2 绽出与绽出范围 /292
- 6.3 有限的可能性及现实的无限性 /297
- 6.4 德勒兹：自在的时间和自为的时间 /307

6.5	差异的内强特征	/310
6.6	个体化和个体	/325
6.7	时空的综合	/331
6.8	思考的分裂	/339
6.9	行为的休止	/343
6.10	死亡的两副面孔	/351
6.11	心灵和自然的混合	/354
6.12	复杂性的表现	/364
6.13	心灵的生命	/370
7	灭尽的真相	/388
7.1	尼采的寓言	/389
7.2	转折点	/410
7.3	太阳的灾难：利奥塔	/424
7.4	现象学的褫夺：列维纳斯	/439
7.5	生命的创伤：弗洛伊德	/446
7.6	绑缚灭尽	/453

参考文献	/455
人名索引	/466
主题索引	/469

- 总 序 -

重拾拜德雅之学

1

中国古代，士之教育的主要内容是德与雅。《礼记》云："乐正崇四术，立四教，顺先王《诗》《书》《礼》《乐》以造士。春秋教以《礼》《乐》，冬夏教以《诗》《书》。"这些便是针对士之潜在人选所开展的文化、政治教育的内容，其目的在于使之在品质、学识、洞见、政论上均能符合士的标准，以成为真正有德的博雅之士。

实际上，不仅是中国，古希腊也存在着类似的德雅兼蓄之学，即 paideia（παιδεία）。paideia 是古希腊城邦用于教化和培育城邦公民的教学内容，亦即古希腊学园中所传授的治理城邦的学问。古希腊的学园多招收贵族子弟，他们所维护的也是城邦贵族统治的秩序。在古希腊学园中，一般教授修辞学、语法学、音乐、诗歌、哲学，当然也会讲授今天被视为自然科学的某些学问，如算术和医学。不过在古希腊，这些学科之间的区分没有那么明显，更不会存在今天的文理之分。相反，这些在学园里被讲授的学问被统一称为 paideia。经过 paideia 之学的培育，这些贵族身份的公民会变得"καλὸς κἀγαθός"（雅而有德），这个古希腊语单词形容理想的人的行为，而古希腊历史学家希罗多德（Ἡρόδοτος）常在他的《历史》中用这个词来描绘古典时代的英雄形象。

在古希腊，对 paideia 之学呼声最高的，莫过于智者学派的演说家和教育家伊索克拉底（Ἰσοκράτης），他大力主张对全体城邦公民开展 paideia 的教育。在伊索克拉底看来，paideia 已然不再是某个特权阶层让其后嗣垄断统治权力的教育，相反，真正的 paideia 教育在于给人们以心灵的启迪，开启人们的心智，与此同时，paideia 教育也让雅典人真正具有了人的美德。在伊索克拉底那里，paideia 赋予了雅典公民淳美的品德、高雅的性情，这正是雅典公民获得独一无二的人之美德的唯一途径。在这个意义上，paideia 之学，经过伊索克拉底的改造，成为一种让人成长的学问，让人从 paideia 之中寻找到属于人的德性和智慧。或许，这就是中世纪基督教教育中,及文艺复兴时期,paideia 被等同于人文学的原因。

2

在《词与物》最后,福柯提出了一个"人文科学"的问题。福柯认为,人文科学是一门关于人的科学,而这门科学,绝不是像某些生物学家和进化论者所认为的那样,从简单的生物学范畴来思考人的存在。相反,福柯认为,人是"这样一个生物,即他从他所完全属于的并且他的整个存在据以被贯穿的生命内部构成了他赖以生活的种种表象,并且在这些表象的基础上,他拥有了能去恰好表象生命这个奇特力量"[1]。尽管福柯这段话十分绕口,但他的意思是很明确的,人在这个世界上的存在是一个相当复杂的现象,它所涉及的是我们在这个世界上的方方面面,包括哲学、语言、诗歌等。这样,人文科学绝不是从某个孤立的角度(如单独从哲学的角度,单独从文学的角度,单独

---

[1] 米歇尔·福柯,《词与物》,莫伟民译,上海:上海三联书店,2001 年,第 459–460 页。

从艺术的角度)去审视我们作为人在这个世界上的存在,相反,它有助于我们思考自己在面对这个世界的综合复杂性时的构成性存在。

其实早在福柯之前,德国古典学家魏尔纳·贾格尔(Werner Jaeger)就将paideia看成是一个超越所有学科之上的人文学总体之学。正如贾格尔所说,"paideia,不仅仅是一个符号名称,更是代表着这个词所展现出来的历史主题。事实上,和其他非常广泛的概念一样,这个主题非常难以界定,它拒绝被限定在一个抽象的表达之下。唯有当我们阅读其历史,并跟随其脚步孜孜不倦地观察它如何实现自身,我们才能理解这个词的完整内容和含义。……我们很难避免用诸如文明、文化、传统、文学或教育之类的词汇来表达它。但这些词没有一个可以覆盖paideia这个词在古希腊时期的意义。上述那些词都只涉及paideia的某个侧面:除非把那些表达综合在一起,我们才能看到这个古希腊概念的范阈"[1]。贾格尔强调的正是后来福柯所主张的"人文科学"所涉及的内涵,也就是说,paideia代表着一种先于现代人文科学分科之前的总体性对人文科学的综

---

[1] Werner Jaeger, *Paideia: The Ideals of Greek Culture. Vol. 1*, Oxford: Blackwell, 1946, p. i.

合性探讨研究，它所涉及的，就是人之所以为人的诸多方面的总和，那些使人具有人之心智、人之德性、人之美感的全部领域的汇集。这也正是福柯所说的人文科学就是人的实证性（positivité）之所是，在这个意义上，福柯与贾格尔对 paideia 的界定是高度统一的，他们共同关心的是，究竟是什么，让我们在这个大地上具有了诸如此类的人的秉性，又是什么塑造了全体人类的秉性。paideia，一门综合性的人文科学，正如伊索克拉底所说的那样，一方面给予我们智慧的启迪；另一方面又赋予我们人之所以为人的生命形式。对这门科学的探索，必然同时涉及两个不同侧面：一方面是对经典的探索，寻求那些已经被确认为人的秉性的美德，在这个基础上，去探索人之所以为人的种种学问；另一方面，也更为重要的是，我们需要依循着福柯的足迹，在探索了我们在这个世界上的生命形式之后，最终还要对这种作为实质性的生命形式进行反思、批判和超越，即让我们的生命在其形式的极限处颤动。

这样，paideia 同时包括的两个侧面，也意味着人们对自己的生命和存在进行探索的两个方向：一方面它有着古典学的厚重，代表着人文科学悠久历史发展中形成的良好传统，孜孜不倦地寻找人生的真谛；另一方面，也代表着人文科学努力在生命的边缘处，寻找向着生命形式的外部空间拓展，以延伸我们内在生命的可能。

3

这就是我们出版这套丛书的初衷。不过，我们并没有将 paideia 一词直接翻译为常用译法"人文学"，因为这个"人文学"在中文语境中使用起来，会偏离这个词原本的特有含义，所以，我们将 paideia 音译为"拜德雅"。此译首先是在发音上十分近似于其古希腊词汇，更重要的是，这门学问诞生之初，便是德雅兼蓄之学。和我们中国古代德雅之学强调"六艺"一样，古希腊的拜德雅之学也有相对固定的分目，或称为"八艺"，即体操、语法、修辞、音乐、数学、地理、自然史与哲学。这八门学科，体现出拜德雅之学从来就不是孤立地在某一个门类下的专门之学，而是统摄了古代的科学、哲学、艺术、语言学甚至体育等门类的综合性之学，其中既强调了亚里士多德所谓勇敢、节制、正义、智慧这四种美德（ἀρετή），也追求诸如音乐之类的雅学。同时，在古希腊人看来，"雅而有德"是一个崇高的理想。我们的教育，我们的人文学，最终是要面向一个高雅而有德的品质，因而我们在音译中选用了"拜"这个字。这样，"拜德雅"既从音译上翻译了这个古希腊词汇，也很好地从意译上表达了它的含义，避免了单纯叫作"人文学"所可能引生的不必要的歧义。本丛书的 logo，由黑白八点构成，以玄为德，以白为雅，黑白双色正好体现德雅兼蓄之意。同时，这八个点既对应于拜德雅之学的"八艺"，也对应于柏拉图在《蒂迈欧篇》中谈到的正六面体（五种柏拉图体之一）的八个顶点。它既是智慧美德的象征，也体现了审美的典雅。

不过，对于今天的我们来说，更重要的是，跟随福柯的脚步，向着一种新型的人文科学，即一种新的拜德雅前进。在我们的系列中，既包括那些作为人类思想精华的**经典作品**，也包括那些试图冲破人文学既有之藩篱，去探寻我们生命形式的可能性的**前沿著作**。

既然是新人文科学，既然是新拜德雅之学，那么现代人文科学分科的体系在我们的系列中或许就显得不那么重要了。这个拜德雅系列，已经将历史学、艺术学、文学或诗学、哲学、政治学、法学，乃至社会学、经济学等多门学科涵括在内，其中的作品，或许就是各个学科共同的精神财富。对这样一些作品的译介,正是要达到这样一个目的:在一个大的人文学的背景下,在一个大的拜德雅之下,来自不同学科的我们,可以在同样的文字中,去呼吸这些伟大著作为我们带来的新鲜空气。

- 序　言 -

自哥白尼以降，人类由中心滚落到了 X 的位置。
(Nietzsche 1885)[1]

宇宙越显得可以理解，那么它也就越显得无意义。
(Weinberg 1978)[2]

"虚无主义"这个术语展露出了它陈腐的一面。关于这个主题的著述早已汗牛充栋，过度的曝光（overexposure）削弱了这个词语曾经可能传达的紧迫感。结果就是，它被乏味的过度熟悉性（over-familiarity）以及朦胧的不确定性浸染。即便如此，也很难有其他的哲学论争能够像虚无主义——在最"朴素"的通行意义上，虚无主义意味着"生存毫无意义"——的主张那样吸引对哲学问题不怎么感兴趣，或者说根本没有兴趣的人。尽管探讨这个主题的学术书籍与论文浩如烟海，不过我仍然确信这一极为庸常的主

1　Friedrich Nietzsche, *The Will to Power*, ed. W. Kaufman, New York: Vintage, 1967, §1.
2　Steven Weinberg, *The First Three Minutes*, London: Flamingo, 1983, 149.

张中仍然潜藏着还未被哲学家钩深极奥的东西，这是我写这本书的动机所在。虽然关于虚无主义的哲学文献数不胜数，其中一些著作更是让我获益匪浅，但我坚信某种具有基础哲学价值的东西还未言明，并被淹没在了探究虚无主义历史起源、当代分支以及长远影响的学术研究中，这是我写这本书的依据所在。事实上，由于虚无主义的这些层面已经被非常透彻地描绘过了，所以阐明本书意图最简单的方式就是解释它没有做什么。

首先最重要的是，本书并不把虚无主义当作一种需要对其诊断并给出解药的病症。不过，它既不赞赏有限之情（pathos of finitude），并将其视为抵抗形而上学狂妄自大的壁垒（Critchley 1997），或者庆祝解释的不确定性，并将其看作摆脱（启蒙运动理性主义所带来的）压抑普遍性的皆大欢喜的解放（Vattimo 1991 & 2004）；也不试图在怀疑主义以及非理性主义面前重新确立理性的权威——不管是在海德格尔存在主义的大肆破坏中为柏拉图主义辩护（Rosen 2000），还是利用黑格尔主义来反击法国后结构主义的明枪暗箭（Rose 1984）。最后，它也不愿提供一种虚无主义的概念谱系学（Cunningham 2002），不想就虚无主义中成问题的部分，写就一部批判性的史前史（Gillespie

1996），或者综述它在19世纪、20世纪哲学及文学中的诸种影响（Souche-Dagues 1996）。

这本书有两个基本论点。首先，启蒙运动打破了"存在之链"，污毁了"世界之书"。作为启蒙进程的结果以及理性力量焕发的必然产物，世界的祛魅标志着知识发现呈现出令人振奋的趋势，而非灾难性的衰退。这一观点直接受到了乔纳森·伊斯雷尔（Jonathan Israel）著作的启发。启蒙运动可以说是两千年以来影响最深远的（而且一直在进行的）知识革命，乔纳森重述了哲学在其中所起到的决定性作用。他的这一权威论断是对反启蒙修正主义思潮（20世纪的许多哲学都与之脱不开关系）有益且必要的修正。[1] 我们应当欢庆世界的祛魅，而非报以哀叹，因为它是心智成熟的果实，而非不断衰弱的贫乏。这本书的第二个基本论点是，虚无主义并不像雅各比（Jacobi）和其他哲学所坚称的那样是主观主义病态的恶化，即宣告整个世界的无效，并把现实化约为绝对自我的关联项；相反，它是实在论信念的必然结论，因为后者坚信，存在着独立于心灵的实在，

---

[1] Jonathan Israel, *Radical Enlightenment: Philosophy and the Making of Modernity 1650–1750*, Oxford: Oxford University Press, 2001; *Enlightenment Contested: Philosophy, Modernity and the Emancipation of Man 1670–1752*, Oxford: Oxford University Press, 2006.

无论人类做出何种自恋的假设,它都对我们的生存漠不关心,视"价值"和"意义"若无物——尽管我们通常会将"意义"和"价值"覆于实在之上,使其显得更友善一些。自然既不是我们或任何人的"家乡",也不是一个特别仁慈的起源。哲学家们最好停止继续发出如下的指令:人们需要重建生存的意义、生命的目的或者修缮人与自然破碎不堪的、不再和谐的关系。哲学不应只在人们可悲的自尊心受到伤害时扮演安抚者的角色。虚无主义不是生存的困惑而是思辨的契机。思考和生存就其所拥有的旨趣而言并不是完全契合的;事实上,思考的旨趣不仅可能,而且已经与后者产生了对立。我所想要探究的正是后一种可能性。本书有着显而易见的缺陷,令人遗憾的是,理想与能力之间的差距意味着它既不彻底也不全面,因而无法确保其中的论证足以令人信服。本书的主要论点肯定会引起质疑性的反驳,如果想让本书的论证足够坚实有力,能够回应这些反驳,那就需要做出更多的说明。不过,无论本书多么令人不满,由此出发所讨论的主题都应被视为一次准备性的介入。我希望之后的著作能够对此进行更充分的研究。

本书分为三部分。第 1 部分的主题为"摧毁明显图像"。第 1 章通过考察威尔弗里德·塞拉斯(Wilfrid Sellars)在

"世人"(man in the world)的"明显"图像和"科学"图像之间所做出的区分,引入"摧毁明显图像"这一主题。接着,本书将探讨常识心理学话语和新兴认知科学之间的对立:前者倡导规范性,后者则彻底消除对"信仰"的信仰,以使心灵重新融入科学图像。第 2 章分析了阿多诺和霍克海默在黑格尔和弗洛伊德的启发下,以理性与自然之关系的替代性概念(an alternative conception),对科学合理性做出极具影响力的批判。第 3 章(第 1 部分的最后一章)阐明了甘丹·梅亚苏(Quentin Meillassoux)对"相关主义"的批判,后者构成了"康德主义—黑格尔主义"解释理性和自然关系的基础。随后,本章将指明梅亚苏试图恢复数学直观时所面临的困难。第 2 部分描绘"否定的剖析"。作为该部分的开端,第 4 章将考察阿兰·巴迪欧如何通过存在的缩离概念(a subtractive conception of being)[1]来回避梅亚苏诉诸智性直观(intellectual intuition)时所遇到的困难。虽然巴迪欧避免了直观观念论(idealism of intuition),但付出了走向同样成问题的书写观念论(idealism

---

[1] 关于缩离(subtraction)、否定(negation)与破坏(destruction)之间的关系,可参见巴迪欧 2007 年 2 月 6 日在帕萨迪纳艺术中心设计学院所做的演讲《破坏、否定和缩离:论皮埃·保罗·帕索里尼》("Destruction, Negation, Subtraction—On Pier Paolo Pasolini")。——译者注

of inscription）的代价。第 5 章通过借鉴弗朗索瓦·拉吕埃尔（François Laruelle）的著作，试图在关联的观念论与数学直观观念论 / 书写观念论的僵局中寻找一条出路，并详细说明一种依据否定的非辩证逻辑来运作的思辨实在论。本书的第 3 部分（也是最后一部分）"时间的终结"，试图将这一逻辑付诸实践。第 6 章批判性地重构了在海德格尔《存在与时间》(*Being and Time*)、德勒兹《差异与重复》(*Difference and Repetition*) 中具有本体论作用的死亡与时间的关系。最后，结合前几章中逐渐形成的批判性见解，第 7 章首先概括了尼采对克服虚无主义的描述，然后提出以思辨性的方式重写弗洛伊德的死亡本能理论——在其中，后者的升华被视为把握求知意志和虚无意志之间紧密联系的关键。

感谢丹·伯恩亚德（Dan Bunyard）、迈克尔·卡尔（Michael Carr）、马克·费舍尔（Mark Fisher）、格拉汉姆·哈曼（Graham Harman）、罗宾·麦凯（Robin Mackay）、达斯汀·麦克沃尔特（Dustin McWherter）、妮娜·鲍尔（Nina Power）、丹·史密斯（Dan Smith）、阿尔贝托·托斯卡诺（Alberto Toscano），以及我在现代欧洲哲学研究中心的同事们：埃里克·奥利兹（Eric Alliez）、皮特·霍

沃德（Peter Hallward）、克里斯蒂安·克斯莱克（Christian Kerslake）、斯图尔特·马丁（Stewart Martin）、皮特·奥斯本（Peter Osborne）、斯特拉·桑福德（Stella Sandford）。

尤其要感谢达米安·维尔（Damian Veal）在原稿最后的筹备中所提供的帮助。最后的最后，谢谢米歇尔·司培德（Michelle Speidel）。

声 明

第 2 章的早期版本收入《心灵的起源和终结》（*The Origins and Ends of the Mind*, ed. R. Brassier and C. Kerslake, Leuven University Press, 2007）；第 3 章的简略版收入《瓦解》（*Collapse*, Vol. II, February 2007）。第 4 章的校编版是《阿兰·巴迪欧的存在与事件中作为反现象的呈现》（"Presentation as Anti-Phenomenon in Alain Badiou's Being and Event" in *Continental Philosophy Review*, Vol. 39, No. 1）一文的基础；最后，第 7 章第 3 节和第 4 节所用的材料最早出现在名为《太阳的毁灭》（"Solar Catastrophe" in *Philosophy Today*, Vol. 47, Winter 2003）的文章中。

虚无的解缚
启蒙与灭尽

Nihil Unbound
Enlightenment and Extinction

第 1 部分

——

摧毁明显图像

1 信仰的凋亡[1]

1.1 明显图像和琼斯神话：威尔弗里德·塞拉斯

在《人类的哲学和科学图像》（*Philosophy and the Scientific Image of Man*）[2] 一书中，威尔弗里德·塞拉斯对当代哲学面临的困境做出有力的诊断。当代哲学家面临着两种互相对立的世人（man in the world）图像：第一种是人类的明显图像（*manifest* image），它是迄今为止人们借助哲学反思所构想出的自身形象；另一种则是将人类视为"一个复杂物理系统"（Sellars 1963a: 25）的科学图像（*scientific* image），它出现相对较晚，却在持续扩展。与明显图像极为不同，人类的科学图像来源于不同的科学话语，这些科学话语涵盖了物理学、神经生理学、进化生物

---

[1] "凋亡：一种细胞的死亡类型，在这一过程中，细胞使用专门的细胞组织去杀死自己；一种细胞的自杀机制，它可以使多细胞生物能够控制细胞数量以及消灭那些对动物生存造成威胁的细胞。" American Psychological Association (APA): apoptosis (n.d.), WordNet® 2.1, Dictionary.com website: http://dictionary.reference.com/browse/apoptosis.

[2] Wilfrid Sellars, 'Philosophy and the Scientific Image of Man' in *Science, Perception and Reality*, London: Routledge and Kegan Paul, 1963a, 1–40.

学及最近才出现的认知科学。不过对塞拉斯而言,明显图像和科学图像之间的对立,不能被解释为朴素的常识和复杂的理论理性之间的冲突。明显图像不是前理论的直接性(pre-theoretical immediacy)范畴。相反,它本身就是一种精妙的理论建构,是对原初框架(originary framework)富有条理且具有批判性的"提炼和深化"。人类正是借助原初框架才首次遇到可以进行概念思考的自己,认识到自己和其他缺乏这种能力的生物有所不同。要理解为什么塞拉斯将明显图像自身描述为一种精深的理论成就——可以和迄今为止的科学成就相比肩——我们就有必要对塞拉斯现在为人所熟知的"琼斯神话"进行简要地概述。

在《经验主义和心灵哲学》[1]这本具有影响力的书中,塞拉斯虚构了一个关于所谓"我们的赖尔祖先"的哲学寓言。赖尔人虽然掌握语言,但缺乏必要的概念手段来描述复杂的心理状态和心理过程。这些概念则通常被认为是复杂认知行为的先决条件。当赖尔人尝试去解释诸如愤怒等人类行为时,他们所能借助的资源就仅限于一系列倾向性

---

[1] 首次发表于1956年,参见 *Minnesota Studies in the Philosophy of Science* (Vol.1), H. Feigl and M. Scriven (eds);并于1963年被收入 Sellars, *Science, Perception, and Reality*, Routledge & Kegan Paul; *Empiricism and the Philosophy of Mind*, Cambridge MA: Harvard University Press, 1997。

词语——比如"脾气不好"——这些术语从操作性层面定义了包括"咆哮和怒吼"在内的可观察到的情形。赖尔人认为这些可观察到的情形反过来也能够解释那些可见的行为,比如在这种情况下,可以用它们来解释"情绪激动"。但是,从操作性层面进行定义的倾向性概念,严重限制了赖尔人所能解释的人类行为范围,因为他们缺乏必要的概念手段来解释更为复杂的行为。此时,塞拉斯引入了他的"琼斯神话"。琼斯是一个理论天才,他假设存在一种叫作"思想"的内在类言语片段,这些内在类言语片段很大程度上效仿了公开的可观察到的陈述话语。与公开的可观察到的话语类似,"思想片段"(thought-episodes)不仅拥有和前者相同的语义及逻辑内容,而且还扮演着一个内在角色,这一内在角色类似于公开演说中的言说者以及争辩者。即便公开可观察到的言语片段(speech-episodes)不在场,通过假设内在思想过程的实存,我们也有可能将迄今为止各种各样神秘的人类行为解释为一连串恰切的、有组织的内在思想片段的结果。与此类似,琼斯也假设内在"感觉"(sensation)是实存的,这种内在感觉以外在的感知对象为模型。琼斯把"感觉"视为内在感知能够引发认知和行为的实例——即便外部可观察到的对应物并不在场。遵循着类似的推理模式,琼斯继而假设"意图""信念"及"欲望"也是实存的。它们是相对较为持久的个体心理状态,能够作为重要因果关系要素来解释各种各样的行为:"他推了他一把,因为他想要杀了他""她很早就离开了,因为她相信他们在等她""他偷了它,因为他渴望拥有它"。由于命题之中包含了内在思想片段,因此琼斯理论的核心就在于建立人和命题的关联:琼斯教他的同辈如何解释各种各样的行为,方法就是利用"that"从句的陈述形式将命题态度(*propositional attitudes*)归因于具体的个人,例如,"他相信(He believes that)……""她渴望(She desires that)……""他想要(He intends that)……"。尽管这些命题态度还未被广泛认可,但是它们已然成为因果关系要素,作用于由琼斯提出的新的人类行为理论;相较于先前的行为主义理论,新理论本身也在解释力方面有巨大的提升。有了新理论,对个体而言,剩下要做的就是学着去使用它,这样做的目的在于解释其他人的行为以及描述自己的行为:人们学着去理解不同性质的内在感觉片段,就像人们学着将信念、欲望和意图归因于自身来了解他自己一样。人们内化了这一理论,并将其当作一个必不可少的中介,来描述以及表达自己第一人称(主观)的经验结构。

塞拉斯寓言的哲学寓意主要在于，琼斯哲学思想的继承人逐渐意识到，不同的命题态度彼此对立于衍推、蕴含及推理依赖的复杂逻辑关系之中；琼斯的理论在结构上和科学解释的演绎定律模式相似。对这些哲学家（包括塞拉斯）来说，琼斯的理论突破成为揭开人类思想理性基础结构的关键；人类思想的理性基础就成型于命题态度归因的语句表达中。"信念""欲望""意图"以及类似的存在（entities）已经成了所有认知理论需要阐明的基本心理类型。

但是，这些心理存在（psychological entities）的本体论地位又是怎样的呢？值得注意的是，虽然塞拉斯把一些功能性的角色分配给这些心理存在，但他这样做也只是为了悬置它们的本体论地位的问题而已。塞拉斯说道："（思想）片段之于语言动物，就像分子撞击之于气体，而非'幽灵'之于'机器'。"（Sellars 1997: 104）因此，琼斯神话的意义在于，它表明了将对应于公开言语行为的"思想（内在片段）"类比作气体运动的分子，是理解思想的认识论地位的最有效方式。气体分子经验特征是确定的，因为分子的动力相互作用可以诉诸牛顿定律的合法性而得到说明，但塞拉斯所描述的"思想"则只是单纯的功能类型，它们的本体论/经验地位问题却仍旧悬而未决。

所以，对塞拉斯而言，明显图像的基本含义与其说是本体论的不如说是规范性的（normative），因为明显图像可以为人们提供一个框架，"在其中我们彼此关心，我们共享共同体的意图，这些为我们带来了充满原则和标准的氛围（尤其是那些能够产生有意义话语以及使得理性本身成为可能的原则和标准），在这样的原则和标准之中，我们每个人都过着自己的生活"（Sellars 1963a: 40）。如此一来，那些我们本应竭力从科学还原中保留下来的本体论条目，却并未被收录到明显图像的目录中；相反，明显图像表现为理性行动者（rational agents）的共同体。对此塞拉斯认为，明显图像的首要组成部分应该是作为包含意向能动性（intentional agency）的人（*persons*）的概念。因此，虽然明显图像是"富有条理且具有批判性的"理论框架，或者也可以说这种理论框架构成了某种"科学图像"——即便它是"关联性的"而非"假设的"（Sellars 1963a: 7）——但它却并不是某种我们可以随意接受或者拒绝的立场。塞拉斯强调，与其他理论框架不同，我们之所以能够辨识出我们是人类，是因为明显图像为我们提供了不可或缺的先决条件。也就是说，作为人类，"人是这样一种存在，它借助明显图像认识自身。在某种程度上，如果明显图像不存在[……]那么人类也无法生存"（Sellars 1963a: 18）。塞拉斯指出，对于我们的明显自我图像来说，最不可缺少的不是它的本体论承诺——因为本体论只是言明了什么存有（*exists*）于世界之中——而是明显图像作为框架所具有的规范价值，它允许我们把自己视为理性行动者从而理解自身，并在世界中追求各种目的。如果没有它，我们就根本不知道要做什么或者怎么做才能理解我们自己，甚至我们也根本不能辨认出自己的人类身份。所以，作为对康德的回应，塞拉斯总结道，我们除了坚持明显图像在实践上（*practical*）——如果不是理论上——优先于科学图像之外，别无他法。它为理性的合目的性规范提供了来源，因而也是我们所必需的。因此，在塞拉斯看来，哲学的真正任务在于实现明显图像以及科学图像的恰切且立体的（*stereoscopic*）整合，只有这样，具有理性意图的语言才能充实科学理论，以便让后者可以直接服务于人类的目的。

1.2　科学图像的工具化

毫无疑问，明显图像一直为许多当代哲学思考的开展提供基本框架，其范围不仅涵盖了"当代欧陆思想的主要流派"——这句话写于20世纪60年代初，塞拉斯在这里大概是指现象学和存在主义,此外我们还应该把批判理论、解释学以及后结构主义加进去——而且也包括了"侧重于分析'常识'以及'日常用法'的当代英美主流哲学,[……]因为这些哲学可以被有效地解释为是对世人明显图像充分程度不一的说明,而这些解释则可以被看作是对以下问题的充分描述:在一般意义,人和世界究竟是什么"(Sellars 1963a: 8)。这些哲学之间原本存在着难以消弭的差异,但是它们却共享了对如下观点或深或浅的敌意:科学图像意在描述"究竟有什么"(what there really is);它的本体论立足点能够消解人类作为人或者意向行动者(intentional agent)明显的自我概念。从根本上来说,无论是否承认明显图像的实存,所有哲学都是在明显图像的庇护下开展起来的,它们凭借共同的信念团结在一起,而这种信念就是"科学图像假设的实在(例如:基本粒子、神经生理学机制、进化过程等)只是符号工具,它们的作用(比如在地图上滚动的距离测量工具)只是帮助我们在世界中寻找自己的道路,但是却无法描述任何实际的对象或者过程"(Sellars 1963a: 32)。对于所有坚持人类明显自我图像具有必然优越性的哲学而言,科学走向工具主义是不可避免的结果。因此,虽然海德格尔和维特根斯坦这两位权威哲学家属于不同的哲学流派,但他们却一致认为,相较于科学图像,明显图像享有哲学上的特权。因为在某种意义上,科学理论所假设的实在或者进程基于或源于我们更为"原初的"前科学理解,无论后者被解释为"在-世界-中-存在"还是我们对"语言游戏"的实际参与。由之出发,人们或许会决定再稍进一步,谴责科学图像是明显图像的一种癌变(第2章及第3章中,我们会继续探讨这个主题)。

值得称赞的是,塞拉斯毅然拒绝了科学图像工具化的观点。正如他所指出的那样,虽然作为原初框架的明显图像确实享有方法论(methodological)上的优先性,科学图像也的确是从原初框架之中发展而来的,但是这并不意味着赋予明显图像实质性主导权的企图是正当的(legitimates)。换句话说,即便科学图像在方法论上依赖于明显图像,但我们也不能摧毁它相对于后者而言的实质性自主权。因此需要指出的是(虽然塞拉斯本人没有这样说),虽然现象学和/或实证主义描述了我们明显"在-世界-中-存在",但把科学理论理解为二者开枝散叶的结果则是在为一种针对科学的哲学还原主义形式背书。然而,与经常遭受批评的科学还原主义不同——科学还原主义有很清晰的原则,即便它有时也无法在现实中完成那些宣称在原则上可以实现的还原——针对科学的哲学还原主义信徒显然要避免描绘概念性的标准,只有这样,科学图像的结构才可能会被还原为明显图像的运作机制。不出所料,那些将科学图像工具化的人可能更喜欢对无关紧要的断言指手画脚,比如,"科学理论化发生在前科学实践之后";但对至关重要的科学解释却保持沉默,"比如,准确解释为何量子力学取决于我们挥舞锤子的能力"。

塞拉斯从未屈服于粗鄙的(针对科学图像的)哲学还原主义的诱惑,他坚持认为哲学应该抵制将科学图像纳入明显图像中的企图。与此同时,塞拉斯也告诫哲学家要远离相反的诱惑,即用科学图像代替明显图像。对于塞拉斯而言,这不是一道选择题,因为它将摧毁我们得以成为人类的东西。然而,值得注意的是,虽然塞拉斯希望能够用既定方式来综合科学图像以及明显图像,但这一路径本身又进一步假定,对(与琼斯的能动性理论相伴的)理性合目的性的描述是不可更改的。不过,这种理性合目的性的能动模型——以及随之而来的建议,即科学图像应该服从于与明显图像运作机制相称的特定目的——还是遭到了一些拒绝边缘化科学图像的哲学家的怀疑。这些哲学家不仅无视塞拉斯的忠告,而且还认为明显图像应该被纳入科学图像中。虽然在塞拉斯看来,正是明显图像的理论地位保证了其规范的自主性和(因此)不可消除性——作为理性能动性之本质的解释;但对塞拉斯的学生保罗·丘奇兰德来说(虽然他明确地承认了塞拉斯的影响力[1]),明显图像之所以能被修正,恰恰因为它是一种有待纠正的思辨成就,而不是对理性合目的性的决定性说明。在丘奇兰德看来,如果不依赖特定理论框架,我们无法确保后一种观念能够指明任何在明显图像中所体现的实在之物。尽管明显图像的确是人类文化发展历程中一个重要的认知成就,但是它必须接受批判性的考察。即便人们在主观描述中采用了大量的命题态度的习惯用语,将明显图像拔高到类神圣的地位,为其坚不可摧的可靠性附上了光环,但这也只是模糊了它固有的思辨地位而已。因此,丘奇兰德希望我们正视以下的可能性:

> 自发的自省判断仅仅是后天养成的习惯的一个例证,它是对某人内在状态概念化的回应,任何特定回应的完整性取决于后天的概念框架(理论)的可靠性,因为回应就是理论框架中产生的。因此,一个人的内

---

[1] 参见 Paul Churchland, 'Folk Psychology' in P. M. Churchland and P. S. Churchland, *On the Contrary: Critical Essays 1987–1997*, Cambridge, MA: MIT Press, 1998, 4-5.

> 省确定性,即居于心灵之中的信仰和欲望(或者"目的"),就像古典时代人们的视觉确定性,即天空中星体每天都在转动那样,有可能严重辜负了人们对它的信任。(Churchland 1989: 3)

塞拉斯相信只有将机械因果论的话语和意向的理性话语结合在一起,才能实现两种图像的立体整合,而丘奇兰德则提出要将两种话语一并替换为科学图像的神经计算强化版本(*neurocomputational* enhancement),后者可以有效地将明显图像纳入科学图像中,并迫使我们修正对自身的理解——将自己理解为自主的理性行动者或者"人"。然而,正如我们接下来将要看到的那样,虽然丘奇兰德尝试将明显图像纳入科学图像之中,但产生于基础认识论之间的张力却破坏了丘奇兰德的计划。和塞拉斯一样,丘奇兰德也断然拒绝了科学的工具主义概念以及明显图像的本体论优先性:他认为自己是一个科学主义实在论者。但是,正如我们看到的那样,他的科学实在论遭到了全面的破坏,其原因就在于他从实证主义的角度来解释再现(representation)。

1.3 认知的灾难：保罗·丘奇兰德

在如今被奉为经典的论文《取消唯物主义及命题态度》（1981）[1]中，丘奇兰德对"取消唯物主义"（EM）做出了如下总结：

> 取消唯物主义的观点是，心理现象的常识概念是一种错误的理论，这个理论有着根本上的缺陷。无论是它的原则还是本体论，最终都要被完整的神经科学替代，而非平稳地过渡到神经科学。我们的相互理解，甚至我们的内省，都有可能在完整的神经科学的概念框架之中得到重塑。这个理论远比被它替换掉的常识心理学更有力量，而且通常情况下它在自然科学中整合得也更充分。（Churchland 1989: 1）

显然，将常识心理学视为一种错误的理论观点很可能会在一些哲学家（尽管绝对不只是这些人）中引起恐慌，毕竟这些哲学家毕生都在致力于将常识心理学纳入自然科学的范围中。因此杰里·福多（Jerry Fodor）评论道："常识意向心理学如果真的崩塌的话，那么这将是人类有史以

---

[1] 首先发表于 *The Journal of Philosophy*, Vol. 78, No. 2, February 1981: 76-90。又收入 P. M. Churchland, *A Neurocomputational Perspective: The Nature of Mind and the Structure of Science*, London: MIT, 1989, 1-22。

来前所未有的知识灾难。"[1] 因为通常来说，专业的心灵哲学家并不以宣扬末世论倾向闻名，所以当有人指出他们其中的一员可能怀揣导致"人类历史上最大的知识灾难"的工具时，肯定会引起我们的注意。当代心灵哲学是一个高度技术性的领域，不同的哲学家分属不同的研究领域，互有论争，然而一旦涉及取消主义的假设正确与否之时，其中的利害关系就似乎会超越不同分支之间边界，对整个人类文化产生直接的影响。丘奇兰德的提议简直和文化革命没有什么区别：根据新的科学话语来重构我们的明显图像。取消唯物主义之下，真正岌岌可危的是人类自我理解的未来。

丘奇兰德取消主义假设[2]的构想规划可总结为如下四点：

(1) 常识心理学（Folk-psychology）是一种理论，因此容易受到真假评价的影响。

---

[1] J. Fodor, *Psychosemantics*, Cambridge, MA: MIT, 1987, xii.

[2] 还有其他的版本：Paul Feyerabend, 'Materialism and the Mind-Body Problem' in *Review of Metaphysics* XVII 1, 65 (September 1963), 49-66; Richard Rorty, 'Mind-Body Identity, Privacy, and Categories', *Review of Metaphysics* XIX, 1, 73 (September 1965), 24-54; Stephen P. Stich, *From Folk Psychology to Cognitive Science: The Case against Belief*, Cambridge, MA: MIT Press, 1983; Patricia S. Churchland, *Neurophilosophy: Toward a Unified Science of the Mind-Brain*, Cambridge, MA: MIT Press, 1986; Patricia S. Churchlandand Terrence Sejnowski, *The Computational Brain*, Cambridge, MA: MIT Press, 1992。

（2）常识心理学对一系列实践进行编码，可以通过对比其实际效用和所应发挥的功效，对其进行评价。
（3）常识心理学无法被还原为新晋的神经科学。
（4）常识心理学的神经科学替代方案，将会在实践及理论层面展现出超越前者的优越性。

在这些前提之下，丘奇兰德列出了三个基本理由，来证明常识心理学是令人极度不满的：

（1）存在着许多常识心理学无法连贯解释或者成功预测的现象：如脑损伤所造成的认知分馏的范围，心理疾病的准确病因及类型，艺术创造以及科学发现中的特定认知机制。
（2）常识心理学在理论上停滞不前，它明显地跟不上文化演变的快速步伐，也无法满足先进科技社会所推动的新的认知需求。
（3）常识心理学和自然科学的语料库越来越不相容；尤其是它从概念上来说就没有办法被还原为新晋的认知神经科学话语。

取消唯物主义的反对者运用了诸多论争策略，逐一回应了以上的指责。他们否认常识心理学是科学意义上的理论,因此不能用"正确或者错误"的方式来评价它,也不能指责它在解释心理现象方面的失败。他们否认常识心理学在科技新进步中停滞不前或者说是抱残守缺,人们不能用更高的实践效用标准来评价它。最后,他们还挑战了这样一种观点,即还原才是保证自然科学完整性的唯一途径。[1]

除了概述丘奇兰德的理论前提以及对这些前提的逐一反驳,我还将从以下四个不同角度来考察取消唯物主义的假设:(1)丘奇兰德用神经计算替代常识心理学的本质;(2)对唯物主义具有自我反驳特性的指责;(3)丘奇兰德的科学实在论倾向与通过常识心理学解释再现的非实在论倾向之间的潜在张力;(4)对取消唯物主义及一般意义上的还原主义,科学无力承认现象意识实在性的指责。

1.4 神经计算的方案

丘奇兰德以如下方式定义了"常识心理学":

"常识心理学"是指前科学的、常识性的概念框

---

[1] 这些以及其他批评取消唯物主义的文章被广泛收录于 R. N. McCauley ed., *The Churchlands and Their Critics*, Oxford: Blackwell, 1996。

架,所有正常的社会化人类都会用它来理解、预测、解释以及控制人类和高级动物的各种行为。这个框架包含了诸如信念、欲望、疼痛、愉悦、爱、恨、乐、恐惧、怀疑、记忆、认同、愤怒、同情、意图等概念。它体现了我们对人类认知、情感以及合目的天性的基本理解。总体来看,它建构了人的概念。(Churchland 1998b: 3)

正如我们以上所看到的那样,在塞拉斯理论的基础上,丘奇兰德将常识心理学描述为类科学的理论,在其中"人格"的概念扮演了核心的角色。然而,塞拉斯只是从功能类型的角度引入了命题态度,同时又故意悬置其本体论地位的问题。但对丘奇兰德来说,只要把因果作用归入不同的功能类型中,就算是赋予它们本体论地位了。他认为以功能性角色来理解心理类型是没有问题的,成问题的反而是它的前提,即常识心理学为心理学功能提供了可靠的编目之类的东西。丘奇兰德之所以会反感人们用功能类型来描述命题态度,并不是因为功能主义本身,而是因为他深切地怀疑,常识心理学是否真能为个性化的显著心理持征提供可靠的指导。因此,他提出用神经计算替换常识心理学,并希望能给我们提供另外一条可以识别心理功能的路径。

在对比了"自上而下"的以语言行为为范例的认知研究方法之后,丘奇兰德更为赞同另外一种"自下而上"的方法,这种方法力求将感官基本运动的神经生物学实在模型运用到更复杂的语言中介认知活动之中。

所以,丘奇兰德提出要用一种新模型来代替常识心理学。常识心理学会把认知设想为由命题态度的"语句舞蹈"(sentential dance)所构成的内在语言中介,与之不同,新模型主要借助于联结主义神经科学的资源(connectionist neuroscience)。根据这种新的范式,认知的内在动力学特性主要表现为跨神经元集群的激活模式,从而区别于句子连接结构;它的动态特征主要体现为由突触联结的习得构造所驱动的矢量到矢量的转换,由此区别于由句子之间逻辑蕴涵关系所主导的推理演绎。所以,虽然大脑的基本再现单元是激活矢量,但是它最基本的计算操作却是矢量到矢量的转换,就像大脑对神经元激活构造所做的那样。至关重要的是,根据这个范式,"理论"不再是通过逻辑蕴涵关系互相联结的命题所具有的语言形式系统;毋宁说,"理论"是对矢量空间确定划分,从而得到了与典型的重复输入有关的多种原型分区和子分区。

然而,考虑到丘奇兰德一直都寻求在生物学方面的更充足的合理性，我们就有必要着重分析新的"原型矢量激活"（PVA）为何保留了一种计算的理想化。在这一点上，它延续了心理类型及其物质实例化（material instantiation）之间的功能主义区分。不过，传统功能主义是在抽象的计算状态（某种图灵机状态）和生物物理学实例之间的既有差异之上，来构造这一区分的，而在丘奇兰德那里，为其功能主义区分提供基础的是加权空间（weight space）与矢量空间（vector space）的既有差异。虽然加权构造是决定矢量空间的划分的唯一要素，但是只有后者才等同于理论或者概念图式。在这些概念的基础上，（神经）网络得以再现世界。因此，在突触加权空间习得一种确定的构造后，大脑才完成了对矢量激活空间特定的原型划分。矢量空间的划分（而非突触权因子的构形）为大脑再现世界所依据的理论，提供了某种功能性的指示。正如丘奇兰德所说：

> 人们对世界的反映是差不多的，这不是因为他们潜在的加权构造在突触与突触的比较中呈现为极为相似的结果，而是因为他们的激活空间以类似的方式被划分。就像树在总体的物理轮廓方面是相似的，大脑的总体功能轮廓是差不多的，而它们布满细密纹理的

树枝在无数的细节上又是大相径庭的。(Churchland 1989: 234)

在此需要指出的是,丘奇兰德的观点代表了更为明显的生物学实在论倾向,且争议不断。丘奇兰德在所谓神经网络和大脑结构之间建立了"相似性"关系,但是他却没有详细阐明这一关系或者说"相似"的标准是什么。网络单元和大脑神经之间假定的"类比关系"并不能保证矢量原型的网络实例就一定和心理类型的大脑实例是同构的。而且,心理学范畴的统一相对于神经生物学层面而言,仍然具有自主性。约翰·马绍尔(John Marshall)和珍妮弗·歌德(Jennifer Gurd)[1]指出,病理学揭示了心理学功能的分化对认知功能组织具有限制作用。行为失序表明了功能范畴服从于不同的神经系统实例——不同的身体病因可能导致相同的认知失序。所以,尽管认知功能的确和神经结构有关,但是它不能被直接还原为神经结构。丘奇兰德强调采取自下而上的方法研究心理学的可取性毫无疑问是正确的,不过他仍然面临着两个问题。

首先,大脑和神经网络之间的经验性"相似"并不能保证后者本质上优于其他那些较少涉及认知的神经学"实

---

[1] J. Marshall and J. Gurd, 'The Furniture of Mind' in McCauley ed. *The Churchlands*, 176-91.

在"的认知模型。在此,"实在论"的适当标准之本质仍然是成疑的:它本身就属于神经生物学或者是心理学吗?丘奇兰德不能简单地假设二者必然重叠。

其次,在没有充分理解心理功能与神经结构之间相关性的确切性质的前提下,无论神经结构与网络结构之间有何种假定的相似性,都不能说明后者与认知的抽象功能结构之间的关系。在网络结构的问题上,诉诸生物学合理性在一定程度上是可取的,然而要识别认知的显著功能特征,那么单凭经验数据还远远不够。[1]

---

[1] 在这方面,丘奇兰德在他的原型矢量激活模型基础上阐述的"状态空间语义学"受到了攻击,因为它代表了对前康德经验主义的回归。由此,福多和勒波尔(Lepore)认为丘奇兰德不能为概念提供个体化的条件,也就是说,意义同一性的标准。因此,他必须尽可能地提出一个相似的标准。但是,除非他暗中借用经验主义来解释概念的同一性条件,否则他就不能为他的心理原型提供一个意义相似的标准。因此,本应使概念个体化的语义维度被简单地参照环境的经验主义特征加以规定,于是概念就在经验实例的基础上以混合的方式被定义了。根据福多和勒波尔的说法,这给丘奇兰德带来了以下两难境地:他要么重新引用某种区分分析—综合的说法,要么拥抱胡曼(Humean)的"白板"(blank slate)经验主义。丘奇兰德反驳说,他的解释确实可以通过偏见机制(discriminatory mechanisms)为原型提供有效且坚实的相似性概念,同时避免联结主义和先验分析的双重危险。参见 J. Fodor and E. Lepore (1996a), 'Churchland and State Space Semantics' in McCauley ed. 1996, 145-58; P. M. Churchland (1996a), 'Fodor and Lepore: State Space Semantics and Meaning Holism' in McCauley ed. 1996, 273-7; J. Fodor and E. Lepore (1996b), 'Reply to Churchland' in McCauley ed. 1996, 159-62; P. M. Churchland (1996b), 'Second Reply to Fodor and Lepore' in McCauley ed. 1996, 278-83; and P. M. Churchland (1998a) 'Conceptual Similarity across Sensory and Neural Diversity: The Fodor-Lepore Challenge Answered' in P. M. Churchland and P. S. Churchland 1998, 81-112. 在这场争论中,为丘奇兰德辩护的文章,可参见 Jesse J. Prinz, 'Empiricism and State Space Semantics' in Paul Churchland, Brian L. Keeley ed. Cambridge: Cambridge University Press, 2006, 88-112.

关于这个问题，我们在此不做过多纠缠。但是，我们现在必须认真考虑一个更具有破坏性且经常被拿来针对取消唯物主义的反对意见：它的构想根本上就毫无逻辑可言。

1.5 取消主义的"悖论"

常识心理学对信仰和愿望的归因，使得待解释对象被纳入了理由（reason）的规范性（概念的）空间中，后者既不能被还原为原因（cause）的自然（物质的）空间，也不包含在其中。这是塞拉斯在常识心理学话语的逻辑基本结构及其衍绎蕴含关系中所辨明的，可以说，他是第一位做到这一点的哲学家。此后，上述发现一直被看作常识心理学话语不可被还原为神经生物学或者物理学解释的标志。常识心理学具有假定的"合理-规范"（rational-normative）特征，而还原性的解释话语只能求助于"原因-物质"（causal-material）要素。二者之间的区别致使许多哲学家认为，常识心理学框架享有某种准先验地位，因而必然是不可取消的。的确，这一常识心理学的观念——因为它享有某种准先验的地位，因而必然是不可取消的——毫无疑问引发了时下对取消唯物主义的最为流行的且强有力的反驳。思考一下如下的观点：取消唯物主义者声称要抵制"信念"（以及更为普遍的"意义"）的实存。但是要想做到这一点，他就必须相信他所说的（或者为他所说的话赋予"意义"）。如此一来，他的信念——不存在信念这种东西——本身就是信念的实例，正如他坚持认为没有意义本身这件事就依赖于意义的实在性，而这种实在性恰好又为他们所拒绝。因此，取消唯物主义的支持者应该为这种矛盾的表述感到内疚。[1] 然而，这一指控不论是在纯粹的逻辑或是在更为宽泛的哲学视角下都显得非常可疑，弄明白其中的原因是非常重要的。从纯粹形式的角度来看，取消唯物主义的理论逻辑确实和我们所熟悉的归谬论证结构有些类似：它假设 Q（常识心理学假设的框架），然后从 Q 以及一些补充性的经验前提（我们随后会对此进行阐述）出发，正当地向非 Q 的结论做出论证，进而通过反证法原则得到非 Q 的结论。这里没有显眼的或者明显的异常。任何想要以此谴责取消主义自我反驳特征的人都应该小心一

---

[1] 林·拉德－贝克（Lynn Rudder-Baker）用所谓的归谬法（诸多版本之一）对取消唯物主义进行了详尽的分析，参见 *Saving Belief: A Critique of Physicalism*, Princeton, NJ: Princeton University Press, 1987. 迈克尔·德维特（Michael Devitt）是一位取消主义的积极反对者，在他发表于 1990 年的文章（'Transcendentalism about Content' in *Pacific Philosophical Quaterly*, Vol. 71, No. 2, 247-63.）中对这一攻击策略做出令人信服的反驳。除了这个，以及其他几次由保罗·丘奇兰德（cf. 1981, 1993）和帕特里夏·丘奇兰德（1981）所亲自展开的同等重要的反驳之外，许多"弄巧成拙"的反对意见都是取消主义的反对者提出来的。

点，否则他们就会发现当自己用反证法来指控这些观点的时候，不经意间站在了他们想要拒绝的立场之上。反对者想要合乎逻辑地指责取消唯物主义是一种自我反驳的理论，那么他就必须在其论证范围内成功地使任何反证程序都变得无效且不连贯。虽然这一尝试性的反驳有可能成功（即便它是极端可疑的），但就算成功了也没有什么意义，因为它一直都在暗示如何才能做到这一点。所以，我们有充分的理由去质疑"自我反驳"这一论证策略中所包含的错误，但是却无法利用反证法来质疑取消唯物主义。（参见Churchland 1998b: 28-30）

事实上，尝试"反驳"取消唯物主义的策略中最关键的是论证的第二步，具体来说就是"取消主义者认为没有信念本身就是信念的一个例证，正如他坚持认为没有意义本身这件事的可理解性依赖于意义的实在性，而这种实在性恰好又为他们所拒绝"。然而，取消唯物主义的可理解性其实并不依赖于这种对"信念"以及"意义"的实在性的解释。因为取消主义所反对的恰恰是如下两种观点："信念"为认知内容提供了必要的形式；命题的"意义"是语义内容的必要媒介。因此，丘奇兰德没有说"意义"这种东西不存在，相反，他认为我们理解自己意思的自发经验所依据的常识心理学的命题态度，不能很好地帮助我们理解他所谓的意义的"基本运动学和动力学"。根据丘奇兰德所提出的替代常识心理学的神经计算：

> 说话者所认同的陈述句都只是四维或者五维"立方体"中某一维的投射（通过威尼克 [Wernicke] 的复合透镜以及布洛卡 [Broca] 言说者所使用的语言的表面异质区域），即说话人的真实运动状态的一个要素。作为内部实在的投射，这些句子确实负载了与此相关的重要信息，也适合在交流系统中作为某种要素发挥作用。另一方面，作为分维投射，它们仅仅反映了被投射的实在的一小部分。因此，它们无法从运动学的、动力学的甚至有关规范性的维度来再现更深层次的实在。 (Churchland 1989: 18)

稍后我们将会看到，使用多维动态的"规范"要素给丘奇兰德带来了很大的麻烦。此刻，我们只需要记住：丘奇兰德没有简单地宣称诸如意义这样的东西不存在——人们之所以会产生这种印象，是因为他们被一些关于丘奇兰德的粗枝大叶式的导论所误导了——而是认为"信念"（比如，"相信常识心理学是错误的"）以及"命题"（比如，"常识心理学是错误的"）只有通过再现才是可能的，但是再现的复杂多维结构不能充分地反映在诸如"信念"这样的命题态度结构之中,它的基本语义也无法体现在句子中。取消唯物主义与常识心理学之间的论争涉及了再现的性质,而不是再现的实存。因此,取消唯物主义只是以另外一种方式解释了再现性质;它并没有否认这种再现的发生。

最终,当我们发现要阻止对某种基本框架的替换,只需不假思索地将恰好在这一框架中享有控制权的解释的一个原则或者多个原则先验化时,反对针对取消唯物主义观点——将其视为"自我反驳"的理论——本身具有的乞题(question-begging)特征就不言自明了。派翠西亚·丘奇兰德(Patricia Churchland)提到了这样一个例子,在这个例子中,活力论的支持者试着驳斥反活力论者时就运用了这个策略:"反活力论者声称没有生命灵气这样的东西。但是如果这一说法是正确的,说话者就不能被生命灵气赋予活力。那么,他肯定就已经死了。但是如果他是死人,那他的言论就是一连串毫无意义的缺乏理性和真理的噪音。"[1] 和之前的情况一样,针对某一给定现象——这里所说的"生命",以及之前所说的"意义"——的可理解标准,

---

[1] 这个例子来自 Patricia Churchland, 'Is Determinism Self-Refuting?' in *Mind*, 90, 1981, 99-101; cited in P. M. Churchland (1989), 22。

不同的立场之间互有论争，反对的一方会质疑它，而支持的一方则会利用它来驳斥对这一标准的挑战。但是，正如反活力论主义并不否认聚集于"生命"标题之下实存的诸现象，取消唯物主义也并不反对聚集于"意义"（或者"意识"）标题之下的诸现象的实在性，前者以特定的方式解释了现象的共同点，后者以特定的方式解释了现象的代表性特征（characteristic features）。

显然，这里的关键是"可理解性"标准或者"认知理解"的可能性并非完全（或唯一）被特定的概念语域（register），尤其是假定的直觉、前理论的常识所标定。在这样一点上，丘奇兰德追随塞拉斯指出，与所谓的"前理论常识"相称的可理解性语域（尤其是关于我们的自我理解）本身在理论上就是饱和的，即便因为我们对其过于熟悉，以致它的思辨特性隐而不现。利用技术以及超出我们常识的资源，科学极大丰富了我们对现象的理解。但是，科学在利用这些资源探索心灵本质的过程中越来越靠近核心地带（home），以至于进犯到了那些迄今为止被视为超越科学范围的、尤其是聚集在"意义"标题之下的诸现象之中。对于很多哲学家来说，聚集在"意义"标题之下的诸现象是把握我们何以为"人"这一问题的关键。于是问题转而成为——诸如这些哲学家所坚持的那样——关于"意义"是什么意思这个问题,科学是否根本上无力为我们提供一个满意解释,或者说,关于"意义"以及"意义性"(meaningfulness),前科学直观的权威是否需要被质疑。围绕取消唯物主义产生了诸多争论。面对这些争论,重要的是要把科学解释的范围以及我们前科学理解的权威性谁更具有认知优先性这一较为宽泛的问题,与取消唯物主义自身内在连贯性的局部问题区分开来。正如我们即将看到的那样,取消唯物主义的兴衰并不一定能证明那些拥护前者的人是正确的。

1.6 从超经验主义到形而上学

摆在丘奇兰德取消唯物主义面前最严重的问题是,他一方面恪守科学实在论,另一方面却依附于形而上学的自然主义,二者之间存在着某种潜在的张力。要理解为什么会出现这种情况,我们需要了解丘奇兰德的"原型矢量激活"(PVA)范式与其意欲取代的语言形式或常识心理学基础之间的双重关系。一方面,丘奇兰德明确(或从经验主义角度)认为,建立在所谓"超经验德性"基础上的原型矢量激活范式在解释层面具有优势:概念的朴素性（conceptual simplicity）、解释的统一性（explanatory unity），理论的凝聚性（theoretical cohesiveness）（Churchland 1989: 139-51）。另一方面，在适应主义原理（adaptationist rationale）的基础上，这一优势暗中（或者在形而上学意义上）被预设为再现和实在相适合（congruence）的先天保证。

因此，尽管丘奇兰德的原型矢量激活认知模型仍然具有明确的再现特性——命题态度已经被替换为矢量原型——但在其中，再现的运作不再受到作为对应的真理（truth-as-correspondence）的规范的支持。在真理被替换的过程中，丘奇兰德提出要区分那些基于不同的超经验德性的理论，这些超经验德性包括本体论朴素性、概念凝聚性以及解释力："正如我所看到的，作为基本标准的本体论的朴素性、凝聚性以及解释力的价值，就在于大脑可以用它们来识别信息，以及从噪音中区分信息。"（Churchland 1989: 147）[1] 然而，这样做的结果却是，丘奇兰德在不重新引入真实和虚假再现类型的实质性差异的前提下，只能归

---

[1] 在他的《答格莱莫》（"Reply to Glymour"）一文中，丘奇兰德扩充了这一观点："其他条件不变，激活的原型［即解释］如果是最为一致的概念结构中的一部分［……］，那就更好了。在其激活空间中形成最简单或最统一分区的网络，更能出色地把其知识推广到新案例中。简而言之，它们能更好地认清新的条件，因为它们已经生成了一个相应的统一的相似性梯度，该梯度将在把握训练案例的同一子卷（subvolume）中把握新的案例。"（Churchland, 1998c: 286）

因于再现与被再现者之间的神经计算符合（adequation）程度的不同。从丘奇兰德自己的观点来看，理论之间并没有实质上的即本体论上的差异：所有的理论，包括常识心理学在内，都是对大脑矢量激活空间的特定划分。[1]但是，丘奇兰德一方面坚持认为理论应该仅仅依据超经验德性的程度不同得到区分，而非依赖于再现种类的区别；另一方面，他却相信，揭示基础神经计算的原型矢量激活范式，可以普遍地作用于所有再现。相较于常识心理学，原型矢量激活范式在超经验德性上展现出了高度的优越性，因此取消常识心理学势在必行。显然，以上两种态度之间存在着张力。因此，丘奇兰德的取消主义主张在以下两种观点之间摇摆不定：第一种观点认为，这仅仅是经验主义权宜之计的问题[2]；第二种观点似乎表明，用原型矢量激活模型固有的形而上学优越性来取消常识心理学在逻辑上是必然的。丘奇兰德的理论表面上看是服膺于经验主义的，但暗地里又怀揣形而上学的假设，我们需要更为细致地考察此二者之间

---

[1] "常识心理学，就像其他理论那样，是习得矢量原型的一个家族，这些原型承担了认知当下现实，预期未来现实，处理正在进行的现实的作用。"（Churchland, 1998b: 15）

[2] "常识心理学是否错误，是否无力还原，只是经验性的问题，决定性的解决方式必须从实验研究和理论发展中得出，而非从任何关于先天问题的争论中得到。"（Churchland, 1998b: 10）

存在的张力。

一方面,由于"真理"和"指涉"[1]这类"常识-语义"概念不再是"再现"与"实在"符合(adequation)的保证——尽管在之前占据主导地位的常识心理学所理解的理论符合(theoretical adequation)中,"真理""指涉"发挥了上述作用。比如,常识心理学认为理论符合就体现在一系列词与世界(word-world)的对应中——所以,一切理论范式能够在神经计算层面上实现平等就具有相当重要的意义;它们能够实现平等的原因就在于,矢量空间本身的分区中不存在任何东西。而之所以一个理论要比另外一个理论更"好",是因为所有的理论都只能通过它们的超经验德性得到判定,也就是说,可以依据效率的高低来断定这些理论的好坏。而效率可以决定有机体能否成功地适应它所处的环境。换句话说,如果所有的"理论"都是矢量激活的实例,如果原型矢量激活范式——根据丘奇兰德,所有其他的理论范式都应该被还原为原型矢量激活范式——消除了理论的"真理"的概念,那么我们就只能得出这样的结论,

---

[1] "'指涉'的常识语义概念是不完整的。指涉要想特别稳定,就既不能依靠信仰网络,也不能依靠因果关系,或者其他东西。没有单一的、以常识所设定的方式,将描述词与世界联系起来的统一关联。"(Churchland, 1989: 276-7)

即所有的理论都应该根据它们适应效率的高低从实用层面接受判断,就像我们之前所说的那样,适应的效率决定了有机体是否能够茁壮成长:

> 如果我们重新把真理看作认知行为的目标或者产品的话,那么我们必须得重新全面地思考它的适应性,[……]也就是说,如果我们选择从科学更为天真的构想中走出来的话,我们应该朝向实用主义进发而不是拐向实证的工具主义。[……]远未得到澄清的是,真理并非[认知]行为的主要或者首要产品。不如说,真理将会扮演这样一种角色,即以一种前所未有的精细程度来调整和管理有机体的行为。(Churchland 1989: 149-50)

如此一来,丘奇兰德便清晰地解释了为什么他会认为原型矢量激活认知范式要比作为对手的常识心理学"更好"。理论的整体优越性可以直接通过使用价值得到衡量:相较于(vis-à-vis)用最少的概念就可以把握的最大的经验异质性,优秀的理论还具有最强的解释凝聚力。如果一个理论提供了更为强大的凝聚力,而且只是使用很少的概念手段就可以实现对各种各样数据的综合,那么这个理论相较于其他理论来说显然就是"更好"的。

但丘奇兰德的问题在于，虽然有机体再现世界时展现出一定程度的超经验德性，诸如朴素性、统一性以及凝聚性，这些程度不一的超经验德性虽然也能够显示有机体的适应效率，但是我们仍然不清楚有机体的适应效率是如何从它大脑的神经计算微型结构中被"读取出来"的。体现在神经学层面之上的理论价值，诸如朴素性、统一性及凝聚性等，在何种意义上必然伴随着有机体为了繁育而采取的有利行为？丘奇兰德只保证了上述德性是大脑功能构架的构成性特征，而没有在论证中表明突触加权空间内的神经网络习得构造是如何与为何必然被统一性、凝聚性及朴素性的规则所驱动的。而且，丘奇兰德经常列举的经验数据似乎也暗示他走向了相反的方向，即他讨论了（神经）网络陷入全局误差梯度中的局部最小值，而停止学习的方式。（Churchland 1989: 192-4）也许，丘奇兰德在这一点上保持缄默是出于谨慎的考虑。为了证明超经验德性的神经计算必然性，丘奇兰德需要揭示前者确实是内在于矢量编码过程中的严格的信息理论约束条件（information theoretic constraints），而非在有机体与环境的持续交互中，被偶然强加在（神经）网络之上的外在调节性因素。然而，在沿这一特定思路论证的过程中，丘奇兰德随即发现自己要在两个不怎么吸引人的选项中做出选择。

丘奇兰德自己承认,第一种选择无法避免这样的事实,即大脑处理外来刺激的信息传导过程,在物理层面是被有机体的边界所划分的。世界位于这些边界之外。因此,如果丘奇兰德想要通过推动大脑的编码活动超越有机体的物理边界,并使它们成为世界的构成性特征,从而将这些超经验德性整合入神经计算过程中的话,那么他就无可奈何地陷入一种尴尬的境地中,不得不宣称物质世界是通过神经计算的方式被构成的。因为,对丘奇兰德而言,感知以及概念是神经计算的延续,这导致他的理论变成了一种以经验为依据的观念论(empirical idealism):大脑再现了世界,但反过来却不可能以世界为条件,因为世界"总是已经"被神经计算所再现了。于是,我们所得到的只是一种彻底的观念论,即大脑建构了物质世界,而这一理论却无法解释大脑是如何成为世界的一部分,或者甚至世界在最初如何产生出了大脑。

或者,与通过将大脑的编码活动投射到周遭的世界,从而实现超经验德性的神经计算还原不同,丘奇兰德可以选择放弃世界和信息之间的绝对物理边界的观念——为了将物理世界输送至大脑的"内部",世界与信息的物理边界已被大脑的原型矢量分区所编码,因此使得一种预先被构成的物理实在(physical reality),可以在神经活动中扮演一个固有的角色。这样做虽然能够扩大他的认识论视野,但在这一过程中,丘奇兰德不得不放弃大脑—世界的再现主义二元论,同时也要放弃他深思熟虑后得到的神经中心视角,而只能以一种更为普遍性的或者元神经学的(meta-neurological),即元物理学的(meta-physical)视角取而代之。但这样一种转换很明显会威胁破坏处理者(processor)与被处理者(processed)、网络与世界之间的范畴区分,这一区分对丘奇兰德的理论是至关重要的。由于这一区分是丘奇兰德神经计算还原主义的基础,并且也是他所有取消主义论点的保证,因此,我们不能指望他会认为第二种选择要比第一种更具吸引力。

因此,在不成为神经学观念论的前提下,丘奇兰德就无法实现超经验德性的神经计算还原;在非整体性地放弃取消主义的前提下,丘奇兰德就无法把神经计算的大脑重新融入超经验德性更广阔的范围之内。然而,让我们从论证的角度出发,暂时搁置上述两种困难中的前者,假设丘奇兰德可以成功地还原超经验德性且无需使其成为观念性的东西。这里的麻烦在于,如果朴素性、统一性及凝聚性属于大脑的神经解剖学的构成性功能特征,那丘奇兰德离宣称大脑正确地再现世界是进化论的必然就差一步之遥。也就是说,大脑必然会"真实"(true)地再现。不幸的是,这恰恰是丘奇兰德发誓要避免的观点:"自然的选择并不关心大脑是否具有或者趋向真实的信念,只要有机体能够可靠地展现出再生的有利行为就可以了。"(Churchland 1989: 150)

结果,所有的一切都取决于超经验德性究竟是有机体"为了繁育而不断重复的有利行为"的前提,还是其副产品。丘奇兰德暗示应为前者,他所依据的似乎是一种潜在的神经计算观念论。然而所有现成的经验(即进化论)证据似乎指向了后者,并倾向于用不那么神经中心的方式去解释再现。从后者的视角来看,成功的(神经)网络的确展现出了这些超经验特征,这些都是毫无争议的经验事实。但是,这是关于认知行为学的事实,也就是说,这个事实只有在进化论生物学的宏观物理学领域中,以及在有机体与环境的关系的语境中才是有意义的,而非在大脑神经计算运作的微观物理学或者纯粹的信息-理论范围内。宏观物理的事实在微观物理层面有与之类似的东西存在,行为学的规则由神经学所编码,这些恰恰是我们所可能期望的:

我们期望上述前提不仅可以悬置微观与宏观物理维度在再现上的绝对分裂，而且还在一定程度上承认它们一方面必须在物理层面接续（conterminous），另一方面必须通过互为前提而紧密相连。

于是，就其本身而言，超经验德性的神经计算编码并不足以证明丘奇兰德是对的。因为丘奇兰德的解释以观念论为前提：神经计算的再现成为适应得以成功的必要前提；神经计算功能就决定了进化论行为学。而与进化论行为学相关的宏观物理事实，最终如何依附于大脑神经计算功能的微观物理学事实，丘奇兰德并未给出任何非乞题的（non-question-begging）解释，因此，他用来区分不同理论的超经验德性似乎必然包含着超神经学（extra-neurological）的特征。这些特征只能在对有机体（在世界之中的）认知行为的行为学分析过程中——而非通过大脑的微观结构的神经学分析——才能够揭示自身。

丘奇兰德提出用实用的或者超经验的德性来区分不同的理论。但是，当这些实用的或者超经验的德性显然无法只从神经计算的角度解释时，取消主义所宣扬的经验主义的谦逊与其潜在的形而上学预设之间所形成的张力就显露了出来。在这种意义上，超经验德性似乎越过了神经计算经济结构的神经中心的范围。正是在调和它们的过程中,丘奇兰德不经意间从以严格的经验主义前提,渐渐转向了形而上学的立场:经验主义可以为取消主义提供自然主义的依据,而在形而上学之中,原型矢量激活模型开始呈现出先天形而上学的全部特征。结果是,取消常识心理学的核心论点从实证分析转向了形而上学命令。

丘奇兰德坚称本体论的朴素性、概念的凝聚性以及解释力这些超经验德性"是大脑识别信息以及从噪音中区分信息的最基本标准"。如果上述主张是正确的,那么常识心理学复杂的、令人困惑的以及不连贯的概念框架,就应在进化程序中遭到取消,而丘奇兰德也本可以不用为了替换它而大动干戈。如果超经验德性本身就属于大脑神经计算微观结构的内在规定和固有特征,那么从神经生理学出发,有机体根本就不可能具体表达任何缺乏这些德性的理论。然而,矛盾的是,正是取消主义者的假设——前者本身就是在大脑的认知微观结构中被编码的——很大程度上缩小了理论之间的超经验差别,而且最终也削弱了这一反常识心理学案例的力量。丘奇兰德尖锐地批判了那些坚持把常识心理学先验化为认识论必要条件(sine qua non)的哲学。在这一点上,他确实言之有理的。但是,无论常识心理学有没有其他的问题，它都不可能一直缺乏超经验德性。丘奇兰德之所以这样做，是为了让取消常识心理学的论证看上去无懈可击。当然，即便常识心理学缺乏超经验德性，这也不足以解释为何丘奇兰德坚持把如此显著的超经验优越性归于原型矢量激活范式所有。

因此，即使原型矢量激活范式继续坚称所有理论在神经计算的层面上是平等的（因为所有理论都只展现出超经验的程度差异），取消唯物主义却仍然暗示了原型矢量激活范式比先前的常识心理学认知范式更公平（more equal）、更实用、更具超经验德性。主张原型矢量激活范式具有彻底优越性的基础是什么呢？考虑到丘奇兰德似乎接受了蒯因（Quine）的观点，即理论并不能完全由经验证据说明（underdetermined）（Churchland 1989: 139-51），原型矢量激活范式的优越性就不可能体现在精确可量化的效率的增长上——借此，原型矢量激活范式可以使人类机体更好地信息处理。因为根据丘奇兰德的说法，有机体接纳了不同的理论，但当我们比较这些理论赋予有机体的适应效率时，我们没有任何绝对的——理论中立的——可以用于衡量优越性的尺度。就适应效率而言，通过转换它试图解释的材料，每一种理论都转变了经验的规则（empirical goalposts）。[1]因此，我们完全可以设想，一种更精妙或者更精深的常识心理学，完全可以赋予有机体额外的洞察力、强化的概念及更具优势的解释。虽然这些特点是丘奇兰德所偏爱的原型矢量激活范式所具有的。[2]

但是，如果情况是这样的话，那么这就意味着，对于丘奇兰德而言，在超出了实用范围、而且无法被还原为（丘奇兰德用来识别理论优点的）超经验德性的意义上，也就是说在元物理而非超经验的意义上，矢量激活范式假定的优越性是"元经验"的。这也就是说，丘奇兰德之所以坚持认为原型矢量激活范式必然优于其他现成的、语言形式的（linguaformal）通用方案，只是因为他暗中假定仅用原型矢量激活范式就可以对认知做出真正具有普遍性的解释，以至于所有其他的解释都可以被纳入其中。如此一来，所有的理论都只是相互平等的矢量激活实例而已，但是矢量激活的矢量激活理论却要更公平（*more equal*），因为它被

---

[1] 因此，丘奇兰德引用爱因斯坦的狭义相对论来强调"新的理论经常带来新的专有词汇来描述可观察的世界，它们可以扩充甚至取代旧的与观察有关的词汇"。（Churchland 1998b: 18）

[2] 丘奇兰德本人经常举出这样一个论据，即托勒密天文学本可以愉快地继续"解释"，并通过在虚拟本轮上堆积虚拟本轮来容纳难以应付的天文数据。例如，参见 P. M. Churchland's 'Densmore and Dennett on Virtual Machines and Consciousness' in *Philosophy and Phenomenological Research*, Vol. LIX, No. 3, 1999, 767。

揭示为其他理论的先决条件。由此,原型矢量激活范式立刻就既是经验序列——按照历史的先后顺序被嵌入而成的经验序列——中最新的范式,又作为潜在的先决条件,用于解释这个序列中先后出现的所有范式的真正特征。原型矢量激活范式是一种普遍性原型,其他的认知模型只是它的实例化结果。在黑格尔的意义上,我们可以说后者是自在的矢量编码实例,但是还不是自在且自为的(in and for themselves)。因为丘奇兰德明确指出,他已然寻找到了库恩所谓的"范式"[1]的真正物质实例化:它就是矢量激活空间的网络原型划分。我们同时也应该明白,库恩意义上的范式——正如在丘奇兰德元物理学转换的意义上——既是一种形而上学的"事实"(factum),也是经验的"材料"(datum)。因此,一种网络的原型矢量构造就既是一种经验事实,也是任何事物得以成为经验事实的先决条件,因为它预设了所有知觉判断的参数(parameters)。换句话说,丘奇兰德的神经计算范式,既在经验层面上被规定为内在于历史的材料,但同时,又以相同的姿态,被设定为一种先天的、超历史的事实。作为一种先天的、超历史事实,

---

[1] 参见 Thomas Kuhn, *The Structure of Scientific Revolutions*, Chicago: University of Chicago Press, 1962;及 P. M. Churchland 1989: 191。

神经计算范式为我们提供了一种据说具有普遍解释力的先决条件。借此，我们得以认识并解释历史上出现过的一系列范式转换的本来面目：矢量空间的结构改变。[1]

最终，丘奇兰德并不能就网络与世界之间关系给出连贯的说明，因为在矢量原型范式之外，他缺乏能够建立起这一关联的资源。一种再现世界的模型，不能既是对世界的再现，又同时负责建立再现的可能性。它不能同时既再现世界，又再现那种再现（represent that representation）。在丘奇兰德的著作中，这样一种分裂不可避免地体现在如下的张力之间：在科学再现方面（scientific representation），他决心成为一个实在论者，同时，在科学再现的起源方面，通常他又是一个实用主义者。但是这并不仅仅是丘奇兰德的问题；它也破坏了各种各样的哲学自然主义——后者会从不同的进化论适应主义中提炼科学的本质。正如福多坚持的那样，适应主义原理在解释机体活动方面的成功，不能为它解释认知活动提供正当的保

---

[1] 从撰写上述内容开始，我便知悉蒂德·罗克韦尔（Teed Rockwell）于 1995 年发表的论文中，提出一种非常相似（但高明得多）的对丘奇兰德的批判。参见 'Beyond Eliminative Materialism: Some Unnoticed Implications of Churchland's Pragmatic Pluralism', available at http://cogprints.org/379/00/BeyondEM.html。又参见 Rockwell's *Neither Brain nor Ghost: A Non-Dualist Alternative to Mind–Brain Identity Theory*, Cambridge, MA: MIT, 2005。

证。[1]

丘奇兰德的自然主义遇到的麻烦不在于它是形而上学的，而在于它是一种贫困的形而上学，因而它无法胜任为再现与实在之关系奠基的任务。此外，丘奇兰德在此所面临的困难还是一个关于哲学自然主义如何构想自身与科学关系的更为广泛问题的征候。虽然含糊其辞地讨论"让哲学与'我们最好的科学发现'保持连贯"是值得称道的，但是为了使这些发现在形而上学的层面具有一致性，就会分散哲学工作本来所需的注意力。哲学自然主义的目标无疑是为科学赋予形而上学的价值，但经验主义或者实用主义好像都不能胜任这一任务。科学既不需要听从经验主义去崇拜"经验"，也不需要听从自然主义去将自然"实存化"。二者同科学做减法的运作方式（*subtractive* modus operandi）毫不相干。从后者的角度来看，无论是求助作为"原初直觉"领域的"经验"，还是诉诸作为自主运行领域的"自然"，都与科学毫不相干。我们将在接下来的

---

[1] 尤其要注意福多以下的文章：'Review of Dawkin's Climbing Mount Improbable', 'Deconstructing Dennett's Darwin', 'Is Science Biologically Possible? Comments on Some Arguments of Patricia Churchland and of Alvin Plantinga', 'Review of Stephen Pinker's How the Mind Works and Henry Plotkin's Evolution in Mind'。这四篇论文都可以在福多的著作中找到，参见 *Critical Condition: Polemical Essays on Cognitive Science and the Philosophy of Mind*, Cambridge, MA: MIT, 2000。

章节中试着解释科学是如何从经验中去除自然的,以便更好地揭示存在的客观空无(objective void of being)。但是,正如我们所主张的那样,如果当代哲学的首要任务是引出启蒙逻辑的终极思辨意蕴的话,那么它就不能让自己受到蛊惑,去为明显图像的先验神圣性编造更多的诡辩式的证明。它也不应委身信奉自然主义,或立足于科学图像以求能够成功提升认知科学地位。总之,它不应该浪费时间去尝试综合或者调和明显图像与科学图像。启蒙哲学的成就在于,通过拆除那些用于支撑明显图像的或者削弱科学消解效力——这一消解效力来自科学的形而上学缩离——的伪先验支柱,加速了科学对明显图像的破坏。因此,正是丘奇兰德试着保留"超经验德性"规范性作用的做法,最终破坏了他的取消唯物主义理论。

1.7 显像的显像

遗憾的是,丘奇兰德并不是敌基督者,那些足以引起文化灾变的概念资源,也因取消唯物主义本身包含的实证主义要素而失去了效用。不过,常识心理学的支持者并不能从中获得任何帮助,因为即便常识心理学并不像丘奇兰德所理解的那样,即它既不是铁板一块的,也不是适应无能的，但它似乎也只能作为一系列实用的社交策略而得到存留，所有的迹象都表明在认知科学的未来发展中，常识心理学将会越发地无关紧要。[1] 尽管如此，丘奇兰德的成就仍然值得尊敬（和丹尼尔·德内特[Daniel Dennett]一道），因为他将现象学的自我概念（self-conception）与概念产生的物质之间的区分推向不可挽回的地步。也许，同其他的当代哲学家相比，丘奇兰德对现象学"原则之原则"的揭露要更加彻底。胡塞尔是这样表述"一切原则之原则"的：

> 无法想象什么样的理论会使我们误解这一切原则之原则的，即每一种原初给予的直观都是认识的合法源泉，在直观中原初地（可以说是在其机体的现实中）给予我们的东西，只应按如其被给予的那样，而且也只在它在此被给予的限度之内被理解。（Husserl 1982: 44）[2]

丘奇兰德方案的批判力量体现在，它表明现象学用来

---

[1] 参见 Andy Clark, 'Dealing in Futures: Folk Psychology and the Role of Representation in Cognitive Science' in McCauley ed., 1996, 86-101; 以及 Floris van der Burg and Michael Eardley, 'Does the Man on the Clapham Omnibus Have a Labcoat in his Pocket? Eliminative Materialism is Based on a Valid Argument from the False Premise That Folk-Psychology is an Empirical Theory', in *PLI: The Warwick Journal of Philosophy*, Vol. 9. Parallel Processes: Philosophy and Science, 139-55, 2000。

[2] Edmund Husserl, *Ideas Pertaining to a Pure Phenomenology and to a Phenomenological Philosophy. First Book*, tr. F. Kersten, London: Kluwer, 1982.

限制"原初直观"的"界限"并不具有现象学意义上的透明性,因为这些界限自身就是由理论所描绘的。此外,不管取消唯物主义有什么其他的问题,它是完全可以想象的,而这正是现象学先验假设所不能容忍的。因此,无论"意义经验"多么不容置疑,无论"原初给予的直观"多么不可动摇,单凭"可想象性"这一点,取消唯物主义就足以对二者造成破坏。抛开丘奇兰德的原型矢量激活范式的具体缺陷不谈,语言形式的"意义"几乎可以确定就是在非语言的过程中产生的,正如现象学直观无疑要受制于无法由直观所通达的机制那样。总之,丘奇兰德这一著作的结论就是,我们并不像我们所经验的那样。

在这一点上,通过指出现象意识与产生现象意识的神经生物学过程的不可通约性,丘奇兰德质疑了很多哲学家(不只是现象学家),他们声称必须赋予(被解释为"显像的显像"的)意识现象以透明性。这些哲学家坚持认为,在涉及现象意识的地方,如果不完全遮蔽意识现象的实在性,就无法援引显像与实在的区别,因为"只有显现的才是存在的"(the appearing is all there is)。就像塞尔(Searle)所说:"意识存在于显像本身,但凡涉及显像,我们就不能做出显像—实在的区分，因为显像就是实在"。[1] 但是，具有强烈的现象学意义的"现象"或者"显像"概念，包含了一种内在的循环。通过坚持认为我们已经知道向我们显现的东西"是（像）什么样子的"（what it's *like*），或者对我们来说某物像某物"是什么样子的"，或者其他有感知能力的存在者用和我们一样的方式所能够指示（register）的显像是"什么样子的"（事实上，这正是海德格尔此在的力量——被解释为现象学解蔽的场所 [locus] 或者位置 [site]——它在表面上避免了一些实质性的形而上学预设，即在"有意识的"和"没有意识的"存在者之间的物理以及/或者生物上的差异），这些哲学家无需经过验证，就能很便捷地求助显像自明的透明性。正是这种表象（seeming），而非其构成条件，需要"以其自身的方式"来理解。事实上，现象学的基本公理（胡塞尔的"一切原则之原则"）可以简述为：显像只能通过它们自身的方式来理解。但是，"它们自身的方式"又是什么呢？准确地说，是与第一人称的现象学视角相一致的方式。这一假设使许多哲学家坚持认为只要涉及显像，任何企图引入显像与实在之区分的做法都是荒谬的，都是对关键问题的误解，即

---

[1] J. Searle, *The Rediscovery of the Mind*, Cambridge, MA: MIT Press, 1992, 121.

显像如其所是地显现（*appearing* of appearance *as such*），而非其他什么东西。但是，如果我们询问这一绝对显现发生的证据来源是什么，得到的回答总是：它来自"我们自己的意识经验"。由此，我们需要说明这种如其所是显现的自主性，为了做到这一点，我们不仅不能使用任何显像—实在的区分，而且还不得不坚持按照它自己的"方式"严格地描述这种现象的表象（phenomenal *seeming*），不加解释或者不做文字的修正。但是，我们究竟该如何按照它自己的方式严格描述显像，而不夹带外在的、起客体化作用的因素呢？实际上，我们越是坚持描述纯粹的显现，我们最终就越要求助于描述性的语域，而后者也会越发地呈现出象征性以及隐喻性；以至于促使现象学家得出结论，认为只有比喻以及/或者诗性的语言，才能真正地胜任描述与显现中所蕴含的非命题维度的丰富意义（meaningfulness）的任务。因此，许多后海德格尔现象学，都致力于不断尝试利用语言的象征性维度去测探次再现的经验深渊（sub-representational experiential depths）。据说，这些经验的深渊本身就与任何其他各种各样的概念化（尤其是科学的概念化）不相容。就此而言，现象学的目标可能就在于描述被意识到的某物是什么样子的，同时将"是什么样"的概念判断悬置起来。然而这样的结果是,为了避开现象学公理中所包含的显而易见的威胁,他们不得不伪造现象学与文学阐释学之间的亲密关联:我们越是坚持描述纯粹的作为显现的显现,我们就会越发地认识到我们不可避免地需要假设显像之中存在着晦暗不明的(inapparent)东西,以便我们能够完整地描述它们;我们不得不发掘(excavate)非命题性"意义"或者"感觉"(sense)的原初维度(就像海德格尔以及他的追随者所寻找的),以便能够以它们"自己的"方式来描述现象的自主性。由此,现象学总是求助象征性的语言来执行它的描述性任务。不过,更好的办法可能还是承认,严格意义上(stricto sensu)现象学描述的目标需要通过文学的技巧来实现,而不是仅仅因为想要保护现象经验不可侵犯的内在隐秘,去盗用哲学的概念资源。因为我们越是专心地审视自己独立于语言资源的原初现象经验,我们的描述就会越发地枯竭。这不是在说,意识只能通过语言得到传导和表达;相反,这是在强调意识中蕴含着一种潜在的(underlying)但又是次语言的(sub-linguistic)实在,它不能简单地被第一人称的现象学描述或者语言表达所通达。讽刺的是,与现象学具有指引性的直观相反,意识的实在性是独立于意识主体的。只有客观的、第三人称的视角才配有足够敏感的概念资源去图绘意识晦暗的、次语言的实在。正如托马斯·梅青格尔（Thomas Metzinger）所指出的那样，恰恰是最简单的、最基本的现象内容形式，不能在现象学的视角中被稳定地个体化，因为我们缺乏跨时间的同一性标准来再同一化（re-identify）它们。缺乏这一标准，我们就不能在现象学经验的基础上形成逻辑的同一标准，进而无法为这些基本经验材料构造现象的概念。尽管我们能区分现象内容中的细微差异，但是我们似乎无法单独识别那些相同的内容。一旦这些现象的原初要素从意识的显现中消失，我们就再也无法接近它们，无论是通过主观的现象学反思，还是通过在间性空间中运作的概念分析。因此，在认识论或者现象学层面上，现象意识的原初材料通常对意识主体而言是不可用的。但如果我们仍然希望考察现象意识的次符号实在，那么就只能利用形式的以及数学的资源，至少它们对第三人称视角而言是可用的：

> 如果经过适当的数学分析，至少在原则上，对应现象状态的最低限度的神经元以及功能联结可以为我们提供跨时间的以及（我们一直寻找的）逻辑的同一标准。神经现象学是可能的；现象学是不可能的。

（Metzinger 2004: 83）

在其最近的《甜蜜的美梦》[1]中，丹尼特（Dennett）准确地描述了那些赞成现象领域应该具有无条件透明性的人所面临的基本困境：如果"作为显现的显现"的构成性特征是非关系性的、非功能性的，因此在本质上抗拒概念表达的话，那么即便是作为第一人称的现象学经验主体也会缺乏理解它们所需要的资源；他（她）与自己关于现象本身的直接经验，会被某种中介实例（mediating instance）所分隔，因为任何对现象再现体（phenomenal representatum）的描述，都必须将后者转换为另一个作为现象的再现体的再现体（the representandum of another phenomenal representatum），以此类推。丹尼特尖锐地批判了由哲学家的"感质偏爱"（qualiaphilia）[2]所引发的更夸张的迷信，在这一点上，他的批判与德里达对胡塞尔的批评是吻合的：绝对透明但非关联的现象性显像的概念是不合逻辑的。同理，意识作为绝对自我在场之场所的观念

---

[1] D. Dennett, *Sweet Dreams: Philosophical Obstacles to a Science of Consciousness*, Cambridge, MA: MIT Press, 2006.

[2] 按《大英百科全书》的"Qualitative states"（质性状态）词条："Qualiaphilia 意指这样的观点，即任何意识的功能主义理论都无法把握现象的意识；在意识经验中，一个人所感受到的'感质'不是关联性的，而在某种意义上是经验的固有特征。"——译者注

也是不合逻辑的。[1] 如果一个人承认缺乏关联以及功能属性的现象显现是荒谬的，那么他还要承认，现象学经验自身表明，我们本身没有特殊的方式可以通达作为（*qua*）显像之显像的所有内在属性。因此，没有理由假定显现对我们来说是绝对透明的，因此也没有理由不接受这样一种（丹尼特一直所倡导的）观点，即意识现象本身就区分了被我们所理解的和避开我们的显像特征。因为，如果显像是自足的，那么坚持"我们的显像经验对显像而言是完全充分"的观点，就需要付出接近绝对唯我论立场的代价（这正好是海德格尔的现象学继承人所热烈欢迎的选择，比如米歇尔·亨利 [Michel Henry]）。[2] 当然，在承认非明显的显像概念并非完全是一种矛盾的修辞（oxymoronic）后，问题仍然在于，我们是否需要甘冒更大的风险去坚持如下的观点，即现象性的潜在或者非明显的维度完全超越了客观的描述——事实上，早期海德格尔就是这样做的，他在其中看到了现象之不可客体化的*存在者*（the unobjectifiable *being* of the phenomenon），即科学根本无法把握的存在者；

1　J. Derrida, *Speech and Phenomena and Other Essays on Husserl's Theory of Signs*, tr. David B. Allison, Evanston, IL: Northwestern University Press, 1973.

2　参见 M. Henry, *The Essence of Manifestation*, tr. G. Etskorn, The Hague: Martinus Nijhoff, 1973. 我们将于第 5 章和第 6 章回到海德格尔、米歇尔·亨利和现象学。

或者，我们是否同意这一非明显的维度完全服从于科学所特有的第三人称视角，因此属于研究意识现象的科学的范围。显然，这一选择取决于事先所做的关于科学探究的范围和界限的决定，以及关于将现象尤其和人类意识相关的现象——作为原则问题——从科学探究范围中移除的做法是否正确的决定。在更抽象的意义上，它还可以被描述为思辨性的选择，即是否要从不可客体化的超越性角度来描述现象的潜在性（latency），就像海德格尔处理它对"存在者"（being）的召唤时所做的那样，或者从内在客观性的角度出发，就像丘奇兰德以及梅青格尔在援引意识产生所要经历的无意识以及次符号（sub-symbolic）阶段时所做的那样。我们的观点是，后一种选择显然更可取，因为它更少乞题；不过，它仍受制于自己和实用主义之间的同盟关系。实用主义背离了它对科学实在论的承诺，而后者本应是它的使能条件（enabling condition）之一。自然主义可能不是实在论的最好保证，在接下来的章节中，我们将试着阐述思辨实在论的基础理论，并详细说明取消主义的形而上学激进化所包含的一些概念分支。然而，我们目前的初步结论是，显像的显现远非一种无可争议的材料，它并不能够阻止第一人称视角被整合入第三人称科学视角，相反，它可以而且应该被理解为一种由次个人的（sub-personal），但却完全可客体化的神经生物过程所产生的现象。的确，就像梅青格尔所表明的那样，主张现象学主体本身就是由不显著的（in-apparent）神经生物过程所产生的现象性显像，是有坚实的基础作为保障的。因此，对于梅青格尔来说，伴随着对现象学自我概念的颠覆，我们对作为自我（selves）的我们自己的理解同样也遭到了颠覆。[1] 然而，面对启蒙路线的意外扭转（twist）——这一扭转导致了意识概念和意识图像之间的彻底分裂，后者是由赞成意识高于一切其他现象的哲学家所推动的——致力于维护由康德和黑格尔所定义的合理性准则的哲学家们，强烈谴责了不受约束的科学理性主义。因为，在他们看来，不受约束的科学理性主义导致了一系列的野蛮后果。然而，足够讽刺的是，恰恰是这些把批判视为哲学根本任务的哲学家，证明了他们才是明显图像正当性的坚定辩护者。在下一章中，我们将会考察对明显图像正当性最为复杂的一种辩护。这一辩护是由阿多诺和霍克海默在批判启蒙合理性的形式下所展开的。

---

[1] 参见 T. Metzinger, *Being No-One: The Self-Model Theory of Subjectivity*, London: MIT Press, 2004。

2 启蒙的"假死"

2.1 神话与启蒙：阿多诺与霍克海默

神话本身就是启蒙，启蒙对迷信的破除只是重新恢复了神话：这是阿多诺和霍克海默在《启蒙辩证法》(*Dialectic of Enlightenment*)中提出的思辨论点。[1] 我们这一章的观点是，启蒙与神话的辩证法是由拟态(mimicry)、模仿(mimesis)与牺牲(sacrifice)交织构成的。这不仅是《启蒙辩证法》中那篇讨论奥德修斯的"附录"以及著名的讨论反犹主义的章节的基础，而且还成为这一著作的基本概念核心。尽管这些概念确实很复杂，而且阿多诺在自己著作的不同部分中会根据不同的目的对它们做出调整，但是在《启蒙辩证法》中，它们似乎是理解阿多诺与霍克海默思辨论点的重要线索。如果模仿的概念——像安德里亚斯·胡塞恩(Andreas Huyssen)指出的那样——作用于阿多诺著作的五种"相互

---

1 Theodore Adorno and Max Horkheimer, *Dialectic of Enlightenment*, tr. Edmund Jephcott, Stanford, CA: Stanford University Press, 2002.

区别但又重叠"语域[1]，那么在《启蒙辩证法》中，其中有三种语域是完全起作用的：人类学语域、生物解剖学语域以及精神分析语域。《启蒙辩证法》的论证将三种语域交织在一起，同时也区分了拟态（mimicry）和模仿（mimetic）：拟态在表面上具有一层消极的含义，而模仿在思辨方面具有积极的含义，我们可以将后者的积极含义概括为"没有概念归摄（conceptual subsumption）的相似"。与此同时，作为非概念交换范式（non-conceptual exchange）的牺牲概念对本书思辨论点具有决定性的意义。无同一的相似性与无包含的交换交织在一起，构成了神话与启蒙的辩证法的主要脉络。因此，这本书的论点可以被转述为：神话的牺牲逻辑在理性通过牺牲神话而克服神话的强迫性（compulsive）企图中得到重复。启蒙通过竭力牺牲神话，重复了神话的牺牲。这样做的结果就是，它在不经意间模拟了（mimics）其意欲克服的

---

[1] 安德里亚斯·胡塞恩区分出以下五个语域："首先，彻底否定的模仿形式（Mimesis ans Verhärtete），它与对商品形式及其物化和欺骗性力量的批判有关；其次，与人类本性的人类学基础有关，就像阿多诺在《道德的最低限度》（Minima Moralia）中所强调的那样，人类本性与模仿（imitation）密不可分；第三，在生物体细胞意义上，以生存为目的适应行为，正如阿多诺在罗杰·凯洛伊斯的著作中碰到的那样[……]；第四，在弗洛伊德意义上，对图腾和禁忌的认同和投射；最后，在美学意义上，模仿与本雅明的语言理论产生了强烈的共鸣，因为它与文字和图像在指涉系统进化中所起到的作用有关。"参见 Andreas Huyssen, 'Of Mice and Mimesis', *New German Critique*, No. 81, Dialectic of Enlightenment (Autumn 2000), 66-7。

致命强迫（fatal compulsion）。只有通过"疏解"（working through）驱动合理性的牺牲创伤——阿多诺和霍克海默是从理性（reason）对其自然史的自反性纪念的角度来描述这一"疏解"的——理性才能放弃病态的强迫，从而适应自然在其中所扮演的角色。真正的去神话化，即以辩证的方式解决神话与启蒙对立，与放弃去神话化的牺牲驱力（the sacrificial drive to demythologize）是契合的；用阿多诺与霍克海默自己的话来说，"去神话化总是不可避免地采取了对牺牲的无用性以及多余性进行揭露的形式"（Adorno and Horkheimer 2002: 42）。理性通过升华牺牲神话的强迫，从而与自然达成和解。就此而言，《启蒙辩证法》是将黑格尔与弗洛伊德进行融合的一次尝试。我们只能将二者的融合称为西方合理性的"辩证心理分析"。

但是一切都取决于拟态、模仿以及牺牲如何辩证地盘绕在一起。更准确地说，这本书在思辨层面上的凝聚性取决于以下两组对立能否保持严格的区分状态，即拟态与模仿、牺牲的压抑与被启蒙的升华。如果有机体的拟态退化为适应，那么它就属于同一性的范畴，相较之下，人类的模仿则是非同一性的预兆：无概念的对应（correspondence without a concept）。但是，拟态与模仿之间的区分远未到泾渭分明的程度。在题为"关于罪犯的理论"片段中，阿多诺和霍克海默明确地将拟态与死亡-驱力等同起来："[罪犯们]展现出了一种生命所固有的倾向，克服这一倾向成为所有发展的标志：在环境中迷失自我而非积极地与之建立关系的倾向，放纵自己与回归自然的倾向。弗洛伊德称之为死亡-驱力，凯卢瓦称之为'拟态'（*le mimétisme*[mimicry]）。"[1]（Adorno and Horkheimer 2002: 189）在此，生物的拟态与死亡本能被明确地等同了起来，但是我们该如何将这一点与下面这一段隐晦的表述关联在一起呢？这一段文字来自那篇讨论奥德修斯的附录。在这段文字中，死亡-驱力似乎等同于模仿而非拟态："只有通过有意识地适应自然，那些身体孱弱者才能把自然纳入自己的控制之下。理性压抑了模仿，但它并不是模仿的对立面。理性本身就是模仿，即对死亡的模仿。"（Adorno and Horkheimer 2002: 44）我们可以将这句话转述如下：为了保证人类的生存，工具合理性通过牺牲模仿的冲动（对自然

---

[1] 阿多诺曾在《社会学研究杂志》（*Zeitschrift für Sozialforschung* 7 [1938]: 410-11）中评论了凯卢瓦 1934 年的文章《螳螂的宗教》（La Mante religieuse；首次发表于 *Minotaure* 5 [1934]: 23-6）。此外，凯卢瓦的《拟态与精神分析的传说》（Mimétisme et psychasthénie légendaire）也与此有关，这篇文章首次发表于 *Minotaure* 7 (1935): 4–10，我们随后会讨论这篇文章。这两篇文章都收录在凯卢瓦的《凡人与圣人》（*L'Homme et le sacré*, Paris: Gallimard, Folio/Éssais, 1988；首次出版于 1938 年）。英文版本可以在《超现实主义的边缘：凯卢瓦读本》（C. Frank and C. Nash [eds], Durham: Duke University Press, 2003）中找到。

的盲从，重复的强迫），致命地重复了它对自然的屈从。为了避免死亡，它不得不模拟死亡。这句话似乎概括了辩证批判工具合理性的核心观点。对工具合理性的批判，将工具合理性视为西方文明堕落以及走向自我毁灭的根本原因。但是，在另外一种意义上来说，它也包含了这种批判的非辩证逆转（critique's non-dialectical reversal）的萌芽：模仿可能将自己同拟态区分开来，但是拟态并不能把自己同模仿区分开来。因为在理性对死亡的模仿（reason's mimesis of death）中，所有格"of"，极有可能被视为主语的所有格或者宾语的所有格。正如我们将要看到的，拟态与模仿之间致命的可逆性（尽管被辩证反思所取消），潜在于拟态非适应性的假死（thanatosis）之谜中——凯卢瓦将其称为"向空间同化"（assimilation to space），它将反思本身转化为无目的的工具，标志着对批判的技术性破坏。假死标志着致命的等同性（lethal equivalence），借此，模仿的逻辑逆转为拟态的逻辑，批判的否定性逆转为理性实行毁灭的肯定性，而后者恰恰是神话与启蒙的自反辩证法所意欲避免的。

2.2 牺牲的牺牲

根据阿多诺和霍克海默的说法，不可抗拒的概念归摄驱力左右了启蒙理性,它使特殊性、异质性以及多样性从属于普遍性、同质性和统一性,因而也使事物可以与自身之外的其他事物等同。但也恰恰是这样,再也没有事物可以和自己同一。因此,概念性的同一化规定了一种差异的可通约形式,用他们自己的话来说,概念性的同一化"摒弃了一切不可通约之物"(Adorno and Horkheimer 2002: 9)。工具合理性(后来被称为"同一思想")属于一种人类学上的异常状态,它表现为一种物质上不确定但却无所不在的"力量"。它唯一能决定的是由自己所分化出来的支配与被支配关系,而非介乎生产条件以及生产关系之间的那种历史决定结构。在阿多诺和霍克海默所规划的思辨人类学中,工具合理性是工具使用的延伸,因此也体现了适应的限制因素(adaptational constraints)。工具合理性的出现和支配/被支配力量的原始对抗有着密不可分的关系,原始人类经历了这一对抗,发现自己在全能的自然面前无能为力。牺牲就是在不可通约的双方之间,即在自然的全能和原初人类的无能之间,实现通约的尝试。然而,从一开始牺牲的巫术就预设了模仿的逻辑:"从巫术的层面上来说,梦与意象不仅仅是事物的记号,而是通过相似性或者名称同事物发生关联。这一关联不是意向性的而是属于某种亲缘关系。巫术像科学一样也关注目的,但是它通过模仿来追逐目标,而非通过不断扩大与对象的距离来实现目标。"(Hume 1957: 44)模仿在非相似物之间建立起等同关系,从而为牺牲提供了先决条件。它带来了特殊性与普遍性之间的非概念性通约,因而也就允许某人(或物)能够替代其他的人(或物):

> 巫术中包含着特定的再现。对敌人的长矛、毛发或者名字所做的一切都将降临在他本人身上;宰杀献祭动物是为了替代神。在献祭中,替代物的出现意味着人们向话语逻辑迈进了一步。即便雌鹿为了女儿被献祭,羔羊为了长子被献祭,但这些献祭物仍然有属于自身的品质,它已然代表了某一属。它表明了样本的随意性。但是,此时此刻(*hic et nunc*)的神圣性,被选定的(和其替代身份相契合)牺牲者的独一性,却将其彻底地区分出来,使其即便在替代中也成为不可替代的东西。(Adorno and Horkheimer 2002: 7)

牺牲的神奇力量在于它在事物之间建立起了对应关系,对于这些事物来说,没有成比率(ratio)以及成比例的概念对等物存有。在字面意义上,这确实是它的非合理性(*irrationality*)所在。更重要的是,模仿的牺牲建立起了有生命的和无生命的基础性区分,阿多诺和霍克海默相信这一区分所具有的启蒙合理性处于不断消解的过程中："mana（魔力），这一游荡的精神，在原初人类弱小的心灵中，不是自然的投射而是自然的压倒性的力量所在。在特定的具体地域，有无生命之间的分别，恶魔与神明的设定都来自前泛灵论（pre-animism），甚至是主体与客体的区分，也已经在这样一种前泛灵论中得到了预示（prefigured）。"（Adorno and Horkheimer 2002: 11）此外，如果像阿多诺与霍克海默所说的那样，神话已然展现出随后在科学合理性被加以利用的解释性分类之特征的话，那么有无生命之间的区分就意味着一种基础性的认知成就。这一认知成就是科学通过将自然转化为无区别的材料所意欲消除的，而且要理解这种无区别的材料还需要额外的概念信息。科学的概念化限制了身体："人体（corpus）与尸体（corpse）之间的亲密关系表明，（身体）被转化成无机物是将自然转变为物质材料这一永恒不变进程中的一部分而已。"（Adorno and Horkheimer 2002: 194）因此，阿多诺强调"唤醒世界意味着要根除泛灵论"（2002: 2）——启蒙"将生命与非生命等同起来就像神话将非生命与生命等同起来一样"（Adorno and Horkheimer 2002: 11）。然而，泛灵论之所以包含了一种非概念的合理性形式，正是由于它的牺牲实践在无生命的强大与生命的赢弱之间建立起了一种互易原则(a principle of reciprocity)。牺牲的合理性在于其有能力在不可通约的强大与羸弱、生命与死亡之间实现通约。

由此,阿多诺与霍克海默便在思辨层面融合了黑格尔与弗洛伊德。这一融合似乎暗含了模仿性牺牲的三个连续层次,以及生与死交换的三种不同语域。根据弗洛伊德自己在《超越快乐原则》(Beyond the Pleasure Principle)中对思辨生物学的补论,第一个层次标志着有机体经由牺牲而出现,牺牲在此保证了有机体的内部环境相对于外部环境的独立性。[1]在无机物的猛烈冲击(onslaught)下,有机体的一部分不得不用死亡来换取存活的机会:有机物牺牲它外部表层,使其成为无机物,以"抵御刺激"(shield against stimuli)。[2]第二个层次标志着神话交换的产生,在这个阶段,人们为了平息那种赋予生命的力量(animating powers)而学会了牺牲生命(the animate)。根据阿多诺和霍克海默的说法,正是牺牲在支配与被支配、牺牲者与诸神之间建立起互易的关系。因此,牺牲代表了人类自主能力的跃升:"如果交换代表着牺牲的世俗化,那么牺牲本身,就像理性交换的巫术模式,则

---

[1] 我们将在第 7 章中回到《超越快乐原则》,并重新思考弗洛伊德对死亡-驱力的解释。

[2] 参见 Sigmund Freud, 'Beyond the Pleasure Principle' in *The Penguin Freud Library. Vol. II: On Metapsychology*, Harmondsworth, Middlesex: Penguin, 1991, 270-338。

是人类用于控制神的发明，神正是被这些制造出来纪念他们的系统所推翻的。"（Adorno and Horkheimer 2002: 40）第三个层次则是自我的产生，以及自然与文化分离完成的阶段。通过使当下的满足在目的论层面服从于未来的目标，自我的永恒性在瞬间印象的流动中得到了保护：由此，"自我将自己的实存归功于此刻（为了未来）的牺牲。[但是]它实际上和被屠戮的牺牲者的不朽一样虚无缥缈"（Adorno and Horkheimer 2002: 41）。但是，以前牺牲是掌握外在自然的一种手段，现在它却变成了对内在自然力量的压抑。不过，在实际的情况中，为了满足某个目的而把牺牲当作一种手段的做法已经发生了转变，即目的会服从于手段。这是因为人类有机体是由冲动和欲望的满足所界定的，而在学习压抑冲动和欲望的过程中，有机体其实也否定了它应该为之而存活的目的。对于阿多诺和霍克海默来说，这标志着手段替换目的的危险开端，以及功能和目标可逆性的起点。他们认为二者定义了工具合理性的统治，而且这种情况将在他们所描述的技术资本主义的"公然疯狂"与"反理性"中，达到它的病态顶点。然而，疯狂的根源已经在主体性的开端中得到了呈现：

> 人类对自身的掌控是自我赖以建立的基础。但自

> 我掌控实际上总是包含了维持这种掌控主体的毁灭，因为自我持存所掌控的、压抑的以及毁灭的东西不是别的，正是活着的存在者。自我保存的所有成就都只能被定义为功能，即自我保存摧毁了那些需要保护的东西[……]文明的历史就是牺牲向内而聚的历史，换句话说，就是弃绝的历史。（Adorno and Horkheimer 2002: 43）

因此，启蒙成了牺牲的牺牲，牺牲的内化（internalization）。自然与文化、规训与自主的分化只有成为主体内的一部分，才能得到保障。为此，主体必须效仿无生命自然的无情与残酷；通过模拟难以驾驭的无生命力量，主体才能完成对有生命力的自然的祛魅："主体的心灵破坏了自然的精神化，它只有模仿僵化的自然，并使自己非精神化，才能掌控毫无生气的自然。"（Adorno and Horkheimer 2002: 44）对于阿多诺和霍克海默而言，理解赋魅和祛魅、神话和启蒙之间致命的共谋关系的关键，就在于此。启蒙运动是对神话思维逻辑的病态再现，比如，它只关注事实（the actual）的内在性，并且执拗于当下不可避免的必然性：

> 就像清晰的科学公式中那样，在简洁的神话学图像中，事实的永恒性是确定的。纯粹的实存（mere

existence）被表述为它所禁止的意义。[……]事实无论是被纳入神话的史前时期，还是被纳入数学的形式主义；当下无论是与仪式中的神话事件，还是与科学中的抽象范畴的象征性相关联，都使得新出现的东西成为被预先决定的，即老旧的东西。失去希望的不是实存，而是知识，它占有实存，而且使得实存以图像或者数学符号中的图式的方式持存下来。（Adorno and Horkheimer 2002: 20-1）

因此，根据阿多诺和霍克海默的观点，科学有关事实的概念知识与"实存"之间的深渊，就是同一与非同一之间的深渊，就是非事实之否定性（un-actual negativity）的深渊——它的内时间结构只有通过哲学反思才能被把握。理性能够克服自身与自然实存的疏离，能够悬置绝对事实性的压抑内在，能够恢复希望的可能性，但条件是，理性要对自己的历史性进行纪念式的反思。考虑到纪念式的反思在阿多诺和霍克海默论述中所扮演的重要角色，启蒙辩证法的结论就值得大段地引用：

正是凭借其不可抗拒的逻辑，思想（在其强迫机制 [compulsive mechanism] 中，自然得到了反思和延续）也将自己反思为一种自我遗忘了的自然，一种强迫（compulsion）机制。[……]在心灵的自我认知中（即心灵作为与自身分裂的自然），自然就像在史前时期一样呼唤自我，但是不再直接以它本该有的名称，即在全能的魔力（*mana*）的伪装下呼唤自我，而是作为某种盲目的且残缺的东西。在对自然的掌控中（否则心灵无法存在），对自然的奴役也在不断地进行。通过谦虚地承认自己是一种权力，并被重新带回到自然中，心灵摆脱了掌控的需求，而这是曾使它成为自然的奴隶。[……]因为不仅是作为科学的概念使人们远离自然，而且，思想的自我反思[……]也使我们难以对不公正进行量度。通过在主体内部对自然的这种纪念（这一纪念包含了各个文化中未被发现的真相），启蒙首先和权力相对立，[它已经]通过承认自己对自然本身的恐惧，逃脱了自然的诅咒。（Adorno and Horkheimer 2002: 32）

这里的推理过程毫无疑问是黑格尔式的：成熟的理性通过回想起它对自然的依赖，而自反地实现了它相对于自然的独立。但是根据阿多诺和霍克海默的观点，自反恰恰是科学所无力做到的。如果，像他们强调的那样，"所有的感知都是某种投射"（Adorno and Horkheimer 2002: 154）——由概念判断所中介的可感印象（sensible impressions）——那么对事物本身的充分认知反思，就必须跨越感官材料和事实对象、内部和外部之间的鸿沟。因此，"要反思事物本身，主体就必须给它更多的回馈，而不是从它那里获取"（Adorno and Horkheimer 2002: 155）。但是，这恰恰就是概念归摄所无力做到的，无论是实证的还是观念论的："因为主体不能把它从客体中所获取的东西回馈给客体，所以它并未被充实，反而变得愈加贫乏。它在两个方面失去了反思：由于它无法反思客体，它也就无法反思自身，因此失去了区分的能力。"（Adorno and Horkheimer 2002: 156）当认知投射排除了反思，它就会变得病态。赋予反思作为理智清醒的标志的特权，会导致科学的"非反思天性"的病态化。作为"病态投射"的又一个实例，后者和反犹主义只是程度上的区分，而不是种类上的区别，"实行客体化的思想，就像它的病态对应物，有其主观意图上的专断，因此和物质本身无关。如果遗忘了物质，在思想中对物质施展的暴力，随后会在实践中得到释放"[1]（Adorno and Horkheimer 2002: 159）。

2.3 纪念性反思

这一批判的结果是很清楚的：理性的自反中介和它的

---

[1] 一个可悲的而非挑衅性的内涵，似乎是不可避免的：爱因斯坦和希姆莱（Himmler，纳粹战犯）之间的区别只是程度上的，而非种类上的。

非自反直接性形成了对立，就像健康和疾病之间的对立那样。"天真地假设绝对者的主体，无论它呈现出怎样的普遍主动性，都是有病的，他都会被动地在虚假直接性的蛊惑面前俯首称臣。"（Adorno and Horkheimer 2002: 160）阿多诺和霍克海默将自反否定性的健康中介与整体归摄（total subsumption）的病态中介相对照：自反性意识"活生生"体现了质的特殊性，而数学的形式化却只能将质的特殊性以毁灭性的方式消耗掉。归根结底，"只有中介才能克服让整个自然患病的孤立状态"（Adorno and Horkheimer 2002: 156）。中介必须要采用回忆的方式："真正对占据主导地位的实践及其无法逃避的抉择产生威胁的不是自然——因为实践和自然是相契合的——而是对自然的回忆。"（Adorno and Horkheimer 2002: 212）此种回忆旨在开辟"第二自然"：第二自然以人类历史为中介，并被披上人类社会 - 文化意义的完整外衣（full apparel）。第二自然会是那种被自反地接纳，且被铭记于心的自然，或者用杰·伯恩斯坦（Jay Bernstein）的话来说，"向我们显现的自然，以我们对它的归属为条件"[1]。正如我们在接下来的章节中所要看到的那样，伯恩斯坦的方案完美地概括了甘丹·梅亚苏（Quentin Meillassoux）所谓的

---

[1] Jay Bernstein, *Adorno: Disenchantment and Ethics*, Cambridge: CUP, 2001, 191.

"相关主义"的基本原理,即在心灵与自然之间有一种必要的相互性。相关主义之所以追逐第二自然,恰恰是因为第二自然的实现,可以将物质现实变成与人类的精神需求完全相称的意义的存储场(a depository of sense)。此外,如果我们接受伯恩斯坦对阿多诺的评价,"生命/非生命的区分是最基础的区分"(Bernstein 2001: 194),那么我们就开始认识到,阿多诺和霍克海默批判科学理性的最终意图,是要恢复一种完全拟人化的"活生生的"自然——换句话说,重建亚里士多德主义:在拟人的意义上,自然蕴藏了人们能够理解的意义以及必要的有目的性(essential purposefulness),这些又与每一个存在者内在的,且泛着灵光的(auratic)目的(telos)一道,为人们理解自然的道德价值提供了指示。哲学迷恋于第二自然的诱惑,是因为它渴望消除知识与价值之间的区别;这是一种怀旧式(nostalgic)渴望,即渴望调和"is"(实然)和"ought"(应然),因此也渴望"疗救"(heal)——因为自然在与人的交往中"遭"到了孤立——"理解存在者是什么"以及"知道如何对待它"的现代分裂(modern rift)。于是一切都一目了然了,哲学对第二自然的渴望无非是想要消除物质与精神之间隔阂,重塑已经遭到破坏的"存在之链",并最终否定由伽利略在物理学领域所开启的,由达尔文在生物学领域所继续的，由认知科学在心灵领域持续展开的祛魅工作。

对逝去经验的自反性纪念隐含了某种宗教内核。但由于自反性的纪念坚持记忆的拯救价值，于是这一隐含的要旨逐渐变得明晰起来。阿多诺和霍克海默（2002: 165）认为，"和解，是犹太教的至高无上的概念，是期许的全部意义"。在二者看来，犹太一神教之所以是值得赞许的，是因为它能够"保留 [自然的] 和解的记忆，而且不会经由符号而重新回到神话之中"[1]，由此，它预示了一种"没有权力的幸福，无需工作就能得到的奖励，没有边界的祖国，没有神话的宗教"（Adorno and Horkheimer 2002: 165）。犹太教之所以会预想第二自然，恰恰是因为它为人们提供了去神秘化宗教的原型。但是，如果犹太教的圣像禁令（*Bilderverbot*）保证了对宗教的合理性祛魅的话，那么它禁止一切关于绝对的主动概念（自反性的恢复），则又标志着神秘化的顶点。可知与不可知、有限与无限、内在与先验之间的区别——据说，科学犯下了

---

[1] 布拉西耶在此引用疑似出现错误，德文原文为：Damit haben sie ihr das versöhnende Gedächtnis bewahrt, ohne durchs Symbol in Mythologie zurückzufallen；英文译著中为：In this way they have preserved its reconciling memory, without relapsing through symbols into mythology；而布拉西耶引文为：preserve [nature's] reconciling memory, without relapsing through symptoms into mythology。——译者注

忽视这些区别的错误——被批判绝对化了。正是在这种绝对化中，上述的神秘化获得了神圣的地位。批判性地禁止绝对内在性是为了实现第二自然，实现第二自然是为了保证未来能够得到自反性的救赎，而自反性的救赎则来自现在对过去的纪念。因此，那些被抽象的概念形式所破坏的经验的质的实体（qualitative substance），以回溯的方式被投射（retroactively projected）为社会-历史中介的不可化约的材料。

但是，这种经验的实体本身又是一个哲学的神话。因为，虽然神话与启蒙的辩证法在形式上是可信的，但它之所以能够获取实质性的批判力量，是因为它把辩证的形式——例如对牺牲逻辑的分析——和实证性的内容（positive content）合并在一起。这一实证性的内容不是别的，正是概念归摄的剩余物，当然后者也是以回溯的方式被假定的：在对质的特殊性的感知理解中，蕴含着"意义"（meaning）的前概念经验。就此而言，由于在两种截然不同的论断间不断游移，阿多诺和霍克海默的论点遭到了破坏：一方面，他们声称科学理性阻塞了属于（of）自然的有意义的经验；另一方面，他们又认为科学理性遮蔽了作为（as）自然的有意义的经验。如果要为第一种立场辩护，就需要致力于某种前概念的现象学，捍卫以之理解自然的优越性，而这恰恰是被阿多诺和霍克海默的黑格尔主义立场所排斥的,因为他们更加关注经验中不可规避的社会历史中介要素。如果为第二种立场做出辩护,就有可能回到某种还原论的自然主义中——比如当代进化心理学,但是阿多诺和霍克海默非常厌恶它的实证主义(positivistic)前身。尽管(甚至可以说正是因为)他们强调了历史的中介,但被遗忘的经验所蕴含的有意义的特殊性,无论是"属于"(of)自然还是"作为"(as)自然,都将作为在科学的抽象中失却的东西被重新唤起。然而,这一有意义的内容本应既具有质的与实证的实质性——纯现象学意义上的"经验"——又是对归摄抽象的否定。如果这一有意义的维度(据说我们已经被剥夺了这一维度)既不是通过实证的方式被给予我们的超历史的永恒之物,也不是某种原初的现象学材料的话,如果它的确定的特殊性只是随后的否定以追溯的方式所投下影子的话,那么它究竟是什么呢?反思为记忆提供了唯一的证实(authentication)标准,当然,这里的记忆更多地指向我们过往的经验,而非现在的经验;这种记忆足以证明某种东西从我们身上被剥离了出去。但是,这又是谁的(whose)记忆呢?鉴于绝对知识遭到了批判性地禁止,以及(因此)绝对知识自我纪念的不可理解性,我们该如何估量阿多诺和霍克海默对人类历史的思辨性回忆的可信度呢？永远都不要信任辩证式的纪念。阿多诺和霍克海默所哀叹的，正在不断衰减的那种"经验"，除了反思通过追忆的（retrospectively）方式所赋予它的实体之外，似乎并没有其他东西。

其实，对回忆的召唤就已经揭示了，阿多诺和霍克海默的启蒙批判是如何在纪念意识的视角下展开的：纪念意识感受到自己的实存受到了科学的威胁，因为科学遮蔽了"富有意义的特殊性"。这一批判是从反思的观点出发的，也就是说，是从纪念的观点出发的。它只怀念一种经验，这种经验的实质恰好反映了它自己的渴望。它的动力来源是神话形式的历史经验，而非任何特定的或者实质性的历史经验。于是，通过恢复合理性赋魅的幻想，它批判了祛魅的牺牲神话，这暴露了它对经验自反性救赎的渴望。于是，从它自己的视角看，它无法对事实经验展开内在的批判，因为反思恰恰是工具合理性的事实性早就缺失（already *lacks*）的东西。而反思的缺失之所以被归咎于科学，则是基于对由反思所恢复的超验过去（transcendent past）的诉求。因此，批判就是一种保护；而且，它在本质上是具有保护性的，因为它的纪念性反思希望能够以连续性的名义，来延缓时间的断裂。和解的期望反过来排除了（forecloses）时间休止的未来前景（future prospect）：因为和解和期望都是自然能够得到救赎的神学保证。然而，科学没有（has）"自然"的概念，这正是阻止它在自然与超自然（extra-natural）之间划定任何界限的原因：自然恰好就是一系列话语，诸如物理学、化学、生物学、地理学、动物行为学、宇宙论……这个名单必然是无限制的。一旦涉及自然科学，不可调和（irreconcilable）是它们最高的概念，不可纠正（irremediable）是它们唯一的意义。矛盾的是，正是在模仿的可逆性的概念中，这一不可纠正性得到了表达。

2.4 空间的剥夺

对阿多诺和霍克海默而言，生物拟态的首要意义在于它展现了适应的强迫（the compulsion to adapt）：有机体要么让自己适应环境，要么灭亡。但是，生物学意义上的拟态横跨了许多不同的语域——从遗传复制（genetic replication）到行为顺从（behavioural compliance），再到形态效仿（morphological imitation）——却没有任何一种可以被直接归结为适应的逻辑。在1935年的论文《拟态和传说的精神衰弱症》（"Mimicry and Legendary Psychasthenia"）[1]中，罗歇·凯卢瓦（Roger

---

1 Roger Caillois, *L'Homme et le sacré*, Gallimard, Folio/Éssais 1988, 86-122.

Caillois)着重讨论了拟态所具有的非适应性的基本特征。在模拟它们自己的食物的过程中,蟾科昆虫(leaf insects),例如叶蟾(*Phyllium*),经常以互相吞食告终。它们的拟态行为包含了一种神奇的远距离成形术(teleplasty)——一种身体摄影术——这可能会使得模仿实在论曾有的使用价值(use-value)失效,因为它们可以复制腐败或者腐烂的躯体症状。在像镜子一样模拟食物坏死状态时,叶蟾会把自己当成能够维持自己生命的、外表已经坏掉的食物。这种昆虫的远距离成形术太精细了,以至于它会自我吞噬,而这也成为身体摄影术自身的有机编码的一部分。因此,叶蟾与树叶,这两个有机体的信息之间的共生关系经历了一次错乱。这同时导致了二者之间同一性的崩坏与差异的消除,所有这一切都发生于有机体的逼真性与活生生的死亡(organic verisimilitude and living death)的充满矛盾的混合中。[1] 在模拟自身营养来源的死亡时,由于其食欲旺盛,叶蟾最终成了自己食物腐败的活生生的指示。

这种毁灭性的拟态非但不是适应的一个例证,相反,它标志着这样一种强迫,即有机体被驱使着将自身分解为无机

---

[1] 我的这个观点来自奈杰尔·库克(Nigel Cooke)的精彩文章《昆虫的语言》(*Sandwich 1: Autumn*, London: SecMoCo Publishing, 2004)。

物。罗歇·凯卢瓦认为这种毁灭倾向（thanatropism）的根源在于空间的吸引力：有机体的个体化失去了基础，"在它的回撤中，模糊了有机体与环境之间的界限"（Caillois 1988: 121），因此有机体陷入了一个不断扩张的去个体化的空间之中。凯卢瓦提出，精神逐渐衰弱并与"空间同化"是潜在于各种现象之中的一个普遍特征，即使这两个现象之间相隔甚远，甚至就像昆虫的拟态和精神分裂性的人格解体（schizophrenic depersonalization）这两个现象之间那样遥远。在引用尤金·明考斯基（Eugene Minkowski）的著作的过程中，[1] 凯卢瓦注意到，一位精神分裂症患者在回答"你在哪？"这个问题时说道："我知道我在哪，但是我在发现我自己的地方，感受不到我自己。"（Caillois 1988: 111）他们精神的个体性遭到了空间的剥夺：

> 对这些无依无靠的灵魂来说，空间似乎就是一种毁灭性的力量。空间追逐他们，环绕着他们，并在不可思议的吞噬作用（*phagocytosis*）[2] 中消化他们。最后，

---

[1] E. Minkowski, 'Le problème du temps en psychopathologie' in *Recherches Philosophiques*, 1932-33, 239; *Le Temps vécue. Études phénoménologiques et psychopathologiques*, Paris: L'évolution Psychiatrique, 1933; *Lived Time*, tr. N. Metzel, Evanston: Northwestern University Press, 1970; *La Schizophrénie*, Paris: Payot, Rivages, 1997 (originally published 1927).

[2] 吞噬作用是描述吞噬细胞（如巨噬细胞和中性粒细胞）吞噬和破坏细胞外衍生物质的过程。

空间替代了他们。肉身和思想分离开来，个体打破皮肤的边界，占领了他感官的另外一侧。他试着从空间中的任一一点来观察自己。他感到自己变成了空间，这是一个无法盛放任何事物的黑色空间。他是某种类似，不是类似某物，只是类似。他发明了他自己"失控的但又占有"（convulsive possession）的空间。所有的这些表述都揭示了一个过程：同化到空间的去个体化，比如，特定的动物种群在形态学意义上实现了什么样的拟态。（Caillois 1988: 111）[1]

阿多诺和霍克海默对工具合理性的病态做出了诊断。但最终，这一病态似乎根植于由空间所实施的这种精神衰弱性的剥夺（psychasthenic dispossession）。由此，理性放弃了时间的超越维度，进而也就失去了时间的超越维度所赋予它的自反纪念的能力。而理性之所以变得精神分裂，因而不断自我疏离，恰恰是由于理性的时间实质被抽空，进而被呈现于空间之中。工具合理性的精神错乱，允许主体的自反性被客体的绝对不透明性所吞噬；毁灭性的拟态是无概念否定性的征兆，这种无概念的否定性已经在独立于主客体关系的客体

---

[1] Roger Caillois, 'Mimétisme et psychasthénie légendaire' in *L'Homme et le sacré*, Gallimard, Folio/Éssais, 1988.

中运作了; 这是一个非辩证法的否定性, 它不仅独立于心灵, 而且在概念之外实现了同一以及非同一的无差别化。(我们将在第 5 章中看到, 这为何就是"存在 – 无"[being-nothing][1] 的否定性——借助"存在 – 无"的否定性, 客体单向化了实行构成的主体, 并成了其自身的知识主体)。由此, 启蒙的假死意味着认知的先验主体被取代了。以前, "客观的知识"意味着主体所掌握的有关客体的知识, 而现在却变成了客体自己的知识, 以及客体所掌握的有关主体——那个以为自己通晓客体知识的主体——的知识。凯卢瓦早就看到了毁灭性的拟态和客观认知之间的亲密关系:

> 因此, 并不只有精神衰弱类似于拟态, 认知的要求也是如此, 精神衰弱在任何情况下都表现为一种认知的病症。据我们所知, 认知倾向于压抑每一种区别, 倾向于还原每一种对立, 由此, 它的目标似乎就在于用理想的方案解决它和外部世界的矛盾以此来展现它的理智, 并满足于理智弃绝意识和生命的倾向。在这

---

[1] Being-nothing 之所以被直译为"存在 – 无", 是因为在巴迪欧那里, 存在与无之间并无任何"所有格"关系, 也就是说, being-nothing 并不是存在之无, 或者无之存在, 正如贾斯汀·克莱门斯(Justin Clemens)所指出的那样, "如果无(nothing) ≠ 非存在(non-being) ≠ 虚无(nothingness), 那么无 = 存在 = 不连贯的多元"。参见 Clemens, J. (2005). "Doubles of nothing: the problem of binding truth to being in the work of Alain Badiou". *Filozofski vestnik*, 16(2), 104。——译者注

> 种情况下，认知立刻就通过一幅平静的画面展现出它的理智，这是一幅充满希望的图画：科学以分子、原子、电子等图像再现了整个世界，同时分裂了生命充满活力的统一体。(Caillois 1988: 119)

然而，凯卢瓦的分析进一步将认知的毁灭倾向限制在了主观再现的范围内，因此也限制了对"生命充满活力的统一体"的分裂；似乎再现的图像以及被再现的世界之间的裂隙，将会对这种非辩证否定性的分裂病毒免疫。事实上，正如我们将要在下一章中看到的那样，在对意识和生命的剖析中，启蒙的假死不仅分裂了生命充满活力的统一体，而且更为重要的是，它以这样的方式将主体客体化了，从而切断了人们所假定的心灵与世界的相互关系。它使主体失去了思想。

2.5 死亡的模仿

经由黑格尔所谓的空间"无概念的外在性"所完成的这一毁灭性的剥夺解释了，模仿引起的可怖情景不仅发生在文明之中，也发生在声称见证了文明历程的辩证法反思中。于是，当反思按照模仿冲动的连续升华来描绘文明的进程时，我们并不会感到奇怪。首先，通过巫术，在巫术中模仿的逻辑为牺牲的交换提供了条件；其次，通过有组织的劳作，有组织的劳作意味着明确的禁令："社会与个体的教育强化了劳作所需的客体化行为，阻止人们重新回到变动不居的自然之中。"（Adorno and Horkheimer 2002: 148）文明禁止模仿，认为模仿是危险的退化。这一禁令既是社会性的也是概念性的：作为社会性禁令，在其中，模仿行为标志着自我的自制力的弱化和放松，标志着向动物般的强烈欲望退化（阿多诺和霍克海默将罪犯视为这种退化的例证）；作为概念性禁令，在其中，模仿的类似是无概念相似的实例。后者对阿多诺和霍克海默具有特殊的重要的哲学意义。当某物模仿了其他的东西，它就变得和那个东西很相似，但却不是在概念等价的标准意义上和某物相似。因此，这种模仿就是非同一的标志：它标志着我们可以独立于同一或者差异的概念性标准去表达无差异或者无区分。因此，模仿的现象就威胁到了社会秩序和概念秩序，即交换和归摄。然而，同一性对模仿的恐惧反映了由模仿本身所引发的恐惧。对于阿多诺和霍克海默而言，模仿和归摄都与恐惧有着非常紧密的联系：文明对退化的恐惧，个体对社会不认同的恐惧，由概念的不确定性所引发的恐惧，以及猎物对捕食者的恐惧是联系在一起的。无论相同性（sameness）在概念层面是通过对特殊的综合归类达到的，还是有机物通过模仿无机物所构建的，它都和恐惧相关。更准确地说,对模仿所标志的退化的恐惧产生了一种包容、顺从以及压抑的强迫,而这本身就是对原始的有机体的恐惧(organic terror)的模仿:

> 社会继续把自然对它的威胁当作一种持续而有组织的强迫——作为系统性的自我保护不断地在个体中自我再生产——社会会利用这一强迫去反作用于自然,控制自然。[……]数学公式是被有意操控的退化形式,就像巫术仪式曾经所是;它是最纯粹的拟态形式。在科技之中,为了自我保护,对无生命状态的适应不能再像巫术那样,通过身体对外在自然的效仿实现,但可以通过自动化的脑力运算,将其转换成盲目的过程(blind sequences)实现。伴随着科技的胜利,人类的表达变得既可控又强制。剩下的对自然的适应也只是对自然的不断强硬的态度而已。曾被用来保护和对抗恐惧的伪装,如今变成了对自然的盲目控制,它和远视的工具性(farsighted instrumentality)没有什么不同。
> (Adorno and Horkheimer 2002: 149)

因此,模仿现象就具有了双重性:拟态首先是一种防御机制也是一种武器。它不仅体现在猎物为了躲避它的捕食者而模拟无机物这一行为之中,而且也体现在捕食者对它的猎物的模拟。但是，模仿还有更为深层次的模糊性：因为它是一种自身可以转化为武器的防御机制——用于保护有机体免受无机的消解之威胁的压抑，成为对抗自然的根本武器，无论是有机的自然还是无机的自然。模仿性的牺牲在威胁的力量（应被阻止）与受到威胁的存在者（试图通过牺牲来保护自己）之间建立了一种可逆性。它在支配与被支配、强大与无力、有机与无机之间安置了一种可逆的等价关系。最终，这一可逆性使得有关恐惧和威胁的拟人化（anthropomorphic）词汇变得不恰当：有机体对无机物假定的防御性模拟——例如角蜥对石头假定的防御性模拟——反转为无机物对有机体假定的侵略性模拟，就像病毒为了复制自身而劫持宿主的细胞组织那样。由于无视了模拟者与被模拟者之间基本的可逆性，阿多诺与霍克海默也就忽略了模仿之中拟态的复归，以及模仿自身只是拟态的面具的可能性。尽管他们概述了模仿的人类学以及精神病理学的要点，但是他们却忽视了模仿性牺牲首要的，甚至可以说是最重要的层面：生物层面。弗洛伊德正是在这一层面之上（在描述有机物从无机物之中诞生的过程中）奠定了强迫性重复的基础（参见第7章）。弗洛伊德对死亡本能的生物学解释，为阿多诺和霍克海默自己的解释提供了一个必不可少的先决条件，因为前者说明了在人类学和精神病理学层面反复出现的原初的强迫性重复。文明为了自我保存的需要而对无生命之物的接受——在强迫的压抑中,它对有机体强迫的强迫性拟态——重现了对无机物的原初压抑。"压抑模仿的理性不仅是模仿的对立面,而且本身就是模仿:对于死亡的模仿"(Adorno and Horkheimer 2002: 44),若是这样,则不仅是因为科学对模仿的压抑模拟了死亡这一无机的强迫,而且也因为正是死亡、无机者模仿了理性。模仿属于(of)死亡,而且借由(by)死亡来实现。生命只能被死亡所模拟,有生命者只是无生命之物的面具而已。智能的技术自动化对于阿多诺和霍克海默来说,意味着理性自我毁灭的完成,但是它实际上只是被压抑者的回归:不只是思维之中的被压抑者的,而且是作为(as)被压抑者的思维的回归。启蒙通过将思维转化为算法的强迫,实现了模仿的可逆性:无机物对有机理性的模拟。因此,智能的人工化将有机体的目的转化为技术手段(反之亦然)提前宣告了第二自然真正的实现——不再是通过和解,即对理性自己的自然史进行自反性的纪念;相反,它是通过某种不可纠正的形式,即无目的智能取代了所有的理性目的。废除有机体的目的是通过综合智能对工具合理性的短路实现的,而非通过反思;这样一种短路通过将时间重新划归到空间之中,颠覆了时间的连续顺序，以及未来对现在的从属地位。

辩证思想对这一前景的恐惧和它想要把空间从历史中删除的渴望是紧密相连的。辩证法对空间是无效的，因为空间只有无概念的自我外在性。因此，对阿多诺和霍克海默来说，通过叙事而连续排列的空间，是历史时间的不可逆性的必要前提："像一个旅程一样，历史时间艰辛地以及不可逆转地将自己从空间中，从所有神话的永恒时间模式之中抽离出来。"（Adorno and Horkheimer 2002: 39）以拓扑学的方式重写历史会让反思错愕不已，因为它可能要将记忆消融进无概念的外在空间。此外，如果综合智能完成了毁灭性的拟态，那么启蒙以拓扑学的方式重写历史与其说恢复了神话的时间性，不如说恢复了一个恐怖故事的动态特征：人类理性被揭示为一个昆虫清醒的梦境。[1] 这种启蒙的否定性后果，标志着黑格尔主义所规划的理性之梦的终结——对于黑格尔主义来说，心灵与物质之间的和解为普遍的历史提供了目的——意味着一种正在褪去人类面具的智能的觉醒。

然而，强调达尔文主义的成就具有深远哲学意义的方式

---

[1] 在这种意义上，真正类似于《启蒙辩证法》的不是荷马的《奥德赛》，而是大卫·克罗南伯格（David Cronenberg）的《变蝇人》(1986)，主人公宣称："我曾是一只昆虫，曾梦醒成为一个人——并且爱上它——但现在梦想结束了，昆虫醒了。"

之一，恰恰就是在空间中重写历史。正如我们在接下来一章将要看到的那样，自然史所包含的时间广度，远超出我们所理解的那种自然——自然"在我们面前所呈现的样子，取决于我们对它的归属"——的时间广度，因为不管是否有人属于它，它都会继续向前推进。即便文化史无法被还原为自然史，但是它仍然以自然史为中介，后者包含了时间与空间、生物与地理。阿多诺和霍克海默的思辨自然主义否定了自然历史的非自反性内在，最终回归到了自然神学。正是由于没有认识到社会历史的自然中介本身是如何由自然史所中介的——这意味着不仅进化生物学而且地理学与宇宙学也都是这样——关于"自然"的哲学话语成为哲学人类学的附庸。在下一章中，我们将要看到自然史是如何标识时间性维度的，它否定了一切关于人类和自然之间存在着假定的相互关系的论断。

3 实在论之谜

> 先验的德性并不在于使得实在论成为某种虚幻之物,而在于使其变得让人惊讶不已,也就是说,明明是不可思议的,却又是真实的,因此是相当成问题的。
> (Meillassoux 2006)[1]

3.1 原化石:甘丹·梅亚苏

法国哲学家甘丹·梅亚苏最近就新康德主义哲学与自然科学的关系中最成问题的部分,做出了一个令人瞩目的诊断。他认为新康德主义无力理解"原化石"之谜。化石是携带了史前生活痕迹的物质,但是"原化石"则指的是具有"先祖"(ancestral)现象痕迹的物质,这种"先祖"现象甚至早于生命的出现。原化石为测算先祖现象的实验奠定了物质基础——比如放射性同位素的衰变率可以为岩石样本的年龄提供一个参照标准,或者星光中的冷光可以为遥远的恒星的年龄提供一个参照标准。自然科学提出了

---

1 Q. Meillassoux, *Après la finitude. Éssai sur la nécéssité de la contingence*, Paris: Seuil, 2006, 39.

一些先祖命题，比如宇宙大概有137亿岁；地球大概产生于45亿年前；地球上的生命似乎产生于35亿年前；最早的人属祖先出现在200万年前。此外，它也不断地对未来做出预言，比如银河系将在30亿年之内和仙女座星云发生碰撞；宇宙中所有的恒星将会在100万亿年之内停止发光；从现在起的数万亿年后，宇宙中所有的物质都会分解为自由的基础粒子。哲学家们应该对此感到更为惊讶，因为这些命题向后康德哲学提出了一个严肃的问题。不过，奇怪的是，新康德主义哲学似乎完全没有意识到这个问题。有观点认为，从哲学的立场上看，这些命题是相当费解的，不过，这一判断并不源于人们对科学命题所涉及的测量方法、经验准确性或对其他有关的科学方法论的疑虑。它们之所以让人摸不着头脑，与它们的字面意义所包含的惊人的哲学含义分不开：上述科学命题所关涉的事物违反了概念可理解性的基本条件，而这些基本条件正是由康德主义哲学所规定的。要想理解其中的具体缘由，我们就需要试着对新康德主义做出简要的概述。

尽管彼此之间存在着各种各样的差异，但是新康德主义哲学家可以说仍然共享了一个基本的信条，即独立于我们而存在的自在世界（world-in-itself）的观念是荒谬的。

客观的实在必须在先验层面（无论是通过纯粹的意识、主体间的共识还是理性主体所组成的共同体）得到保证；没有这些保证，它就是一个形而上学虚妄。"再现论""主客体二元对立"以及一般意义上的认识论被一些人鄙夷地称为过时的笛卡尔式的词汇，对于这些发出嘲笑的人而言，正是我们同世界的前理论联系——无论我们将这一联系描述为此在，还是"生命"——为我们能够理解上述的科学论断提供了本体论前提。难怪，新康德主义哲学家经常自视甚高，把科学对世界的种种论断看作贫乏的抽象，在他们看来，科学论断的意义完全取决于我们和现象之间的这种更为根本的联系，即某种次再现（sub-representational）或者前理论的联系。对于这些哲学家来说，与世界的联系，诸如此在、实存、生命，是所有现象得以显现的初始条件，包括上述命题中所涉及的那些先祖现象。因此，如果自在世界的概念，即独立于我们与其之间的关系而存在的现象领域的概念，可以被充分理解，那么也只有当它是"为了我们"（for-us）而自在或者独立的某种东西时，才是可能的。这是在后形而上学哲学中占据统治地位的信条（*doxa*）：占据基础性位置的，既不是被实体化的实体，也不是被具体化的主体，而是不可客体化的思想与不可再现的存在之间的关系本身,是逻各斯和自然(physis)最初的相互作用或者互相占有(co-propriation)。这种相互作用或者互相占有的关系既结合了联系项(term of the relation),又区分了它们。在后形而上学哲学中,对联系的过度渲染已经成了普遍现象,它的显著征候是对"差异"的痴迷。由于被不断地吹捧为意义深远的革新,这种倾向的潜在危害已经愈演愈烈。[1] 梅亚苏赋予它一个名字:"相关主义"(correlationism)。相关主义者坚信思想与其关联物之间的关系本身,要优先于关系项的形而上学实体化(metaphysical hypostatization),或者再现主义者具体化(reification)。相关主义是微妙的:它从不否认思想或者话语的指向(aim at)或者意指(intend)独立于思

---

[1] 在当代哲学中,格拉汉姆·哈曼(Graham Harman)详细地对这一趋势做出了深刻的批判,他认为后者是普遍的反实在论的化身。无论所讨论的是心灵与世界之间的认识论关系,意向作用(noesis)与意向对象(noema)之间的现象学关系,存在与此在之间的绽出关系,事件-客体的综合关系,还是物质与记忆之间的过程性关系(processual relation),哈曼都认为,从支持客体的观念化的立场出发,这一对重视关系的趋势遮蔽了客体的不连续的实在。哈曼对海德格尔出人意表的原创性解释,为他彻底重新定位现象学,即从人类与事物的关系至上,转向独立于与人或者它们彼此关系的事物本身。因此,这种"客体取向的哲学"的根本任务在于解释自主客体是如何相互作用的,为此,哈曼发展了一种特别巧妙的"间接因果关系"(vicarious causation)理论。哈曼首先在《工具-存在:海德格尔和客体的形而上学》(*Tool-Being: Heidegger and the Metaphysics of Objects*, Chicago: Open Court, 2002)概述了这一计划,随后在《游击的形而上学:现象学与事物的木匠制品》(*Guerrilla Metaphysics: Phenomenology and the Carpentry of Things*, Chicago: Open Court, 2005)进一步阐发了该计划。

想或者语言的实在；它只规定，那些看似独立的部分仍然与思想或者语言有着内在的关联。因此，当代相关主义放弃了怀疑论或者更为普遍的认识论的难题，对他们来说，这些笛卡尔式的问题早已过时了：关于我们如何能够充分地表象实在，一般来说是没有问题的，因为我们"总是已经"外在于我们自身，而且也总是已经沉浸于或者融入了这个世界（事实上，这种看法并无任何新奇之处，但却总是被奉为海德格尔-维特根斯坦主义的洞见）。值得注意的是，相关主义不需要将"思维"（thinking）或者"意识"（consciousness）当作重要的联系（relation）并赋予其特权——它可以被轻而易举地替换为"在-世界-中-存在""感知""感觉""直觉""情感"，甚至是"肉体"。事实上，这些术语在相关主义不同的现象学变体中都起到了关键的作用。[1]

---

[1] 以下是尼采、胡塞尔和海德格尔这三位欧陆哲学家对相关主义信条的一些具有典范性表述：

> 反对科学的偏见——关于知识的寓言就是最大的寓言。人们想知道自在之物是什么；但是，看呐！其实并没有自在之物！但是即便假设有自在的、无条件的事物，它们也会因此变得不可知！[……]一切对人们没有意义的事物，根本是不存在的！(Nietzsche 1968: §555)

> 自然的实存并不可能是意识实存的条件，因为自然本身就是意识的关联项：自然之所以存在，是因为它意识的一般关联中被构成。(Husserl 1982: 116)

但是，原化石却给相关主义出了一道难题。相关主义者该如何去理解科学有关先祖的论断呢？相关主义强调如果没有我们和实在之间的联系，那么实在就是不可知的；没有诸如生命、意识或者此在（Dasein）这样的先验运作者（operator），就没有现象，因为只有先验运作者能为现象的显现创造条件，借此，现象才能显现自身。如果没有最初的联系，如果没有显现的先验条件，就没有东西可以被显现、思考或者知晓。因此，相关主义者会继续说，如果不在现象得以显现的联系之中，那么即便是科学所描述的现象，也是不可能存在的。此外，相关主义者会补充道，以经验为根据的观念论（empirical idealism）的可能性，正是被作为认知必要条件（sine qua non）的关联（correlation）

通过这一[从自然态度中]解放，一方面我们发现了一种普遍的、绝对自我封闭的以及绝对自我充足的世界自身与世界—意识之间的关联，每一种类型的存在者和每一种意义的绝对关联，另一方面，我们也发现了绝对的主观性，它以最广泛的方式构成了意义与本体的有效性[……]在持续地贯彻悬置的过程中，在我们注视下的[世界]，是主体性纯粹的关联项。主观性给予世界本体的意义，凭借主观性的有效性，整个世界"存在"了。(Husserl 1970: 151–2)

当然，只有此在*存在*（也就是说，只要对存在的理解在存在者的层面上的可能性存在），存在就"存有"。当此在不生存之时，"独立性"和自在也就不在。在这种情况下，这种事情既不能被理解，也不能不被理解。在这种情况下，即便在世的存在者也不能被发现，或者完全隐而不现。在这种情况下，既不能说存在者在，也不能说存在者不在。(Heidegger 1962: 255)

的先验本质所消除的。因此，与贝克莱（Berkeley）相对，康德主张被认知的事物之所以不依赖感知，是因为被认知的事物是某种表象，而表象产生于范畴形式与可感材料的先天综合。综合被植根于纯粹统觉之中，由此产生了客体的先验形式——作为其客观性的必要关联项（correlate）和保证。先验客体是不可认知的，因为它提供了包含所有可认知客体的客观性形式；所有客体必须在可能经验的统一性所包含的因果链中互相联系，并由先验主体和先验客体这一相互作用的两极所限定。然而，因为原化石产生的时间早于经验的可能性（anterior to the possibility of experience），因此原化石标志着这样一种实在：它未陷于两极之间，且拒绝被纳入可能经验的网络之中——这样一种网络会将所有可认知的客体联结起来。因此，原化石意指未屈服于可能经验的先验客体（transcendental object of possible experience）的实在。但康德却明确拒绝了这一可能性：

> 因此，我们可以说过去真实存在的事物是在经验的先验客体之中被给予的；但是它们对我来说是客体，而且在过去是真实存在的，只是因为我这样设想（借助于历史，或者借助于因果线索的指导）：依照经验

> 法则的可能感知的回溯序列，总而言之，即世界的进程，将我们指引向作为当下时间条件的过去的时间序列——然而，这个序列并不是本身自在地被再现为事实的，而是在同可能经验的关联之中被呈现为事实的。因此，所有的在我实存之前的漫长时期就已然发生的事件，只是意味着扩展经验链条的可能性，即从当下的感知回溯到规定这种涉及时间的感知的条件之中。
>
> (Kant 1929: A495；楷体强调为笔者所加)

因此，对康德来说，先祖时代的原化石只能被再现为某种与可能经验相关的，而非自在的东西。但是，我们无法设想，依照经验的法则，可能感知的回溯序列能将我们从现在的感知引向由原化石所标示的先祖时代。我们尤其不能将经验链条从当下对于放射性同位素的感知，延伸至由其辐射量所标示的地球的吸积时代，因为与可能经验同延的时间序列之整体，是从地质年代开始计算的，但那个时期是没有感知的。我们不可能将可能感知链条扩展到神经系统出现之前，因为正是神经系统为我们感知经验的可能性提供了物质条件。

因此，科学的先祖命题所要坚决反对的恰恰是初始关联（originary correlation）——无论是已知与未知的关联，还是存在与此在的关联——的必然性。先验条件对显现来说应该是非常必要的,不过,只有公然无视这些先验条件,科学命题才能描述在生命出现之前发生的事件,以及与思想无关的客体。同理,科学关于后世(descendent)的命题才能够指向那些在生命与思想消失之后才发生的事件。但是如果相关主义是充分的,那么这些科学命题又如何为真呢?这是因为科学不仅表明事件的发生与生命和思想的实存无关,而且也将显现的先验条件置于经验性的时间线之内。当科学明确地指出生命和思想——因此也包括这一根本的联系——在时空中有确定的起点和终点时,具身化于生命或思想中的那种与实在的关联怎么还能被描述为(于时空中的)显现的先验必然性(必要条件 [sine qua non])? 这些被相关主义者赋予特权的(于时空中显现的)本体论意义上的发生条件(此在、生命、意识等)本身只是时空不甚特别的产物罢了。难道科学有关先祖的及后世的命题没有强烈暗示这一点吗? 如果我们开始严肃地对待这些问题,那么后康德时代的欧陆哲学"屈尊俯就"思考当代自然科学对世界的研究时的傲慢态度,就不是贵族式的冷漠,而是幼稚的拒绝。

3.2 相关主义者的回应

面对梅亚苏依据原化石所做出的论证,相关主义的拥护者很有可能会做出反击。在即将出版的《有限性之后》(*Après la finitude*)[1]英译本的增补部分,梅亚苏概述了两种经常能听到的反对声音,这两种反对意见都是由原化石所引出的。梅亚苏分别对二者做出了回应。相关主义者的反驳主要从两个层面展开。[2]在第一个层面上,他们指责梅亚苏把未被察觉到的现象夸大为对关联的否定,事实上这种现象仅仅是关联中的一个空缺(lacuna)而已。在第二个层面,他们认为梅亚苏犯了将经验和先验混为一谈的幼稚错误。我们将会分别考察这两种反对意见,也会审视梅亚苏对他们的回应。

3.2.1 显现的空缺

在第一个层面上,相关主义者认为,梅亚苏的观点毫无新意,也不具有挑战性,依据原化石所做出的论证实属老生常谈,其对先验观念论的反驳也相当无力。于是,相

---

[1] Q. Meillassoux, *After Finitude: An Essay on the Necessity of Contingency*, tr. R. Brassier, London: Continuum 2008.

[2] 在写这本书的时候(2007年),这些反对意见只是通过口头或者信件的形式被转达给梅亚苏,还未出现在出版的著作中。

关主义者继续说道，原化石只是一个例子，它表明还有很多现象未被人们感知。但未被感知的现象时有发生，如果认为仅凭它们就足以破坏关联的先验地位，那么也未免太过天真了。就此而言，时间距离和空间距离其实并没有性质上的差别，只不过，前者将我们和先祖现象分离开来，后者将我们和宇宙中的其他地方同时正在发生的，但未被感知到的事件相分离。因此，没有人能感知45亿年前发生的地球吸积，也没有人能感知远在25万亿英里之外的半人马阿尔法星球上所发生的事情，前者并不比后者更重要。此外，"距离"观念本身就是模糊的、不可靠的感知局限的标志：科技让我们感知到了存在于极为遥远时空中的客体，但无数近在咫尺的事件却经常被无视。在这种意义上，时空之中的极端实例和那些未被察觉或者感知到的现象的一般实例之间没有性质上的差别，比如我们从来都不能完全明白发生于我们体内的事情。因此，原化石只是某个未被感知到的现象的例子，就像其他那些也未被感知到的现象的例子一样，它只是例证了显现内部存在空缺的本质——意识永远不能完全地或者绝对地领会任何一种现象。康德、胡塞尔非但没有否认这些，而且还是强调了人类认知的内在局限性和有限性本质。因此，对于康德而言，感性直观是无法彻底领会无限且复杂的感觉材料（datum of sensation）的。同样，对于胡塞尔来说，意向性是由描画（adumbrations）所推动的，而描画又是难以穷尽现象的所有维度的。但所有现象都含有未被领会剩余这个事实，并不会破坏先验意识的构成性地位。这只说明显现本身就是有空缺的，任何显现中都有未显现的部分。即便是在有空缺的（lacunary）显现的案例中——比如原化石，只需一次反事实（counterfactual）推理便足以维持先验构造的稳固性：因此，有没有人目睹地球吸积这一偶然的事实根本不重要，即便有（had there been）见证者，他们也会发现吸积现象的发展是符合地理学和物理学法则的，而关联则在先验层面上保证了这些法则。最终，相关主义者概括道，依据原化石所做出的论证并不能挑战相关主义，因为它只是混淆了显现中的偶然空缺（lacuna）和显现的必然缺位（absence）。

针对第一种反对意见，梅亚苏坚持认为，原化石不能还原为未被察觉之物的例证，因为时间上的前在性是先祖观念的应有之义，它不能还原为时间上的"距离"概念——后者与关联性的显现相伴。将原化石还原为未被察觉或者未被感知的事件，只是在回避问题的实质。因为这种做法仍假设关联始终存在，利用关联就可以衡量显现中的间隔

（gaps）或者空缺。但是，原化石并不是显现中（in）的非显明间隔或空缺，而只（*tout court*）是显现的（of）空缺。先祖现象所体现的前在性指的并不是显现过程中较早的阶段，而是前在于显现时间之总体（*anterior to the time of manifestation in its entirety*）；依据在于"前在性"概念的一个义项，它意指显现（及其过去、现在和未来的不同维度）初始产生的时间段，因此不等于显现的过去。因此，梅亚苏认为"先祖"（ancestral）不等于"古老"（ancient）。"古老"总是包含着程度上的差异，后者取决于人们碰巧选择了何种时间尺度。"古老"仍然体现了过去和现在的联系。而过去和现在的联系则必须满足显现的条件，在这种意义上，无论过去多么"久远"，都仍然和与之相关的现在共时。正如我们在前面所看到的那样，相关主义者之所以将时间间隔等同于空间距离，是因为他预设了这种共时性。然而，先祖所指向的是一种彻底的"历时性"（diachronicity），它不与现在关联且属于这样一种时间：在其中，过去、现在与未来之关联得以可能的条件经历了从无到有的过程。因此，先祖包含着时间上的历时性，但历时性却与序时（chronological）的尺度不可通约，因为后者是关联中的过去、现在、未来几个维度之间能够具有相互性的保证。

在相关主义者的第一种回应中,梅亚苏发现了一个诡计:相关主义把显现中(in)的或为了(for)显现的空缺——一种与构成性意识同在的空缺,正如未被感知的情况那样——替换为显现自身的(of)空缺;显现自身的空缺不能和构成性的意识(或其他被偶然援引的先验筹划者)同时发生。相关主义者在这里所要的花招其实就是把原化石——它在显现的条件产生之前就有了,因而是非显现的——还原为未被感知之物,它只是在现存的显现条件下可被衡量的间隔(gap)或者缺位(absence)。然而,梅亚苏强调,原化石既非有空缺的显现,亦非显现之内(关联之内)的时间性实在,因为在它所指向的时间性实在中,显现也只是刚刚出现而已,而原化石本身最终将再次沉陷入非实存之中。最后,梅亚苏总结道,认为利用反事实逻辑就足以将原化石重新整合入关联中的想法显然是对原化石的巨大误解,因为原化石所指的历时性不与关联之中的现在同时存在。

3.2.2 实例化先验者

由于第一种辩护策略未能回绝来自原化石的论点,相关主义者紧接着采取了第二种策略。这个策略首先质疑了这样一种观点,即先祖标示出了一个时间维度,在其中,有关联的时间形成并消失。相关主义者认为,上述观点暴露出梅亚苏从根本上就混淆了先验和经验。关联的条件位于先验层面,支撑这些条件的有机体以及/或者物质存在者则存有于经验层面。后者是时空中的客体,像任何其他的客体一样,它们在物理的时空中生成和毁灭;但是前者为客观化提供了条件,如果没有它,有关时空中的客体的科学知识——因此,也包括关于原化石本身的科学知识——将不再可能。尽管具体的物质客体——人的机体——用物理要素实例化了这些条件,但是我们不能说它们以相同的方式存有,因此也不能以逻辑悖谬为代价,声称它们都经历了从出现到消亡的过程。于是,相关主义者继续说道,那些认为客观化的条件产生于时空中的观点是荒唐的悖谬,它混淆了先验条件和普通客体,因为时空客观化的先验条件并不存有于时空之中。不过,这并不是说它们是永恒的,因为即便是在超验的或者超自然的语域内,"永恒"就意味着再度将它们实体化并赋予它们另外一种客观实存。实际上,它们并非超验的或者超自然的——它们是实存归因(ascriptions of existence)的逻辑前提,而非客观存有的存在者。作为科学得以认知经验实在(原化石就是很好的例子)的条件,它们自身不能以科学的方式被客体化,除非我们可以接受随之而来的悖谬。比如"先祖时间见证了先验主体性的诞生和死亡"就是这样一种悖谬。不过,一旦确定了产生悖谬的混乱根源,那么悖谬就会消失了。

在梅亚苏看来,相关主义者的回应初看上去似乎是有道理的,但也正是这种似是而非的合理性掩盖了其潜在的缺陷——因为它依赖于未被承认的模糊性。相关主义者告诉我们,先验主体性不能被客体化,因此它既不在时空中产生,也不在时空中灭亡;即使它以超验形而上学原理的方式存在,它也并非不朽或者永恒的。的确,这正是先验主体性与主体性原理的形而上学实体化的区别之所在,前者据说是有限的,而后者则使得主体性等同于某种无限持存的实体。但是,作为有限者,先验主体性离不开一系列确定的物质条件为其提供经验层面的支持。因此,胡塞尔认为先验和经验的平行关系是必要的,二者不可分割。确实,必要的平行关系可以将先验主体性和它的形而上学前身区分开来。因此,尽管先验主体性只是在物理有机体的心灵中被实例化了,但是它仍旧无法独立于为其提供支持的心灵和身体而持存。虽然它不存有于时空之中,但除了实体化于(在时空中实存的)物理躯体之外,它也没有别的实存方式。而且,恰恰因为它被锚定在有限的心灵之中,而有限的心灵又隶属于被有限的感受力以及智力所束缚的物理躯体，人类的理性才不是无限的。物理躯体是实存于时空之中的，但如果先验主体性必然会在其中被实例化的话，那么声称它可以完全脱离客观存有的躯体就是不太准确的。的确，海德格尔批判了古典先验论"无世界"（worldless）或者未被具体化的（disembodied）主体。后海德格尔（post-Heideggerean）哲学，则致力于不断提升先验者的"肉身化"（corporealization）程度。梅洛-庞蒂可能是倡导肉身化准先验地位（quasi-transcendental status）的突出代表（尽管确实不是唯一的）。虽然先验主体性不能被还原为客观实存的躯体，但是它也不能与之分离，因为躯体的实存为先验主体性的实例化提供了条件。因此，梅亚苏总结道，相关主义者坚持认为关联能为认识时空中的实存提供先验条件，这一点本无可厚非，但有必要指出的是，身体为关联提供了实例化的条件，它自身产生和消失的时间也是决定先验实例化之条件的时间。先祖时间决定了先验实例化的条件，但它并不包含在与关联范围相同的时间之内，因为正是在先祖时间内，关联所依赖的物质条件经历了产生和消失。在没有实例化之条件的地方，关联亦将不存。因此，原化石所标示的先祖时间无非是关联尚未实存的时间。诸如原化石之类的客观现象标示出了先祖时间；由于先祖时间规定了实例化的条件，而实例化的条件规定了客观化的条件，因此先祖时间的实存与否不取决于客观化的条件，尽管有关原化石的知识离不开这些客观化的条件（我们将在第7章中看到，为何从"客观性"出发能够更好地理解作为规定者的"先祖时间"——正是梅亚苏赋予它规定者的角色，因为"客观性"为各种各样的先验时间性提供了"最终规定因素"[determinant-of-the-last-instance]）。

3.2.3 先祖和序时

梅亚苏对其相关主义批评者的回应既犀利又机智。毫无疑问，这些回应将成为梅亚苏反对相关主义有力论据的重要补充。不过，它们同时也招致了一些批判性的声音。首先，梅亚苏区分了先祖性和时空距离。但尚未得到澄清的是，这一区分如何能与20世纪的物理学知识，即时空的基本不可分割性相协调——正如爱因斯坦-明考斯基(Einstein-Minkowski)的四维时空概念所揭示的那样。"前在性"与"后在性"本来就是关联性的术语，只有在时空坐标系中才能理解它们。梅亚苏坚信显现中（*in*）的空白与显现的（*of*）空白之间的分离（disjunction）是不可调和的，但这个论点仍取决于人化时间（anthropomorphic time）和宇宙时间之间纯量上的不可通约性：相关主义对人化时间推崇备至；而宇宙的时间则囊括了这一人化时间。这一不可通约性主要源于宇宙时间和人化时间的不对称性：前者被假定包含了后者的开始和结束，但反过来却非如此。然而，梅亚苏只是从逻辑的层面来批评相关主义，而没有进入经验的语域——甚至，接下来我们将会看到，梅亚苏在逻辑层面上所展开的批判如何又重新回到了笛卡尔思想和外延二元论之中——而且，他所依赖的不对称性恰恰体现了经验事实。正如梅亚苏自己所承认的那样（Meillassoux 2006: 161），其实没有什么先天原因致使心灵（以及关联）的实存，不能与宇宙的实存碰巧有相同的时空范围。而这正是黑格尔主义的观点，它将心灵或者精神（*Geist*）解释为物质实在中所固有的自我相关的（self-relating）否定性。相应地，由于先祖时间的存有不依赖于关联，因而它便具有了一种超越性，但这一超越性仍然建立在对序时性的诉求之上：宇宙时间前在于（preceded）人化时间，并有可能在人化时间结束之后继续向后延续（succeed），这一（经验的）事实恰好说明了二者的不对称性。鉴于梅亚苏的观点中暗含了对序时性的诉求，即原化石指向了显现的缺位（absence）而非显现中的间断（hiatus），因此在不借助时空框架——宇宙论借以协调过去、现在与未来的事件的框架——的前提下,我们很难彻底理解先祖领域在时间层面的前在性。在这一对序时做出规定的框架之中,任何一个细微的变动都足以消解先祖时间与人化时间之间所谓的不可通约性,因此也足以弥合本应区分时空距离和前在性的概念深渊。

由此,我们将得出如下结论:如果只依据宇宙时间和人化时间在序时层面的不对称性,来解释自在之物的自主性,那么相关主义者随时都有可能把先祖领域的绝对前在性转换成"为我"(for us)的前在性,而不是"自在"(in itself)的前在性。当梅亚苏把自己对相关主义的挑战和当代宇宙论所推崇的时空框架联系在一起时,他也就把自在之物的自主性抵押给了序时。要想维护"自在"(*an sich*)明确的独立性,就必须将它从序时以及现象学中解放出来——我们将在第5章中看到,为何这需要一种排除了序时的关联性以及现象学意向性的客观性概念。时空关系应该被理解为客观实在的体现,而非相反。由于强行区分了先祖时间与时空距离,梅亚苏在不经意间重申了时间相较于空间的优先性。这不仅是观念论的显著征候之一,而且也使得梅亚苏不觉间站在了其对手的立场上,即宣称利用关联来解释非先祖的实在是毋庸置疑的。因此,梅亚苏的回应看似鞭辟入里，但实则掩盖了其对相关主义所做出的巨大让步。可以肯定的是，对相关主义发起挑战的不只有先祖现象，而且还有现代自然科学直接描述的实在。根据自然科学的说法，我们被无数与我们完全无关的进程所包围：比如，板块构造理论，核聚变以及银河的扩张（更不用说未探明的石油储量或者未知的昆虫种类），它们和地球的吸积一样是自主的、独立于人类的实在。事实上，虽然这些过程与意识的实存是同步的，且晚于地球的吸积，但二者仍然是不相关的。梅亚苏的观点正好与此相反，他强调只有先祖维度才能超越关联性的结构，言下之意，意识的出现标志着基础本体论的断裂，它破坏了实在的自主性与连贯性。如此一来，只要意识出现，就没有东西能够追求独立的实存了。[1] 然而这样做的风险就是，在把原化石

---

[1] 这本质上是齐泽克的立场："唯一有效解释自我意识地位的方式，就是主张'实在'本体论的不完整性；只有当实在的核心地带有一种本体论的'空白'，一个裂缝，也就是说，有一种创伤性的过度，一种无法融入实在的外来物，实在才存在"（Žižek, 2006: 242）。这一观点——意识或者主体性并不是实体的存在者，而是一个分裂了本体论秩序的非实质空白——是齐泽克颇具才气地混合了拉康和黑格尔后所提出的核心思想。值得赞扬的，以及与他对"辩证唯物主义"的坚持相一致的是，齐泽克不断地致力于认知科学的探究（Žižek, 2006: 146-250）。然而，我们仍然很难从齐泽克所推定的"唯物主义"与他的断言——实在是围绕着主体性的创伤内核所构建起来的——之间发现一致性。如果自在实在必然是在与分裂的自我意识之间的关系之中被建构起来的，那么根据达尔文的观点，所有的在自我意识诞生之前的物质进程，必须被当成有精神错乱的先验主体所产生的充满幻觉的"错误记忆"而遭到摒弃。

提升为独立于心灵实在的唯一范式的过程中,梅亚苏一再向他自己想要摧毁的相关主义做出妥协。[1]

3.3 意义的两种机制

尽管会有这样或者那样的针锋相对的意见,但毫无疑问,肯定会有一些相关主义者拒绝承认来自原化石的论点的针对性(pertinence)。如果是这样的话,那么他们将别无选择,只能把先祖领域的实在性也一并否认掉。于是,顽固的相关主义者将坚信,虽然原化石看似指向了一种非关联性的实在,但其实这只是一个幻想,"非相关的实在"意味着某物无需显现的条件就能够显现自身,这显然是荒谬的。对于顽固的相关主义者来说,原化石肯定存有于此时此地,存有于关联中的当下,但即便如此,它仍依赖于显现的条件。然而,原化石所指向的先祖时间必须被理解为一种认知的幻觉。这是因为,虽然先祖命题将先祖现象规定为独立于显现条件的实存,但命题的意义却取决于它所否定的那些条件。相关主义者愿意承认先祖命题的可理解性,只不过必须以否认先祖现象的实在性为前提。此外,

---

[1] 感谢格拉汉姆·哈曼、罗宾·麦凯(Robin Mackay)和达米安·维尔(Damian Veal)为我提供了所有这些要点。

由于先祖现象只反映在先祖命题之中,这样做就等于将先祖现象字面意义上的先在性,转变为错误的记忆痕迹——它产生于现代人当中,却被反过来投射到了前人类的时代。相应地,相关主义者将会做出让步,承认先祖命题的字面意义确实指向了非相关的实在,随即他们又明确地告诫道:先祖命题似乎确实指明了一种早于思想之形成的实在,但是它也只能在思维之中而且为思维(in and for thinking)指明这一实在。对于相关主义者来说,先祖命题的字面意义完全可以指涉一种先在的实在,甚至早于确保它能够被理解的诸种条件,但文字意义毕竟只是流于表面;事实上,文字的意义依赖于一种更为深刻的意义机制,后者将这种经验的或者本体的意义锚定在更根本的,也就是先验的或者本体论的意义维度之中。这一更根本的意义维度将先祖命题所指明的独立实在,转变为"为我"的独立实在。在相关主义者看来,存在着两种意义和真理的机制:科学所特有的经验的或者本体的意义机制;哲学所特有的本体论以及先验的意义机制。科学家天真地假定前者具有概念上的自主性,但是相关主义哲学家会提醒他们,前者完全依赖于后者。出于同样的原因,相关主义者坚信有两种时间性要素在此起作用,而科学家们总是"天真地"将它们混为一谈：一种为物理 – 宇宙论的、衍生的、本体的时间性；另一种为具有起源意义的本体论时间性（或者"持续性"[duration]），它是物理 – 宇宙论时间性的先决条件。从实在论立场上对先祖命题做出的解释，好像的确暗示了物理 – 宇宙论时间维度内包含有本体论时间。而在相关主义者眼中，这就是一个基本的逻辑谬误：我们不能假定作为构成性的本体论时间性依赖于作为由其构成的本体时间。因此，从相关主义立场对先祖命题所做的解释则会坚持这样一种观点，即我们应该优先考虑"逻辑"顺序，然后再考虑序时的演替：我们应该忽略这种表面的序时——在其中，物理宇宙论的时间先在于有生命的、有意识的时间并且在它们消亡之后继续延续——并把目光放长远一点，看到作为序时之先决条件的潜在逻辑顺序。的确，从相关主义的立场来看，经验性的序时只是本体论时间性所产生的结果，而本体论的时间性则是关联所特有的。

不过，相关主义者的此番回应，继续回避着问题的实质。因为，要想维持有生命的或者有意识的时间的逻辑条件作用（logically conditioning function），就必须使其与（和生命、意识相称的）时间经验的构成性条件相关——它不可能独立于此类经验的可能性而得到维持。事实上，相关主义者的辩解一开始就已经假定了科学的工具主义这一本应作为其结论的概念。工具主义主张，科学理论所预设的存在者只是探索性的虚构或者一种计算策略，它缺乏独立于心灵的实在。的确，正是"科学的理论化只是在人类经验中具有工具性用途的东西，而且完全囿于人类的经验范围"这一未被挑明的假设，为如下的观点奠定了基础：人类实在经验的先决条件同样也是科学所预设的存在者的先决条件。[1] 相关主义者的辩解沉湎于从作为经验之条件的时间性中所推断出的、作为诸种非经验（non-experiential）现象——所有这些由科学所描述的非经验现象中甚至包括了物理宇宙论时间本身——之条件的时间性。这显然是不合理的。实际上，它已经假定了相关主义者（通过反对先祖命题的实在论解释）所想要证明的观点，即先祖的或者其他的科学现象只是一种抽象，它们的意义似乎来自经验中某种主要的维度。尽管揭露上述被相关主义者所歪曲的事实并不足以确立科学实在论的真理。不过，这也足以说明除了指明自身的（相较于经验而言的）构成性功能以外，

---

1 尽管康德肯定不会赞同工具主义的科学概念，但也恰恰是他的公式以最简明的方式总结了相关主义者使科学对象经验显示依赖于客体化的先验条件的方式："一般来说，经验的可能性条件同样也是经验客体的可能性条件"（Kant 1929: A 158/B 197）。

相关主义并不能为自己如下的主张做出辩护，即与生命和意识相称的时间性必然要比物理宇宙论时间更为本源。

当然，为了避免这个难题，相关主义者可以决定将关联永恒化，也就是将生命或者精神永恒化为本体论的绝对存在——其结果就是走向活力论或者绝对的观念论。或者，相关主义可以不向科学妥协，只要简单地拒绝承认科学的先祖命题的字面真理就可以了。但这可能意味着，相关主义者不得不坚持如下的观点，即宇宙必然诞生于生命和意识之后。接着，他们会发现自己正在为一种非常接近神创论的立场背书。相关主义者认为，相较于有生命的或者有意识的时间，先祖领域在序时上的居先性（precedence）会引诱我们忽略前者潜在的逻辑优先性（primary）。梅亚苏对此尖刻地评论道，相关主义和神创论的论点的相似着实让人不安，因为根据神创论的观点来看，化石是由创世者所放置的，目的是考验我们对他的信仰（Meillassoux 2006: 36）。或许宇宙论也是被先验意识所设计出来的，目的是考验我们对后者永恒性（perenniality）的信仰？

科学家有足够的理由反对相关主义如下的提议，即判定先祖命题真假的最终依据在于我们当下与世界的联系，而非数百万年前与心灵无关的实在。因为上述提议只是一种较为文雅的神创论的花言巧语。在这一点上，和后康德观念论（它变得过于粗糙拙劣，以至于丝毫没有对原化石感到惊讶）相比，也许针对原化石的科学实在论要更孰一点。如果自在实在（reality-in-itself）的观念在哲学上是不可理解的话，那么这或许是后康德主义可理解标准出现了问题，而不是"实在"本身的问题。因为让相关主义无法容忍的正是先祖命题的字面可理解性，以及与之相伴的先祖现象的实在性——这很大程度上是因为所谓的先验关联中的经验成分会推翻相关主义的大厦。

最终，应该受到的质疑是康德对意义的经验和先验机制的分配，以及相应的对科学的本体范畴以及哲学的本体论权界（purview）的分工。因为现代科学揭示了一个与生命和思想都毫无关系的现实，而经验与先验、科学与哲学的分野恰好为哲学提供了一个借口，使其可以回避科学向它发起的这一根本性挑战。在这种情况下，哲学与其建构一个自我闭合的地域，由之出发对自然科学的观点做出先验的裁断，倒不如努力应对后者的挑战，为科学对实在——无需符合理性所假定的利益或者目的——的试验性探索提供一套思辨的甲胄。只要我们无视以下论断——科学向哲学提出了一个思辨问题，而经验 - 先验的分工则为这一问题提供了一个满意的解决方案——我们就能重建一个公平的环境，在其中，哲学的要务就是恢复非关联的实在概念，从而更好地解释科学探索的思辨性含义——而非继续紧握相关主义的皮鞭来统治科学。一旦我们把科学和哲学平等地置于实在面前，我们就必须坚信相关主义的观点和科学的先祖观点之间不存在妥协的可能性：如果相关主义是正确的，那么科学的观点就是错误的；如果后者是正确的，那么相关主义就是错误的。事实上，几乎所有科学所教给我们的关于这个世界的知识，都指向了一个结论，即相关主义是错误的：尽管相关主义坚持生命和心灵的不可回避性，但科学却耐心地积累证据，以证明心灵和生命居于次要且短暂的地位。于是问题成为：从康德开始，相关主义如何成为解决科学认知可能性问题的一个貌似可信的方案呢？

3.4 事实性原则

要想回应以上这个问题，我们就必须重新审视康德的哥白尼式转向的影响范围。康德教导我们要把有关自在之物的形而上学问题转换为"我们如何通达（access）事物"这一先验问题。因此，后康德的通达哲学（philosophies of access)[1] 就把"什么是 X"这个形而上学问题转换为"在什么样的条件下,我们才能(在经验层面)和 X 产生关联?"这个先验问题。他们把知识之可能性的问题转换为经验之可能性的问题,并鼓励我们把有关事物本质的问题转换为我们对事物的经验问题(无论是康德哲学中的认知/再现问题,还是海德格尔哲学中的前认知/非再现问题)。但后康德的相关主义却教我们放弃现象与本体领域的区分,结果就是,保持自在状态的世界以及不与我们关联的世界通常被视为不必要的形而上学残留而遭到摒弃,即便这些世界都是可以想象的。此外,继发的(ensuing)关联若要优先于形而上学所实体化的关联项,就需要将自在之物还原为一种理性的规范性观念——将自在之物还原为某种完全内在于思想的东西——或者直接消除它。然而,如果先祖现象不是自在之物的一个范例(paradigmatic case),那么它又会是什么呢?原化石包含着关于恢复自在之物之可能性的先验之谜。由先祖现象所引发的先验问题是:如果一个客体的实存不依赖于它与思想之间的构成性关系的话,那么思想是如何知道这个客体的呢?为了解决这个问题,我们需要脱离关联的优先性去思考各个项,也就是去思考

---

[1] 我从格拉汉姆·哈曼那里借来了这一表述。

客体的优先性，而不是它和其他事物之间的关系，无论它们是思考的或者不思考的（non-thinking）。[1] 只有当我们面对关于自在之物可理解性的先验困境时，我们才有希望解决随之而来问题，比如关于先祖命题意义的认识论以及语义的问题，比如科学的实在论与工具主义概念等问题。如果有人相信可以不对先验议题做出判断而解决这些认识论问题，那么他实际上仍然囿于相关主义的循环，并假定其潜在的本体论主张的无可置疑性。科学允许我们发现先祖现象；它不会凭空捏造这些现象。要想提出反对的意见，只需要声称从自始至终一切都是相关主义的产物即可。因此，这里的关键是要再度质疑康德在思想和认识之间做出的重要区分。

在此，梅亚苏的著作被证明是不可或缺的。跟随梅亚苏的脚步，我们需要区分康德的弱相关主义和强相关主义，前者认为我们可以思考（think）自在之物，即便我们不了解（know）它们，后者认为我们甚至不能思考它们（cannot even think them）。弱相关主义强调理性的有限以及我们通达存在的有条件性（conditional nature）。知识条件（直觉

---

[1] 我们将试图通过在第五章中对弗朗索瓦·拉吕埃尔的工作进行批判性的讨论，详细阐述完成这一任务所需的一些概念资源。

的范畴和形式）只能运用于现象领域，而不能运用于自在之物。因此，支配现象领域的认知结构就不是自在之物的必要特征。我们不知道为什么空间和时间是直观的唯二形式，或者为什么有12种范畴，而不是11种或者13种。没有充分的理由能够解释这个事情。从这个意义上说，而且仅仅从这个意义上说，这些先验结构是偶然的。但是，黑格尔指出康德已然越过了可知和不可知的界线，后者假设我们已经知道了自在之物的结构有别于现象的结构。相应地，黑格尔继续将那些"为我之物"（the for us）先验层面的构成性要素，重新注入（re-inject）"自在"之物的范畴。由此，在黑格尔的绝对观念论中，思想再次为自身对存在的通达奠定了基础，并且重新发现了自身的内在无限性。康德的弱相关主义强调，思想和存在的关联之中存在着不可回避的偶然性，与此相对，黑格尔主义则将这一关联绝对化，并坚持思想与存在结构之间必然的同构性。在这一点上，强相关主义可以被理解为对黑格尔绝对化这一关联的批判性回应。尽管强相关主义也放弃了自在之物，但是它仍然延续了康德的思路，强调了关联不可避免的偶然性。海德格尔著名的"实际性"（*Faktizität*[*facticity*]）观念中所表现的激进态度，就体现了这一点。因此，与黑格尔相反，强相关主义——由海德格尔与福柯等人发扬光大——坚持认为关联的偶然性并不能在理性之中被合理化或者奠基。这就是海德格尔时代性的（epochal）"存在之历史"以及福柯知识考古学的反形而上学立场所要表达的东西。因此，如果我们要和相关主义决裂，思考自在之物的可能性就必须被再正当化（re-legitimate），而且还不能绝对化关联，或者求助于充足理由律。

在这本杰出的著作（tour de force）中，梅亚苏向我们展示了强相关主义是如何被自身最有力的部分从内部所克服的。这一最有力的部分正是强相关主义所坚持的关联的实际性。在何种基础上强相关主义拒绝了黑格尔所恢复的充足理由律——矛盾是存在的基础[1]——以及紧随其后的思想与存在同构性呢？通过坚持关联的实际性或者非必要性，强相关主义反对了黑格尔将关联绝对化的举措——思想对存在的通达受制于外在的非概念因素。非概念因素既无法被合理化，也不能被重新纳入概念之中，甚至通过辩证法

---

[1] "一般情况下，我们对矛盾本质的探讨表明，如果有人指出某物中包含了矛盾，那么这个矛盾并不是瑕疵、不完美或者缺陷。相反，每一个具体的事物，每一个概念本质上都是被区分和可区分的瞬间的统一体，这些瞬间通过规定性的、本质的区别而过渡为矛盾的瞬间。这一矛盾当然会化为乌有，回撤到它的否定统一体之中。事物、主体、概念本身就是这种否定的统一体。它本质上是自相矛盾，但也仍然是解决的矛盾：它是包含并支持其规定的根据。"（Hegel 1989: 442）

矛盾的形式也不行。因此，为了强调实际性的优先地位，从而对抗绝对化关联的思辨性诱惑，强相关主义必须坚定地认为一切事物皆无理由（reason），甚至是关联自身。黑格尔的思辨观念论旨在展示关联如何通过自我奠基（因此变得绝对的必然或者成为自因）来证明自己的必然性。为了对抗这一思辨观念论，强相关主义必须保证自我奠基的不可能性。而要做到这一点，强相关主义就需要证明关联不可能知道自己是必然的。因为，尽管我们可以声称经验现象必然或偶然地与支配知识可能性的先验法则相一致，但是我们却不知道这些原则究竟是必然的还是偶然的，我们没有可以与之相比较的东西。这一论点的展开以偶然性和实际性的区分为基础，前者处于知识的统辖之下，而后者则不在此范围内。偶然性是经验的而且隶属于现象：如果一种现象的产生和消失不违背支配现象的认知原则，那么这种现象就是偶然的。实际性是先验的，它适用于我们与现象的认知关系，因此也适用于知识原则本身。有鉴于此，说它们是必然的或是偶然的，并没有任何意义，因为我们没有与之相比较的其他原则。于是，为了反对绝对观念论，强相关主义坚持认为，肯定关联的必然性违背了知识的准则。但这样做，强相关主义就违反它自己所设下的限制（stricture）：为了主张关联不是必然的，它别无选择，只能肯定自己的偶然性。

因此，强相关主义违反了自己所设立的可知与不可知的区分，尽管它的目的在于保护这一区分；为了反对观念论赋予关联的必然性，强相关主义必须主张关联是偶然的。但是，肯定关联的偶然性，就是认可实际性的必然性。因此，在这个本应重申可知（偶然性）与不可知（实际性）的界限时刻，强相关主义却越过了这一边界。因为，如果要申明关联的偶然性并摆脱绝对观念论，强相关主义就必须坚持实际性的必然性。但是要做到这一点，它就需要预先把握那些（从它自己的观点来看）本不应该认识的东西。于是，它发现自身面临着如下的困境：它无法在不绝对化实际性的前提下，实现关联的去绝对化；它也无法在不绝对化关联的前提下，实现实际性的去绝对化。但是绝对化实际性就意味着主张偶然无条件的必然性，因此，也就是主张思考不与思想关联的某物的实存是可能的，即思考偶然性本身是可能的。经验与先验的分工区分了可知的偶然性和不可知的实际性。虽然相关主义力图维持这一分工，但在绝对化实际性的过程中，相关主义仍旧颠覆了它；因此它被迫承认，我们和事物的关系之间的否定性特征——我们不知道认知原则是必然的还是偶然的——其实是自在之物的一个肯定性特性。

显然,我们有必要在此稍作停留以强调利用思辨的方式克服相关主义的两种变体——观念论变体和实在论变体——之间的决定性区别。思辨观念论声称自在之物并不是什么外在于关联的超验客体,它其实就是关联自身。因此,它将关联性自身转换成一种自在之物或者绝对之物:辩证法家声称,当我们意识到为我之物事实上就是自在之物时,我们就克服了形而上学对自在之物的具体化。当关联成为自为的自在之物(*in itself for itself*)时,它也就被绝对化了。但是这也就牵涉将关联转换为形而上学意义上的必然存在者或者自因(*causa sui*)。与之相对,梅亚苏的思辨唯物主义则断言,只有意识到自在者只是为我之物的偶然而非必然,我们才能避免它被观念论纳入为我之物的范畴内,而且也不会在形而上学的意义上将其具体化。因此,当实际性被绝对化之时,为我之物的偶然性或者无根基性(groundlessness)之所以变成了自在的或者必然的,恰恰因为它的偶然性并不只是某种为我之物。思辨唯物主义声称,为了保证我们对关联必然性的一无所知,我们必须明白关联的偶然性才是必然的。换句话说,如果我们从未知晓任何事物的必然性,那么这不是因为必要性是不可知的,而是因为我们知道只有偶然性才必然存有。事物的必然偶然性或者"无理由"(without-reason)才是绝对的。

我们其实并不知道人类关于现象的知识究竟是必然的还是偶然的。然而,当相关主义被迫贯彻自身的前提,并由之得出最终的结论时,它就不得不把我们的这种无知,转换为自在之物的一种可被思考的性质。对于这个结果,梅亚苏评论道:"一种必然存在的绝对不可能性才是绝对的。"(Meillassoux 2006: 82)这就是梅亚苏所谓的"事实性原则"(principle of factuality),虽然这一原则看上去无足轻重,但是它所蕴含的意义则是相当深远的。因为它给思想施加了重要的限制。如果一种必然的存在从概念上来说是不可能的,那么从一个时刻到另外一个时刻,事物完全任意的或者根本难以预测的转换的实在可能性才是绝对的。重要的是,不要把这种观点与我们熟悉的赫拉克利特或者尼采所吟咏的关于绝对生成的颂歌混淆了,因为后者只是把永恒同一的形而上学必然性,转换为了永恒差异的形而上学必然性。肯定生成的形而上学优越性就意味着事物无法保持不变,事物无法固守自身;因此也就是说,事物必然要保持变动。永不停息的生成之洪流,因此就可以被理解为一种不可阻挡的趋势,就像处于停滞状态的形而上学必然性一样。但是,形而上学的必然性,无论它表现为永恒变动,还是永久稳固,都要被绝对偶然的法则所排除。梅亚苏所坚持的偶然的必然性蕴含了一个绝对的时间维度,它可以借助任意且无常的理由,中断持续的生成,就像它搅乱存在的稳固性那样。绝对的时间相当于一种"超混沌"(hyper-chaos)的状态,对它而言没有什么是不可能的,除非这种东西是必然存在的产物。偶然性取代了所有可能的秩序,甚至包括混乱的秩序或者变动无常的恒久性。它是全能的;但是这种绝对的力量却"没有标准,它是盲目的,不具有神的完美[……]。它是一种力量,既不拥有善,也不拥有智慧[……]它是可以产生稳固,静止,以及死亡的时间,借此它也摧毁了生成本身"(Meillassoux 2006: 88)。绝对时间是全能的,但却呈现出"盲目的白痴上帝"的姿态,所有以未来为导向的信仰,无论是对秩序、生成、意义,还是对救赎的信仰都会因此而毁灭。对未来的信仰,对基督降临的渴求,是犹太-基督教一神论的主要信条。我们不要忘记了,正是为了给信仰留出空间,康德才对科学理性做出了限制。因为无论"启蒙""世俗"的初衷究竟是什么,但对形而上学理性主义的批判最终为"信仰主义"提供了一个哲学上的借口:声称理性对现实没有绝对的统辖权,因此不能被用来取消宗教信仰的可能性。如果理性的统辖权被限制在现象的范畴,那么理性就不能排除这样一种可能性,即信仰可能包含了一种通达自在之物的非概念路径。因此,后康德哲学弃绝了理性主义的无神论,转而投向了一种根本上模棱两可的不可知论——没有比海德格尔以及维特根斯坦著作中体现得更为明显的了,他们不加掩饰地将神秘宗教的启迪置于概念合理性之上。[1] 后康德主义哲学对理性的批判似乎允许人们从

---

[1] 事实上,虽然海德格尔和维特根斯坦可能是 20 世纪欧洲哲学中宗教复兴潮流中最为著名的两个代表人物,但在这一点上,他们并不特殊。20 世纪的欧洲哲学中包含了一种可以被描述为极为矛盾地对待犹太-基督教一神论态度。比如,巴什拉(Bachelard)、巴迪欧(Badiou)、卡尔纳普(Carnap)、卡瓦耶斯(Cavailles)、纽拉特(Neurath)、赖欣巴哈(Reichenbach)、萨特(Sartre)、石里克(Schlick)、德勒兹(Deleuze)、魏斯曼(Waismann)等人对无神论的公开支持,不只是被阿多诺(Adorno)、本雅明(Benjamin)、布洛赫(Bloch)、德里达(Derrida)、伽达默尔(Gadamer)、亨利(Henry)、霍克海默(Horkheimer)、雅斯贝尔(Jaspers)、列维纳斯(Levinas)、马里翁(Marion)、梅洛-庞蒂(Merleau-Ponty)、利科(Ricoeur)、舍勒(Scheler)等人作品中的神学色彩所抵消。后者似乎认为犹太-基督教神学在哲学层面是远高于现代科学合理性的认知成就。胡塞尔与新康德主义在此持有一种模棱两可的态度:就像在他们之前的康德那样,他们宣称忠于科学合理性的理想;但与此同时,他们对科学合理性的理解,似乎完全兼容了,或者至少没有完全排除,拥抱犹太-基督教一神论的可能性——于是我们可以看到,科恩(Cohen)的犹太教立场,胡塞尔的路德教立场,等等。就此而言,他们立场代表了后康德的信仰主义:既然上帝的实存与否不能被合理地证明,那么完全就有可能调和对科学的合理性的承诺和对犹太教或者基督教的承诺。在这一点上,值得一提的是,梅亚苏在《有限性之后》对相关主义者信仰主义倾向

不合理性的或者（以及）宗教的角度对现实的终极本质做出假设，而梅亚苏从理性主义的视角对"理性批判"（the critique of reason）的批判，则旨在通过清除理性主义中的形而上学要素，恢复理性能够通达实在本身的可能性。因为，只有理性自身才能对一切合理必然性的缺失，以及对（作为唯一确定性的）绝对偶然性的推崇做出规定。

3.5 事实性的三个标志

梅亚苏从偶然性的绝对化中得到了三个让人意外的结论：首先，矛盾统一体是不可能的；其次，偶然存在者的存有是绝对必然的；最后，自然法则本身就是偶然的。他将这三个思辨性的命题视为事实性的"标志"，以及它们自身被建构为"衍生物"的论据。前两个命题直接从梅亚

的批评，和列宁在《唯物主义与经验批判主义》（最初出版于 1908 年；tr. A. Fineberg, Peking: Foreign Languages Press, 1972）中对教权主义者的观念论倾向的攻击之间有着惊人的相似性。特别是在第一章的第二节中，列宁猛烈地抨击了主客体分立的"相关主义"理论，他明确地将其和"信仰主义"联系在一起。感谢迪米安·维尔给我指出二者的相似性。尽管梅亚苏没有提到列宁，但后者的小册子很有可能为梅亚苏的著作提供了灵感的源泉。列宁在 1908 年对"相关主义"的批判在百年之后的当下依然有力。它既证明了列宁（对此议题）的介入具有持续关切性，也表明主流哲学依然令人沮丧地对观念论保持坦然自若的态度。无论《有限性之后》是否部分地受到了《唯物主义与经验批判主义》的启发，梅亚苏用一种彻底原创的思辨主张取代相关主义的做法，并没有任何模仿痕迹。

苏的事实性原则而来，第三个命题则是通过独立的论证[1]被间接建立起来的。康德虽然假设了自在之物存有以及它的非矛盾性，但是却没有给出令人满意的证明。有鉴于此，梅亚苏的前两个命题旨在将康德的论点推向笛卡尔的"自在"概念：后者的非矛盾性（或者更为准确地说，逻辑连贯性）保证了它能够通过数学的方式得到表达，它独立于心灵的实存可以得到直接的证明，无需借助上帝。虽然看上去很奇怪，但是梅亚苏的计划本质上来说就是笛卡尔式的：通过恢复思想通达绝对性的能力，他希望能够证明数学科学可以直接阐明自在之物。显然，梅亚苏是非形而上学绝对偶然性的支持者，而不是传统绝对必然性的支持者。然而，数学思想之所以可以直接通达物自体，恰恰是因为后者本身就具有数学意义上的直观特征，所有的理性认识都必须符合这一点：原则上，每一个存在者必然是偶然的，偶然的存在者必然地存有，即便是数理科学从自然中所领悟到的规律（"自然法则"），也必定是偶然的。我们将依次概述这三个命题。

---

[1] 在梅亚苏看来，事实上，第三个论点并不是直接由事实性原则所引出的，而是依赖于独立的论证，这使得它比前两个观点更不确定。梅亚苏明确地指出这是一个缺憾，在未来他希望能够弥补这一点。参见 Meillasoux, *Après la finitude*, 152-3。

3.5.1 矛盾的不可能性

梅亚苏对第一个命题的论证既大胆又具有新意，他的推导如下：如果假定矛盾统一体存有，那么它就是允许矛盾性谓词持存的存在者；因此，它既可以是其所是，又可以是其所不是。然而，如果某物遵循着这样的逻辑，那么它就不能转换为其他东西，因为它已经是其所不是的东西。我们无法定义这样的谓词或者某物现在虽然没有，但是它过去拥有或者将来可能拥有的属性。因为它是矛盾的，所以只能将其定义为既是 A 又是非 A，既是 B 又是非 B，以此类推。结果，一个矛盾统一体永远不可能变成自己现在所是之外的任何东西，因为它现在已经以"与自己不同"的方式存有了。但这就等于说，一个矛盾的存在者已经是其自身，并将永远是其自身，因为它已经是而且总是自己所不是的东西。由于它在和自己相异的过程中又与自己同一，那么它就不可能产生和消失。由此，它必然存有，因为我们无法设想它是非存有的。正如梅亚苏所言，这种必然的实存事实上是黑格尔意义上绝对的标志，它的命脉（lifeblood）就是矛盾。只有绝对才是矛盾的，因为只有矛盾必然地存有。但黑格尔非常清楚地认识到，只有绝对的同一性才能够维持矛盾，因为只有绝对才能在相同和他异之间建构起同一性。而且，不能做出如下的反驳，即矛盾不是绝对的，因为它排除了偶然性——相反，黑格尔意义上的绝对完全可以既包含偶然性也包含必然性。但是，被纳入黑格尔绝对中的偶然性，只是自然的无概念的物质性（conceptless materiality）存在，为了能够达到并实现自己的自主和独立（也就是说，它的必然性），概念（Notion）必须穿过这一偶然性的环节。由个别时刻所规定的偶然性从属于作为矛盾整个过程的、更高一级的必然性。如果黑格尔肯定了物质性偶然的必然性，那么这只是因为偶然性肯定会被概念的自我运动所否定。

黑格尔主张，偶然性之所以是必然的是因为它可以被纳入绝对之中。与之不同，梅亚苏则认为偶然性以及偶然性自身就是绝对的必然。思辨观念论坚持认为"在绝对之中，偶然性是必然的"——就像齐泽克喜欢举的那个例子，主体为了实现它的自主性，会以追溯的方式把偶然物质的决定性因素设定为某种必然[1]——而思辨唯物主义者则坚持

---

[1] "自由绝不仅仅是决定论因果关系的对立面，正如康德所知，它意味着一种特定类型的因果性，指的是行动者的自我决定。事实上，存在着一种康德二律背反的自由：如果一项行动完全由前因决定，那么，它当然就不是自由的；然而，如果它依赖于能暂时切断整个因果链的纯粹偶然性，那么它也不是自由的。解决这一二律背反的唯一方式是，引入一种二阶的反身因果性：我由原因所支配（无论是直接的、残酷的自然原因，还是动机），自由的空间不是第一阶因果链中的神奇的空白，而是我

认为"偶然本身就是绝对的,因此也是必然的"。正如我们现在所看到的那样,事实上,这一"无理由原则"(principle of un-reason),非但没有对任何以及所有事物保持开放,相反还在绝对时间的混沌之上强加了一个极为重要的限制:绝对时间的混沌状态可以做到任何事情,除了产生矛盾统一体。因为矛盾统一体——诸如黑格尔的绝对精神或者尼采 - 赫拉克利特的绝对生成流变——是必然的,因此也是永恒的。但这恰恰又是偶然的绝对化所要摒弃的。没有什么是必然的,即便是永恒的生成;没有什么是不变的,即便是永恒的流动。

因此,梅亚苏的事实性原则非但没有为非理性主义留出空间,实际上还排除了它。它排除了泛神论的可能性,同时也排除了信仰主义的可能性。因为,就像有限之情(pathos of finitude)会(而且确实也)为如下的观点敞开

能够反身地选择 / 决定那种原因可以决定我。"(Žižek, 2006: 203)在齐泽克的黑格尔主义(观念)中,主体通过反身地设定 / 重整其偶然的物质决定要素来实现自己的自主性。但通过消解原因与结果的必然关联的观念,梅亚苏对偶然性的绝对化不止摧毁了唯物主义者的"决定论"——被理解为因果关系的无例外的连续性,而且也摧毁了主观"自由"的观念论概念——被理解为由齐泽克所描述的二阶的反身因果性。当所有规定的偶然性意味着每种选择具有同等的任意性,且有效消除了主动的与被动的选择之间的差异时,主体就不能"选择"或者决定他自己的主观的决定。由此,区分客观的强迫与主观反身,现象的他律性和本体的主体性将不再是可能的。事实性原则破坏了决定第一阶与第二阶秩序的差异,从而也破坏了任何尝试区分客观他律与主观自主的举动。

大门,即存在着以非概念形式通达无限的他异性的模式——"来临的他者"、救赎等;生命的永恒生成也可以,而且事实上它已经被神化为"永恒起源"(One-All)。活力论者对这一"永恒起源"的肯定,不仅很容易转换为对神秘要素介入的迫切渴求,而且很有可能将作为宗教狂热之标志的虔诚之情(pathos of reverence)加以永久化。但是,绝对时间可理解的荒谬性(absurdity),阻止人们受到诱惑去崇拜它——无论是作为"无限他者"还是"永恒起源"的事物。因此无理由的原则有效地排除了以下两种诱惑,即活力论的泛神论以及有限的信仰主义的诱惑。

3.5.2 偶然性的必然实存

梅亚苏从事实性原则中得出了第二个结论:偶然存在者存有是必然的。关于这一论点通常会有两种解释,一种解释较为"虚弱"(weak),另外一种解释则较为"强力"(strong)。虚弱的解释认为当且仅当某物存有,它偶然地存有。强力的解释认为,偶然存在者存有这件事是绝对必然的。如果某人接受了事实性原则,那么他至少会认可这一观点的虚弱版本。但是,我们知道,这一原则表明实际性(facticity)是自在之物的性质之一,而不是我们对事物再现的性质。因此,虚弱的解释差不多是在说有一种关于实际性的实际性，或者偶然的实存偶然地存有（contingent existence exists contingently）。在这种对事实性原则的解读中，不仅实存是偶然的；而且"偶然存在者存有"本身就是一种偶然的事实（fact）。但是，如果有人认为偶然事物存有不是必然的，那么他就不得不借助于第二级的（second-order）实际性或者偶然性，以便在事实层面否认偶然实存的必然性。而且他还必须将第二级的实际性绝对化为某种与"自在"之实存相关的东西，以便将现存事物第一级的实际性相对化，使之成为"为我"的偶然事实。偶然性被绝对化为独立于"为我之物"的东西，即使它被展开是为了将它相对化为"为我之物"。因此，为了在经验层面否认偶然现存的事物的必然性，虚弱的解释就不得不宣称其在先验层面具有必然性。此外，任何想要取消这一主张的尝试——通过上升至一个更高层次，使实际性之实际性（facticity of facticity）本身成为偶然——都会立刻引发无限的回退。因为，无论是在哪一个层面上，只要偶然性被确认为是它自身，那么它就被绝对化了。因此，为了否认实际性的必然性而重申实际性的做法，其实是将实际性绝对化了，即将其视为自在实存的必然性质，而非我们对实存再现的偶然特征。这样做在不经意间证实了另外一种关于这一原则的强力解释:偶然存在者的存有并不只是一个偶然的现实;它还是绝对的必然。

然而,人们可以提出如下的反对意见:由于实存的偶然性不仅意味着现存的事物不能如其所是,而且意味着非实存之物可以存有,于是前面的论证所确立的只是后者的必然偶然性,也就是说,非实存之物的必然偶然性;而不是现存之物的必然偶然性。换句话说,这种反对意见坚持认为,尽管非实存之物可以存有是绝对必然的,但是现存之物的存有却不是绝对必然的。实际性的绝对必然性只保证了非实存之物的必然性;而不保证现存之物的必然性。我们可以对这种反对意见做出如下的反驳,即承认作为绝对之物的实际性是可思考的,也就是承认实际性是可思考的。如果的确是这样的话,那么就不能将实际性区分为实存之物的实际性和非存有之物的实际性。因为实存之物有非实存的可能性与非实存之物有实存的可能性一样,都是实际性不可避免的特征:实存与非实存的可能性都是思考实际性的必要条件。尽管我们能够想象到存在者的实存与非实存,但是我们却不能想象实存自身的实存与非实存。更不必说,尽管我们能够想象作为偶然之物的实存着的存在者,但是我们却无法想象实存是偶然的——因为一旦我们这样做，那么我们就要思考实存可能的非实存状态，而我们完全无法思考无（nothingness）。[1] 所以，如果承认实际性是绝对的（也就是说，偶然性的绝对必然），那么将偶然的必然性限制在非存有之物的范围内，就和"只（tout court）思考非实存是可行的"一样，是不正当的。如果实存的偶然性是绝对必然的，那么偶然现存之物存有就是绝对必然的。或者按照梅亚苏的说法："某物而非空无存在是必然而非偶然的，因为有某物而非其他什么东西存在才算是必然的偶然。存在者偶然的必然性，决定了偶然存在者的必然实存。"（Meillassoux 2006: 103）

梅亚苏的方案还产生了一种更为有益的影响，即它审慎地祛魅了莱布尼茨所提出的终极形而上学难题："为什么某物存在而无不存在？"在这一点上，梅亚苏和海德格尔对相同问题的处理形成了鲜明的对比。因为海德格尔对形而上学的批判，不仅取消了形而上学对这个问题进行回应（和形而上学对充足理由律的回应一样是具有吸引力的）的资格；而且也排除了任何以概念形式解决这个问题

---

[1] "无"在这里只需要被理解为对所有确定存在的简单否定就可以了。我们将在第5章和第6章中看到另外一种对"无"的定义。后者是从"存在 – 无"确定的同一性的角度被定义的。我们将试图表明为什么这是可想象的。

的可能性，因而导致了这个问题的过度膨胀（exorbitant inflation），以至于将这个问题的困难扩大到这样一个程度：它假定了一个据说可以挑战概念合理性的深渊状态。[1] 与海德格尔相对，梅亚苏为这个问题提供了一个收缩（dedeflationary）的解决方案。这一方案有效地驱散了萦绕在上述问题之上的深不可测的光晕——这一光晕是由海德格尔等人所投下的。因为，恰恰是取消形而上学对这个问题进行回应资格的做法，召唤出了具有超越性的无上存在（supreme being）或者自因（causa sui），并为另外一种更为危险的超越性敞开了大门：不容置疑的"无限他者"的超越性，或者在海德格尔新异教浪漫主义的（neo-pagan romanticism）具体例子中，那天、地、人、神"互属"（co-propriation）的本有（Ereignis）。此外，实证主义者对形而上学的批判，似乎也没有完全避免对宗教超越性的回归，在这一点上他们和海德格尔没有什么两样。以维特根斯坦的《逻辑哲学论》（Tractatus）为例，实证主义认为这种形而上学的议题是没有意义的，因此也就无法回答。

---

[1] M. Heidegger, *Introduction to Metaphysics*, tr. G. Fried & R. Polt, New Haven: Yale University Press, 2000; and *The Principle of Reason*, tr. R. Lilly, Bloomington and Indianapolis: Indiana University Press, 1996.

但正是这样一种看法,为神秘让出了空间:"事物在世界中如何存在并不神秘,真正神秘的是事物存有这件事。"(Wittgenstein 1974: 6.4.4)[1] 只要问题保持无法回答的状态,哲学的大门就会一直向各种宗教神秘化敞开,无论这种神秘是异教的、一神论的还是泛神论的。这些都无关紧要。就像梅亚苏所说的那样:

> 问题必须得到解决,因为声称问题无法解决或者问题没有意义的做法仍然是在为它颂扬的东西提供正当性;但是,它的解决方案不应该是将我们自身放在首要因素的崇高地位之上——只是为了提醒我们后者是永远缺席的。我们必须自己从这个问题中解放出来——不仅要解决它而且还要为其构想出一个答案,这个答案必须让人失望,只有这种失望才是这个问题带给我们的最有益的东西。当我们面对这样的问题的时候,最合适的态度就是保证这个问题中没有什么是重要的。无论是讥讽的还是深刻的,一旦灵魂在这个问题面前震颤(*vibrato*)不已,那么这种态度就是不合适的。(Meillassoux 2006: 98)

---

[1] L. Wittgenstein, *Tractatus Logico-Philosophicus*, tr. D. F. Pears & B. F. McGuinness, London: Routledge, 1974.

3.5.3 反复无常的自然

可以说，事实性原则的第三个也是最后一个结论是最具挑衅性的——考虑到前两个结论的争议性，这本身就是一个不小的成就。梅亚苏从一个全新视角讨论了休谟的"因果性问题"。后者通常被理解为"归纳法的问题"。但是梅亚苏却认为这是对休谟问题之本质的误解，在他看来，休谟真正关心的是自然的齐一性原则。许多哲学家似乎将两个问题看成一回事了，但是梅亚苏却坚持认为必须把这两个问题区分开来。要理解为何这一区分是至关重要的，我们就必须简要地对归纳法问题之中至关重要的部分进行概述。

在分析因果性概念时，休谟拆解了原因 A 和结果 B 之间的因果关系，并将因果关系概括为三个基本组成部分：A 和 B 之间的时空临近性；A 在时间上优先于 B；恒常联结，也就是说，A 总是伴随着 B，反之亦然。[1] 但是，正如休谟所指出的那样，临近、优先、联结都无法说明所谓的"逻辑"必要性，尽管我们通常将后者视为 A 与 B 之间因果关系的不可消除的特征。此外，休谟还坚持认为，确定一个

---

[1] D. Hume, *A Treatise of Human Nature*, ed. C. Mossner, Harmondsworth: Penguin, 1984, Book I, Part III, 117-229.

事物实存与非实存的方式只有两种，即要么参照经验，要么参照矛盾律。然而，从后天（归纳）的角度来看，我们假定 A 与 B 之间的关系是由逻辑必然性所决定的，但是我们经验中的临近、优先、联结要素却并不能证明这一假设；从先天（演绎）的角度来看，如果 A 和 B 之间没有临近、连续或者联结的关系，也不能说它们在逻辑上是矛盾的。休谟总结道，即使所有已经发生的 B 总是在 A 发生之后才被观察到，也不能证明 B 在未来也要跟随着 A 的发生而发生这个结论。换句话说，我们不能假定任何个别 A、B 的发生——A 和 B 以临近、优先、联结等方式结合在一起——能够例证普遍的因果性。既然从个例中推演出普遍原则真理的归纳推理是无效的，那么我们为何可以做出如下的推论，即一条直到现在才被观测到的规律也能够在未来起作用呢？休谟回答道，我们对因果性，或者更普遍意义上的归纳推理的信赖，都只是观念相互联结的表现，因此仅仅是一种心理习惯，并没有什么特别的。但是，习惯并不能为归纳推理提供合理的证明，也就是说，习惯并不能证明 A、B 的个例足以证实存在着一条普遍的规律，使得 B 必须在 A 之后发生。因此，休谟对因果性概念的分析就质疑了归纳推理的有效性，后者被认为是科学事业的核心。

更具体地说，休谟对归纳的批判质疑了科学理论的可验证性。因为从逻辑上讲，只参照经验是不可能最终验证一个普遍命题的。作为对休谟的回应，波普尔的证伪主义哲学坚持认为科学没有，而且也不需要求助于归纳法。科学的类律概括（law-like generalizations）并没有被归纳所证实，相反，它被演绎所证伪。实验从来不能证实一条科学法则，因为我们不能用归纳推理来确证概括的真理在未来也是有效的，实验只能证伪科学法则，因为只要出现一个科学概括的反例，我们就能推断它的虚假性。因此，即便是最坚实科学理论都有可能被新的实验以及当下无法预见的反例所证伪，但是，值得注意的是，波普尔反归纳主义并不认为相同的实验在未来也可以证伪我们的理论，相反，他认为新的实验或者对旧实验的新解释可以证伪我们目前已经证实的科学理论。因此，即使是证伪主义似乎也预设了自然的齐一性，因为它需要最低限度的稳定的实在，以保证相同的实验条件可以一直产出相同的实验结果。如果缺乏稳定性，那么相同的实验条件可以在时间 T1 证实一个理论，也可以在 T2 证伪这个理论，于是我们所熟知的实验科学，无论是否属于归纳主义，都将变得不可能。然而，休谟对因果性的批判所破坏的也正是这种齐一性，即作为

自然实验科学之可能性的齐一性。[1]

---

1 尽管,梅亚苏明确地指出波普尔的反归纳主义继续假定自然的齐一性原则,但这是有争议的。事实上,波普尔的立场比梅亚苏所理解的要更微妙。波普尔似乎区分了这一原则的形而上学解释与它的科学效用。前者是关于实在的论点,是可证伪的,后者是方法论规则,并未对实在的本质做出任何实质性的假设。因此,在《科学发现的逻辑》(*The Logic of Scientific Discovery*)中,波普尔写道:

> 与我对其他形而上学问题的态度一致,我尽量避免争论"相信规律的实存"的对错[……],[自然的齐一性]原则,对我而言,似乎以一种非常肤浅的方式表达了一个重要的方法论规则,这个规则可以有效地从理论的不可验证性考察中得到。[……]我认为[……]主张自然规律不变是错误的(这会是一种不能给予支持或者反驳的命题)。如果我们假定自然法则相对于时空而言是不变的,以及如果我们假定自然法则中没有任何例外,那么我们应该承认,这是我们对自然法"定义"的一部分。因此,从方法论的视角来看,证伪一条已证实法则的可能性绝不是没有意义的。它能帮助我们发现我们对自然法则的需求和期待。而"自然齐一性的原则"则可以被视为对一种方法论规则的形而上学解释——就像与它关系很密切的"因果律"一样。(Popper 2002a: 250-1)

在其他的地方波普尔似乎由于它和归纳法原则的同一性,而拒绝了(自然齐一性)这一原则。于是,在《猜想与反驳》(*Conjectures and Refutations*)中,他写道:

> 存在着第三种违反经验主义原则的方式。我们已经看到,可以通过建构一种极度依赖于归纳法原则的知识理论来违反经验主义的原则——(自然齐一性)这一原则告诉我们,实际上,世界是(或者非常有可能是)这样一个地方,在其中人们可以从经验当中学到东西;而且,将来仍然(或者极有可能仍然)如此。

如果在一个世界中,习得知识是可能的,那么这个世界就是齐一的世界。如果齐一性不存,那么学习,更不用说科学,将是不可能的。然而,波普尔非但没有排除齐一性,相反,这恰好体现了波普尔宣称理性主义必须接受齐一性的可能性。因此,大卫·米勒(David Miller)强烈地否认波普尔的批判理性主义忠实于任何齐一性原则的形而上学版本:"科学并不以齐一性为前提,它假设了齐一性,然后尝试挫败它的计划"(Miller 2004: §1)。科学计划与形而上学预设之间的区分是否可行是一个复杂的问题,我们在此不做深入探讨。但是可以参见 Miller, 1994: Ch. 2, §2a, 以及 Miller 2006: esp. Ch. 4, §3。

梅亚苏抓住了休谟论述中的一个关键点，即休谟强调了逻辑可能性的广阔范围与经验实在性的狭小领域之间的明显的不一致。休谟提醒我们，当弹球 A 撞到弹球 B 的时候，我们可以很轻易地构想出很多符合逻辑的结果，它们完全可以替代我们所观察到的实际结果：

> 例如，当我看到一个台球沿直线撞向另一个台球，即便假设第二个台球的运动是它们接触或者相撞的结果，而我偶然发现了这一现象，那我难道就无法设想一百种其他的事件也会由这个原因引起吗？难道这两个球就不能保持完全的静止吗？难道第一个球不能直线返回或者从不同的路线，沿着不同的方向和第二个球擦肩而过吗？所有这些假设都是自洽的而且是可以被如此设想的。那么为什么要偏向其中一个假设呢？况且这个假设也并不比其他的假设更自洽，或者更容易被设想。我们所有的先天（演绎）推理都无法为这种偏爱提供基础。 (Hume 1957: 44)

尽管并没有什么理由能够解释，我们为何会天然地认为一个结果比另外一个更合理，但是我们对因果性的信赖促使我们假定，在某种意义上那种实际观察到的结果才是"必然的"，而与此同时，其他所有能设想到的结果则只是偶然的逻辑幻想。因此，休谟坚持认为既然经验和理性都无法为这种表面上的必然性提供依据，那么我们就还必须从其他的地方找找看；具体而言，即联结的心理-生理原则。由于因果关系的必然性是推定的，考虑到逻辑或经验都难以为其提供理据，休谟便将目光转向了我们与现象之间的关系。正如梅亚苏所指出的那样，休谟宁愿将表象的齐一性根植于习惯之中，也不愿意完全放弃它。在令人信服地揭示了经验与理性无法为表象的齐一性提供正当性之后，休谟拒绝选择接受一个显而易见的结论，即尽管表象看上去有其因果的必然性，并因此具有了自然的齐一性，但这仍然是一种幻觉。休谟并不赞同表象的连贯性受到了理性的破坏，而是借由"习惯"来解释表象的齐一性，并将其定义为一种不可避免的心理-生理倾向。梅亚苏继续说道，事实上，休谟为我们对齐一性不合理的信念提供了心理-生理的基础，以及他并不愿意接受齐一性合理的消解这两点，很好地解释了为何休谟的反形而上学怀疑主义仍然受制于充足理由律。的确，自然的齐一性原则只是充足理由律的一个化身，因为如果承认自然界中存在无法阐明的但也是不可避免的规律，那么也就相当于认同这样的暗示，即存在着一个潜在的原因可以解释为什么某件事发生了而其他的事没有发生。尽管休谟表明我们相信一个结果比另外一个结果更必然只是出于习惯，尽管休谟也坚持认为齐一性的实存不能用经验和理性来证明，但是他还是拒绝完全否认它的实存。因为这样做会让经验的权威服从于理性的权威。既然齐一的表象源自习惯，既然我们都是遵从习惯的生物，那么休谟实际上所坚持的是：齐一的表象是不可避免的。而且，由于休谟的经验主义排斥任何对自在之物的诉求——感官是我们通达实在的唯一路径——因此，他的观点，即习惯产生了齐一的表象，相当于在说齐一性内在于现象结构之中，现象是唯一的存在的实在。因此，休谟从来没有质疑齐一的实在；他仅仅否认我们可以明白其中的原因——换句话说，他否认我们可以合理地揭示齐一性的必然性。休谟继续假设道，肯定有一个原因可以解释为什么特定的某件事情发生了，解释为什么世界是这样的而不是那样的。但是，由于他将原因束缚于经验的范围，他也就无法避免地得出一个怀疑论式的结论，即我们永远无法通晓齐一性的根本原因。形而上学通过理性原则为齐一性的必然性提供了一种教条式的证明，而休谟的经验主义则将表象的恒常性转换为习惯的作用。与此同时，他的怀疑主义剥夺了理性对齐一性基础的洞察力，并将其弃置在信仰之中。由此，休谟的怀疑主义不仅为康德对齐一性的先验化扫清了障碍，而且更重要的是，它也为后者对信仰主义批判性的正当化铺平了道路。

通过把齐一性置入联结之中，并把联结置入习惯之中，休谟已然参与到了关联主义的转向之中，而这一转向最终将由康德所完成。休谟没有否认齐一的实在，他否认的是齐一性信念的合理性，并解释了这种信念是如何从习惯中产生的。这样一来，他就把自然齐一性的问题转换成"我们关于恒常性的经验是如何可能的"问题。而这恰恰是康德在《纯粹理性批判》中致力研究的问题。康德将"为什么齐一性是自在实在的一个必然特征"这一形而上学问题转换成一个先验问题，即"为什么恒常性是我们现象经验的一个必然特征"。康德的回应非常直截了当：如果表象中缺乏恒常性，那么对表象（即现象）的再现将是不可能的。在休谟想象的情景中，虽然台球的异常运动状态会使我们对因果必然性的期待受挫，但这些异常的运动之所以能够被我们描绘出来，是因为休谟假定语境（context）——因果秩序的局部中断正是在其中被设想的——整体上是稳定的。但是，如果因果关系完全被悬置起来，那么全局都会受到影响，这样的语境也就不复存在，因为不仅是台球的运动表现出不可预测的特征,而且就桌子、墙壁、地板以及所有包含在这个场景之中的东西,甚至是我们自己以及我们的感知器官都将如此。即便在想象中,这样的情景都是不可再现的,因为再现本身将变得不再可能。但既然再现仍然真切地发生了,这个事实就足以用于驳斥世界没有恒常性这一怀疑论假说。如果没有恒常性,康德说道:"那么就可能会有一大堆表象堆积于灵魂之上,却无法形成真正的经验。因此,缺乏了与普遍必然法则相一致的关联,知识与客体之间的所有关系都将不复存在。表象构成直觉可能不需要思想,但是知识却不行,如果没有思想那么一切都将是空无的。"(Kant 1929: A 111)因此,康德总结道,如果一个世界不服从于因果原则,不服从于齐一性原则,那么这个世界在严格意义上来说是不可思议的。因为,如果完全没有恒常性,我们甚至不能向自身再现某个实在。而且在这样的世界中,所有的现象都服从于混乱的转换。康德的观点是,齐一性并不是自在之物的必然特征。意识和再现的可能性需要现象的恒常性,这一恒常性本身预设了现象的齐一性,因此也预设了自然的齐一性。齐一性成为现象再现的一个必然特征,这种必然性又被基于概念的先验综合所支撑,并最终由纯粹的统觉所奠基。正是在这一基础之上,《纯粹理性批判》将继续揭示,数理科学在自然界中所发现的类律规则之所以是现象实在的必然特征,是因为再现的可能性本身已然预设了它们:

> 因此,原因的概念无非就是依据概念(对那种在时间顺序中相继而来的现象与其他现象)的一种综合;如果没有这样的统一,即没有这样一个具有先天规则,且使表象服从于自己的统一体,意识彻底的、普遍的因而必然的统一就不可能在感知的杂多中得到满足。于是,这些感知就不属于任何表象,因此感知也就失去了对象,仅仅是再现的一个盲目游戏,甚至比不上一个梦。(Kant 1929: A 112)

总之,康德解决归纳之谜的方案可以概述如下:我们并没有不正当地从个别的事例中推导出普遍的原理,比如因果律,因为我们对那些事例的再现本来就以普遍原理为条件。因果关系的必然性不是推论出来的,它是被预设的。

然而,在康德试图为齐一性之必然性提供先验正当化的过程中,梅亚苏却发现了一个未被言明的推论和一个隐秘的假设。借由这个未被言明的推论,康德从"科学对实在的再现需要自然的齐一性"这一观点,推导出如下这个极为独特的结论:"齐一性——因此,自然的法则——是必然的。"然而，法则具有稳定性并不意味着它们也是必然的。正如梅亚苏所指出的那样，即使再现预设了恒常性，且恒常性需要齐一性，但是人们却不能由此得出齐一性是必然的这个结论。这是讲不通的，除非人们已经把齐一性和（with）必然性等同了起来。但这不过是对休谟问题的又一次回避而已。而且，康德还把这个无根据的（unwarranted）推论和未被阐明的假设混合在了一起，即如果现象前后不一，如果自然法则是偶然的，那么它们就会频繁变换，正是它们的变换频率导致了再现的不可能："如果朱砂有时候是红色的，有时候是黑色的，有时候轻，有时候重，如果一个人有时候变成这种动物的模样，有时候又变成那种动物的模样，如果一个国家在夏至这天有时候被水果覆盖，有时候却被冰雪覆盖，那么我的经验的想象就永远不可能在再现红色的时候，想到重的朱砂。"（Kant 1929: A 100）这些"有时候"（sometimes）不断交替的节奏（tempo），意味着频繁的转换足以抑制综合行为的发生，而心灵正是依靠综合的行为才能在意识流动中，重现个体化现象的确定属性。由此，康德推理道，如果表象不服从于必然的规律，那么当它们的转化速率到达一定程度，就会对对象的再现产生阻碍，意识肯定不会忽略这些。就像自然法则的偶然性被认为暗示了表象的不连贯那样，反过来说，它们的稳定性则被认为表明了它们的必然性。在康德对休谟问题的回应中，正是他所假定转换频率，而非法则的偶然性，导致了再现的不可能性。梅亚苏将其称为"频率主义的暗示"。在辨认出了"频率主义"后，梅亚苏接着阐述了"反频率主义"观点，并借此说明了为什么自然法则的偶然性并不会导致频繁的转换，因此也不会导致再现的不可能性。在此，他的最终目的是向我们展示无理由原则与表象的稳定性和科学对自然的再现是相容的。

为自然法则必然性提供论据的"频率主义的观点"，可以用概率推理（probabilistic reasoning）的方式得到重建。[1] 在之前提到的休谟的台球的例子中，我们注意到，逻辑可能性的广阔领域与经验事实的相对狭小的领域之间如何形成了巨大的不对称。在此，与我们所熟知的康德的模式不同，逻辑可能性的先天范围似乎受到偶然性的支配，经验事实的后天领域似乎服从于必然性。此外，物理学也使我们认识到，这样的宇宙是完全可以想象的：在其中，我们

---

[1] 梅亚苏从让-热内·凡尔纳（Jean-René Vernes）的《偶然理性批判，或笛卡尔反康德》（*Critique de la raison aléatoire, ou Descartes contre Kant*, Paris: Aubier, 1982）那里，借用了这种对频率主义观点的重构。不过，凡尔纳支持这一观点，而梅亚苏则反对它。

可以得到不同的物理常数集合，因此这个宇宙也将受到不同物理法则的支配。如果我们把与逻辑可能性范围相伴的不同物理宇宙想象为骰子的不同面向，把由实验科学所发现的物理宇宙的结构想象为该骰子的特定结构的话——务必要记得这些骰子不是六面的而是 N 面的，这些可能结构所展现的数字即便在事实上不是无限的，也是极大的——那么，我们就可以将休谟的问题重新表述为：为什么在掷骰子所得到的所有可能结果中，每一种由科学所记录的投掷，到目前为止总是呈现为相同的结构呢？基于可能宇宙与骰子面向这个类比，频率主义的论证可能会以这样的方式来进行：如果我们在自己的宇宙中所发现的齐一性是偶然的话，那么已经被实验所证实的规律就几乎没有什么机会（chance）重现，甚至几乎是不可重现的。的确，经过数十亿次的投掷，相同结果几乎完全不太可能得到重复的机会，由此表明这个骰子不可能是被动过手脚的。但是我们肯定不能从逻辑可能性的角度来理解这一对骰子的权重（weighting），因为从先天角度来说，每种结果可能出现的机会是均等的，因此也具有相同的偶然性；所以，每个结果必然遵从于骰子本身结构的一系列内在物理要素，正是这些要素使我们的宇宙及其潜在的物理结构是必然的，而非偶然的——即便这种必然的要素和原因目前并不符合科学的解释。

为数众多的逻辑可能结果和相对较少的实际结果之间的对比是这一论证关键。这个论证假设，对一系列机会重复（因果规律）进行定量，并赋予它们一个确定的数值，从而计算出在这个集合中相同规律不断重复的概率是可能的。就此而言，这个集合是有限的还是无限的并不重要，只要它能够被赋予一个确定的数值就可以了，因为无限本身并不能给概率计算带来任何障碍。但是，在一个齐一性不具有任何必然性的世界中，我们可观测到任何规律都是极端无概度的，这一结论依赖于两个假设：第一，有可能通过逻辑上的可能结果的形式，将概率总体化为一个整体；第二，适用于发生在世界之中的诸事件的概率（*probability*）概念，能够被扩展到世界本身的事件之中。梅亚苏的反对意见同时质疑了这两个假设。

首先，他认为，康托尔（Cantor）的著作为我们提供了充分的理由不去接受这样的假设，即可以将所有的可能总体化为一个数字意义上的确定"整体"。就这一点而言，隐含在频率主义论点中的骰子类比就是有误导性的，因为它引导我们去想象一个可能宇宙的整体——事实上是一个

"多重宇宙"(multiverse)——它在数量上和骰子所有可能结构的总体相等。但是,无论后者的基数被认为是有限的还是无限的,康托尔都已经证明,一个更大的基数总是可能的。尽管我们可为发生于世界之中的一个或者多个系列的生发事件进行定量,但是我们却无法为"所有的"可能系列进行定量,也不能认为总体性就等同于世界本身。然而,这恰恰是频率主义者所必须要做的,其目的就在于证明:在无数(a vastly greater number)的可想象的逻辑可能性中,我们所认识到的那些经验规律,几乎不可能是随机出现的。因此,频率主义者假设这些可能性可以作为数字上的总体性而被固定下来,而梅亚苏则坚持认为总体性概念在这个语境中是没有立足点的。这不是因为我们不能为无限定量——我们显然是可以做到的,而是因为我们不能将其总体化(totalize)。对于世界之中所发生的事件,任何给定的包含了所有逻辑可能结果的集合都是不充分的。无论这个集合是有限的还是无限的,总会有可能性没有被纳入这个集合之中,因此也总是存在着"更大"的包含它的集合。而且,这种逻辑可能结果的非总体化连续体绝不会以"世界"的形式被实体化。但是,如果没有一个包含了所有逻辑可能结果的集合,那么在逻辑可能结果的不同集合之间，比较概率的大小就是毫无意义的；因此，我们也没有理由认为，我们所在的现实宇宙展现出的结构是由一些未知的物理因素所决定的，因而是必然的，而其他的宇宙则仅仅是偶然的。由此，在逻辑层面，可能性被偶然性（contingency）所主导，而不是被概率（probability）所主导。自然法则的偶然性以及转换的可能性，不能从机会（chance）的角度来理解。偶然性是在总体可能性层面上获得的一种逻辑特性，而机会是内世界生发事件（intra-worldly occurrence）层面的数学特征。频率主义的论证混淆了内世界的概率和普遍的偶然性，前者是可定量的，后者是无法定量的。它把机会错当成了偶然性。说现象所展现出的齐一性完全是偶然的，并不意味着齐一性被机会所主导。一旦机会和偶然之间的混淆被揭露，我们就能清楚地看到，将统计学概度（likelihood）的概念运用至我们的宇宙是说不通的，仿佛任何逻辑上可能存在的宇宙都可以说比其他宇宙更有可能或更不可能。因此，我们并没有很充分的理由可以像康德那样假设自然的偶然性法则暗示了转换的频率，而转换的频率取消了再现的可能性。相反，梅亚苏总结道，世界物理结构的绝对偶然性和现象的稳定性，再现的可能性以及科学所观测到的规律是完全相容的。

然而还需要注意的是,尽管梅亚苏明确地诊断并质疑了康德在论证齐一性的必然性时所暗中预设的频率主义前提,并且证明了为何齐一性的偶然性不意味着再现的崩溃,但是他还未解释,在自身绝对偶然的前提下,实在为何应展现出它仿佛具有恒常性这个问题。他已然表明频率主义不能假定实在是可总体化的,而且偶然性并不必然和稳定的表象不相容,但是他却完全未申明稳定性的本体论地位。齐一性是自在之物的实在特征,还是由我们和事物之间的关系所产生的幻象?矛盾之不可能性的观点并不能帮我解决这个问题,因为非矛盾不需要和不稳定性相冲突:现象突然的以及始料未及的转换并不能使它们成为矛盾的现象,只要最小限度的时间历时(temporal diachrony)可以将某个规定(determination)的瞬间和紧随它的瞬间区分开来就可以了;无论两个规定多么矛盾,只要它们在不同的时间点上作用于存在者,存在者就是不矛盾的。梅亚苏反对频率主义的案例最多只能表明,转换的频率无法和人类意识的节奏同步,不连续之间的时间区隔太漫长了以至于它很难消除实验科学的可能性。但是,梅亚苏承认,某种程度的稳定性是实验科学的条件,梅亚苏又希望能对实验科学的先祖观点做出解释,因为解释的部分目的在于保证数理科学能够直接把握事物，而无需借助我们同它们之间的关系。因此，稳定性的本体论地位的问题就成为他的计划之中最为重要的问题。（参见 Meillassoux 2006: 118）

梅亚苏完全意识到了这一点，正如他自己所指出的那样，他的反频率论点并不足以支撑他计划中最为关键的论点。而这一最关键的论点一直隐藏在他对频率主义的批判中——这个观点就是自在的实在具有不可总体化的多样性："我们还没有为这种非总体化构建起有效性——我们只是假设了它，描绘出来事实的结果，即这样一种假设是可能的。"（Meillassoux 2006: 152）梅亚苏的思辨方案需要将自在之物的不可总体化的特性进行绝对化的处理，要做到这一点就需要直接从事实性原则出发，将其变成自在实在的本体论特性，而非我们可以随意接受或放弃的"假设"："重要的是我们首先要树立起这样的观点，即混沌（Chaos）——唯一的自在之物——不能被有效地用数字测定，无论这个数字是有限的还是无穷的，正是混沌实质的超无限性（super-immensity），使得可见世界具有了毋庸置疑的稳定性。"（Meillassoux 2006: 153）虽然梅亚苏还没承认，但这绝对是一个明确的迹象，它表明存在着一种思辨的论点，该论点将表象的稳定性基础建立在绝对时间的不可总体化的特性之上。显然，我们不能奢望在梅亚苏详细阐述它之前，就预先阐述这个观点或者评价它的得失。表象的齐一性建立在绝对的偶然性之中，后者属于本体的混沌状态。但是，关于稳定性以及建立表象之齐一性的可能性的地位问题，却引发了另外一个问题。这个问题主要与这两个领域之间的关系有关，具体地说，是梅亚苏的思辨唯物主义所关涉的思维和存在关系的地位问题。我们是时候转向这个问题了。

3.6 思想和存在的历时性

梅亚苏大胆宣称，他打算恢复智性直观（intellectual intuition），这使他有效地回避了整个再现的问题：

> 我们必须把无理由投射入事物本身，并在我们对实际性的把握中发现绝对的名副其实的智性直观。之所以是"直观"，正是因为我们在存在者之中发现了偶然性，而且后者除了自身之外不受制于任何东西；之所以是"智性"，是因为事物之中的偶然性是不可见的，不可察觉的：只有思考可以通达它，正如它通达混沌一样，而混沌则是潜在于现象的显在连续性之中。（Meillassoux 2006: 111）

对这种看上去像是非形而上学变体的智性直观的运用,绕开了康德对可知现象和不可知自在之物之间的批判性区分——通过再现与之产生关系的实在,与不依赖于我们与之产生的再现关系的实在之间的区分——而且恢复了第一性的质和第二性的质(primary and secondary qualities)之间的区分;前者是自在之物的智性直观特征;后者是我们同事物之间关系的现象学特征。(参见 Meillassoux 2006: 28)

与梅亚苏对智性直观的恢复相一致的是,他颠覆了康德对理性之可能性的批判性界定。现在,智性直观为我们提供了直接通达与绝对时间同延的纯粹可能领域的路径。通过使逻辑可能性服从于(由理性与感性之间的关系所界定的)实在可能性领域,康德取代了逻辑可能性的形而上学实体化。时间作为先验综合的形式,构成了可能性结构的基础。[1]但是梅亚苏对偶然性的绝对化,实际上也绝对化了纯粹逻辑可能性的先天领域,并且解除了数学可理解性的领域与感性的联系。这一可能性与感性之间的切分,是由绝对时间的混沌结构所保证的。如果说实在可能性的界

---

[1] 这是海德格尔在《康德与形而上学疑难》(*Kant and the Problem of Metaphysics*, tr. R. Taft, Indianapolis: Indiana University Press, 1990)中对康德进行重新解释的结果。

限受制于关联的先天性,那么智性直观则揭示了绝对可能性的领域,后者的唯一限制就是非矛盾。此外,在实在可能性作为先验主体性形式被纳入时间的地方,绝对可能性指向了这样一种时间,它不再被锚定于主体与实在之联系的一致性之中,或者被锚定于思维和存在的关联之内。因此,绝对可能性的智性直观就保证了思想与存在的"历时性"(diachronicity),对于梅亚苏而言,这种历时性暗含在被现代科学所揭示的存在的先祖维度之中。然而,梅亚苏对先祖性与(时空)距离的区分以及试图使时间优先于空间的观念论,仍然带来了一些问题。有鉴于此,我们最好还是不要参照任何时间来描述由科学所发现的自在的实在,无论是先验的时间还是先祖的时间。在第 5 章中,我们将从"单向化"(unilateralization)结构的角度,重新定义这种被梅亚苏视为先祖时间的限定词的历时性:正是这样一种单向化,不仅是客体自主性的最终保证,而且最终解释了历时性,准确地说,被理解为思想和存在的分离,即它们的非关联的历时性。

科学的哥白尼革命的思辨意义就在于思想的离心(ex-centring),当然这里所说的思想是和存在相关联的。足够讽刺的是,正如梅亚苏所讥讽的那样,哲学往往在一种实际上相当于托勒密的反革命中,援引一种使得存在环绕在思维周围的关联,来解释科学的哥白尼转向。[1] 相关主义者常常忽略原化石所暗含的历时性的维度,然而,恰恰是这一历时性的维度亟待思辨性的"阐明"(explicitation)。对梅亚苏而言,非关联实在的可能性——不依赖于任何显现(manifestation)的先验条件而存有的客观领域——在与绝对时间相伴的绝对可能性之结构中,发现了它的本体论保证。梅亚苏指出科学与神话的区别在于,神话将人类存在之前和之后的时间的历时维度,置于人们和世界的关系的边界之内。由此,神话使得绝对时间的前提,既无法被证实,也无法被证伪。现代科学则将绝对时间转换为一种猜想,即便这一猜想未被最终证实,它也至少成功地经受

---

[1] 参见 Meillasoux 2006: 164。尽管梅亚苏并没有引用罗素的观点,但罗素在《人类的知识:其范围和限度》(*Human Knowledge: Its Scope and Limits*)的开篇表达了相同的观点:

> 康德以降,我认为在哲学家中存在着一种错误的趋势,即对哲学家世界的描述过分地受到他们对人类知识本质考虑的影响。根据科学常识(我接受这一点),很明显,我们只了解宇宙中极小的一部分。过去有无数个蒙昧的时代。未来可能也会有无数个蒙昧时代。从宇宙以及因果的角度来看,知识是宇宙的一个不重要的特征;从客观的角度来看,一门科学如果没有提到它的开端,那么这可能只是一种微不足道的瑕疵。在描述世界时,主观性是一种缺陷。康德说他自己引起了哥白尼式的革命,但如果他说自己完成了一次托勒密式的反革命,这样会更确切些,因为他让人类再次坐在了哥白尼曾将其赶下的宝座之上。(Russell 1948: 9)

住了接二连三的证伪。关于时间先祖维度的科学实在论并不特别，因为神话思考也有这样的特点，真正特别的是这样一个事实，即科学制定了标准，依靠这个标准，我们就有可能在以下互相对立的假设中做出选择：（1）我们还不存在的时候是什么样子的；（2）我们不再存在之后是什么样子的。科学所制定的这一标准本质上和伽利略的假设是联系在一起的，即自然可以通过数学的方式来理解。伽利略之前的科学在月上（天体的）和月下（地球的）领域之区别的基础上，区分了可数学化和不可数学化。伽利略之后的科学，在一种具有统一标准的物理学的支持下，不仅整合了这两个领域，而且为该假设提供了一个引人注目的论证，即自然可以被完全的数学化。因此，正如梅亚苏所看到的那样，当代哲学尚未完成的任务就是将包含在伽利略假设之中的历时性维度，通过思辨的方式解释清楚。正是由于哲学没有看到科学的哥白尼主义的思辨性内涵，才导致了相关主义的托勒密主义。通过认可思想和存在的历时性，现代科学暴露了思想相对于存在的偶然性：尽管思想需要存在，但是存在并不需要思想。

3.7 绝对偶然性的悖论

在梅亚苏看来，科学思辨的意义体现为一种（存在与思想的）非对称性。于是，摆在我们面前的问题就是，梅亚苏对智性直观的恢复是否损害了这种非对称性。与之类似，伽利略的假设中包含了涉及思想之数学化的后果，而后者同样也会使得梅亚苏诉诸智性直观的做法无效化。为了思考这些问题，我们必须重新检视那个梅亚苏为了消除观念论而做出的区分。这个区分就是先祖现象的实在性（*reality*）与先祖命题的观念性（*ideality*）之间的区分。就像巴迪欧那样，在这一区分的基础之上，梅亚苏和毕达哥拉斯学派的观点保持了一定的距离——根据毕达哥拉斯学派的观点，存在就是数学的（我们将在下一章中详细探究巴迪欧数学本体论的地位）：

> 从它们自身出发，我们必须坚定认为这些包含有（可以用数学公式表达出来的）先祖现象的命题，可以指明那些饱受争议的事件的实际属性（它的日期，它的持续，它的外延），即便没有观察者在场见证这些事件。因此，我们将会坚定地支持笛卡尔对于物质的看法，而不是毕达哥拉斯的观点，这是我们所需要

强调的：我们不会认为先祖现象的存在本身就是数学的，或者先祖命题中所采用的数字和等式并不是本身就存在的。因为如果是这样的话，那么接下来我们就必须承认先祖现象完全和数字或等式一样，是一种观念。通常来说，命题是观念，因为它们意指了实在；但是它们实际上所指涉的实在却并不必然是观念性的东西（席子上的猫是实在的，虽然"猫在席子上"的命题是观念性的）。在这一点上，我们会说，正如这些命题所描述的那样，有具体的日期、体积等先祖命题的指涉物，曾存于 45.6 亿年前——但是这些命题本身却没有以上的那些特征。这些命题是和我们处在同一个时期的。（Meillassoux 2006: 28-9）[1]

为了维持相关的现在与先祖的过去——准确地说是相关主义所反对的历时性——在本体论上的分离（ontological disjunction），先祖现象的实在性与先祖命题的观念性之间的区分就是必要的。尽管梅亚苏从来没有详细阐述过它，但是我们也可以从实存和本质的区分——从某物存有这一事实和它究竟是什么的区分——的角度来理解它。有趣的

---

[1] 我在用"原初现象"代替了原文中的"吸积"。因为地球的吸积明显知识原初现象的一个例子，这样一种替换意在澄清这一段话的哲学含义而不过度地歪曲原文的意义。

是，梅亚苏的事实性原则其实也暗示了这一点：一个事物的本质或者"是什么"并不比一个事物偶然存有这一事实更重要。然而，如果梅亚苏想要利用这一区分，他就不能只把这一区分限制在存在的一侧。这一区分必须对思想以及存在同时有效。由此，作为第一级分离的思想与存在的两极，就进一步被细分为实在与观念的次一级的分离：思想既拥有实在的层面也拥有观念的层面，就像存在既具有实在的特征也具有观念的特征那样。显然，原化石所蕴藏的历时性只能通过先祖命题的观念性和先祖现象的实在性之间的分离才能得到确证：这一分离承诺会证明自己是无法被还原为以下两个与之临近的区分的，即思想的实在性与观念性两个层面的区分和存在的实在与观念两个特征的区分，因为这两种区分完全被包含于思想与存在的关联之中。事实上，梅亚苏之所以会区分物理层面的实在性和话语层面的观念性，是因为他要质疑观念论的如下观点：现象的实在性已经被命题中的数学观念所穷尽了。尽管先祖现象的实在性可以用数学的方式进行编码，但是它必须超越这种数学层面的描述，否则梅亚苏就会发现自己实际上成为毕达哥拉斯主义的支持者。梅亚苏深知毕达哥拉斯主义无法为其对抗相关主义提供任何保障，因为它实际上只能使存在和数学的实在性成为某种同构物。这里的关键似乎是先祖现象的实在性必须独立于数学思维——存在不依赖于数学的实存。但是梅亚苏的问题在于，要为实在和观念的分离找到思辨性的保证，就需要完全摆脱包含在先祖命题中的、被数学观念化后的先祖现象所提供的证据。因为，如果人们依赖于后者，就会使这一思辨性的分离随附于（supervenient upon）后批判的认识论（post-critical epistemology），并由此发现自己要么面对着证实的禁令（the injunction to verify），要么只能在相关主义循环的范围内去证明它。

因此，梅亚苏的思辨唯物主义所面临的问题就是：到底在何种条件下，实在与观念之间的第二级分离能被智性所直观，且无需在思想和存在的第一级分离的层面上恢复某种关联？要使现象的实在性与命题的观念性的区分建立在智性直观之上，就要将这一区分完全包含在第一级分离的一端——思想——之中，因此也就重现了相关主义的循环。因为，就像我们如果不将存在再次置于第二级分离的观念一端，就无法保证第一级分离是可智性直观的那样，如果我们不将实在再次并入第一级分离的认识一端，就无法保证第二级分离是在先祖命题之中被编码的。于是，我们又如何在不依赖科学先祖论断的可理解的观念性之前提下,保证实在与观念的分离?后者的观念性不能成为前者实在性的保证。况且,智性直观还把第二级分离的两级——实在和观念——合并入第一级分离的其中一端。

结果,梅亚苏被迫陷入一个艰难的境地。他不得不尝试调和以下两种主张:其一,存在本身并不一定就是数学的;其二,存在本身是可以通过智性直观来通达的。如果他主张存在是数学的,那么就会陷入毕达哥拉斯的观念论之中;但是如果梅亚苏要想避免再次陷入毕达哥拉斯主义之中,那么他就必须以回到观念论为代价,后者将会使存在成为智性直观的关联项。梅亚苏的问题就在于,他想要试着让伽利略-笛卡尔的假设——存在是可以被数学化的,与如下的主张相一致——存在可以借由思辨性的分离,在不依赖其数学的可直观性的前提下持存。梅亚苏所面临的一部分困难在于,尽管梅亚苏可能质疑了形而上学以及现象学的存在概念——无论存在是作为必然的实体或者本质的在场(eidetic presence),二者都包含在相关主义的循环之中——但是他却并没有为我们提供非形而上学以及非现象学的替代方案,正如我们在巴迪欧的空的缩离概念(subtractive conception of the void)中所发现的那样。和梅亚苏不同，巴迪欧将本体论描绘为一种情境（situation），在其中存在的呈现以缩离的方式得到了书写。通过这样的方式，巴迪欧取消了思想和存在直接的形而上学与现象学的关联。我们将在下一章中看到，巴迪欧所提出的本体论呈现中的缩离概念，于存在本身之中完成了一次剪切。借此，巴迪欧规避了从在场的视角直观存在的可能性，无论这一在场是现象学还是形而上学的。巴迪欧将特权赋予了书写，梅亚苏将特权赋予了智性直观。然而，正如巴迪欧对缩离的推崇，颠覆了书写特权中所潜藏的观念论那样，梅亚苏对偶然性的偏爱，也将破坏智性直观特权中所暗含的观念论。像巴迪欧一样，梅亚苏在维护科学合理性的权威的同时，又回避了康德关于通达（access）之成问题性的系统阐述。但这样的结果就是，他必须解释为什么——考虑到科学告诉我们，智力活动不是实在的不可消除的特征，而仅仅是进化史中的一个副产品，而且对梅亚苏自己而言，实在本身既不是数学的也不必然是可理解的——存在会更易向智性直观敞开。在这一点上，值得注意是的，伽利略-笛卡尔关于自然可数学化的假设有一个更为重要的分枝：人们最近致力于利用数学模型的资源来发展认知科学（其中一些人的观点我们在第1章当中已经考察过了）。诚然，后者仍处在初始阶段；然而一旦它走向成熟，那么就有望消除笛卡尔思想和外延的二元论——或许还会消除留存于梅亚苏思辨唯物主义之中的思想与外延二元论的残余——而且绝不向相关主义妥协。思想和存在之间的历时性分离不只是现代科学所特有的思辨性蕴涵；认知科学的发展意味着，与笛卡尔和康德不同，我们再也不能擅自将思想从实在中抽离出来（因为正是思想提供了通达现实的道路），或者继续赋予思想以特殊的地位。

如果不再假定思想能从它所思考的实在中抽离，或者如果实在者不再被直接地映射在存在之上，或者观念不再被直接地映射在思想之上，那么思想自身就必须被整合到思辨对实在的本质的探索中。因此梅亚苏思辨唯物主义所提出的核心问题就变成了，声称"所有存有的事物都必然是偶然的"实在性的原则自身也包含在（*include itself*）它所选定的"所有事物"之中吗？梅亚苏诉诸康托尔展开其反对频率主义的论证暗示了，他并不认为"总体性"的概念有任何本体论的针对性。但是我们也不必假设一种虚假的实存总体，以探求所有事物都必然具有偶然性的想法本身是否也必然地具有偶然性。相反，我们所假设的是，思维和其他东西一样都只是偶然事实。然而，我们需要拒绝的是这样一种主张:在先验的深渊区分思想与存在的基础上,有必要将"一切都必然是偶然"的想法从一切都必然是偶然的实存"事实"之中排除出去。一旦不再依赖这一先验的区分,我们就必须考虑,如果这一原则指向它自身的话,接下来会发生什么。更准确地说,我们必须考虑这一原则的真理性(truth)——更不用说梅亚苏对相关主义的思辨性克服——是否蕴涵着它的自我指涉(*entails its self-reference*)。在此,我们必须分辨出思想实存的偶然性(它无法产生悖谬)和思想真理性的偶然性(可以产生悖谬)之间的差异。根据思想是否指涉自身,我们可以设想两种截然不同的可能性。首先,让我们考虑如果思想指涉自身的话会怎么样。如果思想存有,它必然是偶然的。但是如果它是偶然的,那么对它的否定也同等地存有:"并不是所有东西都必然是偶然的。"但是要使思想能够排除其否定具有真理性的可能,那么它的真理性就是必然的,这就意味着思想必须必然地存有。但是如果它必然存有,那么并非所有存有的东西都必然是偶然的;至少有一种东西不必是偶然的,那就是思想本身。因此,如果思想的确指涉自身,那么它也就使其否定的实存成为必需;但是,要拒绝其否定具有可能的真理性,思想就必须肯定它自己必然的真理性,于是思想就又和自身产生了矛盾。如果思想不指涉自身又会如何呢?必然的东西是存在的,但是这个东西并不包含在实存的范畴之内。实在是"非整全的",因为"一切都必然是偶然"的思想是一种将自身从它所指涉的实在性中抽离而出的观念。然而这样一来,这一抽离的企图本身就是必然的,具体地说,对"一切都必然是偶然"这一思想的可理解观念性而言是必然的。而且,如果偶然性被理解为必然实存的话,那么它的可理解实在性也将取决于如下这种思想的一致性(coherence),即它从实在之中抽离出来是必然的,只有这样实在才能被思考为必然的偶然。于是,从实在中抽离出观念的企图极有可能再度实例化相关主义的循环。最后,让我们考虑这样一种可能性,即实存必然的偶然性并不取决于"一切都必然是偶然"这一想法的真理性。如果所有的一切必然是偶然的,无论"一切都必然是偶然"的思想是否具有真理性,那么所有的一切就都是偶然的,即便我们没有办法前后一致地思考这一思想的真理性。但是,这种观点无异于重新引入一种可能性,即思维的一致性和世界自在的方式之间的根本矛盾的可能性——任何有关后者的非理性假设都将再次变得可能,强相关主义也将再次出现。

无论这些缺乏形式严密性的推测（conjectures）会有何种缺陷，它们似乎都表明梅亚苏的计划陷入了一个根本的困境。如果他接受——而且我们相信他也必须接受——"思想是存在的一部分"是继历时性之后科学合理性的第二种基本思辨性内涵，那么事实性原则的普遍适用范围就会产生一个与自身相抵触的悖谬：只有当"一切都必然是偶然"这一想法必然存有，这一主张才为真。或者，如果梅亚苏决意认为，相较于存在，思想有更为特殊的地位的话，那么他似乎违背了他所坚持的历时性，因为偶然存在的可理解实在性，不得不取决于事实性原则的观念一致性。的确，在这一原则形成的过程中，梅亚苏诉诸智性直观的举动，似乎就已经假设了思想与存在之间存在着某种相互关系。

正如人们所预料到的那样，这两种批评——智性直观在思想和存在之间重建了一种关联，以及事实性原则产生了悖谬——引起了梅亚苏极具个人特色的尖锐回应。在一封私人通信中，梅亚苏解释了他为什么相信自己可以回避两种反对意见。对于梅亚苏而言，提出事实性原则的目的是满足两种需求。首先，基本的理性主义（rationalist）的需求，即实在完全服从于概念理解。这是对典型宗教概念的驳斥，因为在后者看来，实存中蕴含了某种智性永远无法驾驭的超验神秘。其次，基本的唯物主义（*materialist*）的需求，即尽管我们完全可以理解存在，但存在却无法被还原为思想。梅亚苏坚持认为"一切所是（*is*）都必然是偶然"的主张可以同时满足以上两种标准。用他自己的话说：

> 存在之所以被认为是无剩余的，因为它是无理由（without-reason）的；以这种方式被思考的存在，在各个方面都超出了思想，因为它展现了自己可以产生和毁灭思想以及其他存在者的能力。作为一个同样是事实的思维存在所产生的事实行为，实际性的智性直观是非常容易被破坏的，而不是（虽然只是一瞬间）被视为某种可以使其名称正当化的永恒真理。换句话说，它自己就像其他存有的东西那样是易毁灭的。[……]因此，正是由于能够使非合理性的东西涌现，存在的所有方面都超越了思想所能够描述的一切（它自己的）事实性产物；然而，存在本身并不包含任何对思想而言显得高深莫测的东西，因为存在超越思想只意味着存在永远都没有理由，而不是因为什么永恒的神秘力量。(Meillassoux, personal communication 8 September 2006)

上述这些摘录已经预示着,梅亚苏取消了第二种反对意见——如果事实性原则作用于自身,那么这一原则就会变得自相矛盾——的有效性。梅亚苏坚持认为,矛盾本可以被避免,只要我们仔细地区分原则的指示对象(referent)和原则(事实上)的实存。因此,尽管后者的确是偶然的,因此可能存在也可能不存在,但是前者绝对是必然的。正是原则指示对象的永恒必然性才保证了原则之实存的永恒偶然性:

> 于是,人们可能会说,原则作为某种在实在中被思考的东西是事实性的,因此也是偶然的。但原则的指示对象却不是偶然的;也就是说,实际性本身不是偶然的,因为它是必然的。原则之所以能够在现实中被提供给我们,之所以将会或者一直会被某个单独的存在者所思考,是因为这一实际性是必然的。出于这个原因,无论何时何地,只要原则被设想或者被思考,它就为真。作为有意义命题,原则能在事实的层面被思考才是偶然的;但是,只要它——事实上——在时空中被思考,无论何时何地,原则都为真这一点都并非偶然。因此,只要原则的应用领域被严格地限制在存在的存在者,就不会产生悖谬。(同上)

这里关键且起作用的区分是，作为思想指示对象之偶然性的必然性与"一切都必然是偶然"的思想（事实上的）实存的偶然性之间的区分。问题是：梅亚苏打算如何解释思想的偶然实存与其指示对象的必然实存之间的区分呢？显然，这一区分的意图是保证原则的一致性，同样也保证属于实在范畴的唯物主义要比观念优越，要做到这一点就需要严格区分思想和现实。但是考虑到梅亚苏认为思想对现实的把握主要依赖于智性直观，我们就能得到这样的结论，即必须是智性直观才能够解释思想和指涉物之间的区别。因此，似乎只有在绝对偶然的智性直观中或者经由智性直观，思想的偶然性才能够与其指涉物的必然性相分离。于是，一切都取决于梅亚苏如何理解"智性直观"这个术语。

显然，他不能在康德的意义上使用这个术语。因为对康德而言，智性直观主动制造出了它的对象，不像感性直观那样只是被动接受独立存有的对象。根据康德的看法，只有不受感性所累的"原型"智性（"archetypical" intellect/*intellectus archetypus*）的直观知性——例如，上帝的智性——才拥有制造对象的力量；对于我们的推论知性而言，虽然以感性为中介，但综合概念和直观还是在思想和对象之间建立起了认知关系。梅亚苏不仅必须拒绝像现象学那样诉诸认识和对象的意向关联,而且也不会像康德那样,以再现论的方式来理解心灵与世界的关系。然而,目前我们还不清楚这一貌似可信的智性直观理论,如何能够确保思想的偶然性可与指示对象的必然性区分开来——梅亚苏认为这一区分足以消除矛盾。同时,我们也不清楚它如何既能够消解再现的关联与意向的关联,又能够避免原型的智性制造它的对象(因为智性制造出它的对象这一主张显然和任何唯物主义的承诺都不相容)。尽管梅亚苏坚持认为,通过将指涉范围限制在"存在中的存在者",绝对偶然性的矛盾就可以被消除,但是他并没有解释他打算如何执行如下严格的划分,即原则偶然被实现的内涵(*intension*)与被他视为原则之"永恒"(*eternally*)必然的外延(*extension*)的划分。

"指涉"当然和"真理性"密切相关,但尽管梅亚苏声称,原则的真理性是由它的本体论指涉对象所保证的,但这一个关联在语意上却是不透明的,因为"绝对偶然性"这一表述的外延和"存在"这个术语的外延一样都不甚明晰。在理论之外对内涵与外延关系进行阐释,是实在论的真理概念的先决条件。但梅亚苏却试图用智性直观来解释这一关系,这使得我们很难看出,他的解释除了内理论(*intra-*

theoretical）之外，还有什么其他特征。[1] 的确，我们还不清楚指涉对象的绝对偶然性怎么才能在纯粹概念领域之外得到理解。结果，梅亚苏向我们展示了这样一种情况，在其中，外延的确定或者"真理"完全依赖概念上被规定的内涵或者"意义"——指涉对象的"绝对偶然性"，完全由"一切存在都绝对是偶然的"这一偶然存有之想法的意义所决定。但是，如果确保（偶然存有的）意义的观念性与（必然存有的）指示对象的实在性能够分离开来的唯一路径是用概念性构成客观性，那么将非关联指涉对象绝对化就需要付出概念意义绝对化的代价。但这明显违背了唯物主义的要求，即存在不能被还原为思想。事实性原则非但没有调和理性主义和唯物主义之间的矛盾——至少梅亚苏没有做到，而且还继续使外在于概念的实在服从于绝对偶然性的概念。

尽管梅亚苏对相关主义的思辨性克服力图将后者最强大的武器反过来运用至后者自身，但正如我们在事实性原则中所看到的那样，实在与观念的区分本身就是相关主义的遗产，除非在一开始就对其进行破坏，否则我们根本不

1　Hilary Putnam's 'The Meaning of "Meaning"' in *Mind, Language, and Reality: Philosophical Papers Volume 2*, Cambridge: Cambridge University Press, 1975, 236.

能动摇它。因为相关主义只付出了将存在转换为思想之关联项的代价,就保证了实在与观念之间的先验区分。梅亚苏坚持经由相关主义来克服相关主义的做法是对的,在这一点上,我们应该采纳他的建议,找到一条可以用实在和观念的区分来反对相关主义的路径。但在此,一个基本的思辨问题却又浮现了出来,即我们能在不求助思想与存在的先验区分的同时,想象实在和观念之间的历时性分离吗?接下来的两章,通过批判性地挪用阿兰·巴迪欧和弗朗索瓦·拉吕埃尔的概念资源,我将尝试回答这个问题。

第 2 部分

否定的剖析

4 解缚空无

4.1 存在的解缚：阿兰·巴迪欧

和梅亚苏一样，阿兰·巴迪欧不仅宣称自己是笛卡尔理性主义传统的忠实拥趸，而且还公开地为启蒙运动的祛魅计划摇旗呐喊。[1] 在巴迪欧看来，很多后康德时代的欧洲哲学之所以会诋毁数学理性，是因为它们的理解力受到了浪漫主义的影响。过时的哲学浪漫主义不断哀叹科学祛魅了世界、资本亵渎了神圣的地球，二者引发了"虚无主义"的恶果。不过，巴迪欧却认为哲学应该接受来自科学及资本毁灭性矢量（annihilating vectors）的挑战，以便让自身进入普遍性的语域之中，从而不仅可以匹敌而且也能超越数字和价值–形式的抽象。就像海德格尔可能会说的那样，虚无主义非但没有遮蔽存在不可再现的到场（presencing），相反它还是实现普遍无束缚状态的步骤之一。由此，科学

---

1 A. Badiou, *Manifeste pour la philosophie*, Paris: Seuil, 1989; *Manifesto for Philosophy* tr. Norman Madarasz, Albany, NY: SUNY, 1999; 'Philosophy and Mathematics: Infinity and the End of Romanticism' in *Theoretical Writings* ed. R. Brassier and A. Toscano, London and New York: Continuum, 2004, 21-38.

和资本的双矢量(twin vectors)才能共同揭示出存在的真正形象,即解缚的(unbound)的多元:

> 说起虚无主义,我们须承认当今这个时代之所以能够见证虚无主义,恰恰是因为虚无主义被视为传统纽带形象的断裂;一切像纽带那样被绑定在一起的事物,无束缚(unbinding)才是它们的存在形式。[……]所有被绑缚在一起的事物共同证明,它们在自身的存在中是不受束缚的;毫无例外,"多"支配了被呈现之物无根基的根基;"一"只是临时运算的结果;这样的结果是不可避免的,因为我们的普遍情境早已被一般货币等价物的循环运动安排好了。[……]显然,在资本之中,这是唯一可以而且必须被颂扬的东西:它揭示纯粹的多是呈现之根基;它谴责单一性只能产生不牢靠的形式;它抛弃象征性的再现——在其中,纽带发现了存在的幻象。虽然废除的方式很野蛮,但它正当的本体论价值不应该因此被掩盖。我们之所以能摆脱在场神话,摆脱纽带的实质性以及本质关联的永恒性的保证,如果不依靠资本高度的自动化,那么我们应该对什么心存感激呢?[……]我认为存在这样的悖论:哲学只是最近才变成一种能够配得上资本的思想,因为甚至在自己的领域(domain)之中,它已

经抛弃了如下的域（terrain）：对神圣之物徒劳的思念、在场（presence）的幽灵、诗歌艰涩的支配以及对自身正当性怀疑。（Badiou 1989: 35–9, 1999: 55-8，译文有所改动）

为了能够与现代性去神圣化的抽象概念（desecrating abstractions）相匹敌，哲学必须放弃用纽带的形象将存在神圣化的想法。因此，只是谴责在场神话中存在的实体化还远远不够，现象学的到场神话也应该遭到废止。本体论话语只有被移交给数学科学才能完成自身的祛魅。因此，在《存在与事件》的引言中，巴迪欧认为："研究作为存在之为存在的科学在古希腊时期就已经存在了，这才是数学本应有的地位和意义，但直到现在我们才拥有了可以辨识它们的方法。"[1]（Badiou 1988: 9, 2006a: 3，译文有所改动）由于本体论现在隶属于数学，而且因为（和海德格尔不同）存在并非从一开始就有意义，它也不是真理的预兆，所以沉思冥想存在不属于哲学的范畴。解构主义批判了在场形而上学本体论，受此启发，巴迪欧构建一个反现象学的本体论呈现（presentation）概念。呈现的内在结构是反现象的，

---

[1] A. Badiou, *L'être et l'événement*, Paris: Seuil, 1988; *Being and Event*, tr. Oliver Feltham, London and New York: Continuum, 2006.

因此它是在场必然的空及其非实体的对立面："因为在场和呈现完全相反。"（Badiou 1988: 35, 2006: 27）

4.2 本体论话语的优先性

巴迪欧将本体论和集合论公理等同起来的做法只针对话语，和世界没什么关系（Badiou 1988: 14, 2006: 8）。巴迪欧接受了亚里士多德的本体论定义，即讨论存在之为存在（而不是其他什么东西）。他的主张聚焦于存在话语的可理解性（discursive intelligibility of being），不涉及任何类型的质性特征（qualitative characteristic）。[1] 本体论将存在同时呈现为多和一：它被"数作一"（counted-as-one），却呈现出连贯的多元。因此，存在即为多，但是存在－多的可理解性需要建立在连贯的多元和不连贯的多元的区分之上：多元是连贯的，因为多元被"数作一"；多元是不连贯的，唯其如此运算才能够进行，进而通过计算，多元被追设为存在。所有事物都必须被数作一，但统一性（unity）却不是存在的本质特征。它只是运算的结果，运算从不连贯的

---

[1] 关于亚里士多德和巴迪欧在对本体论的描述之间存在的关联，一个比较具有启发的探讨，可以参见 Jean-Toussaint Desanti's 'Some Remarks on the Intrinsic Ontology of Alain Badiou' in *Think Again: Alain Badiou and the Future of Philosophy*, ed. Peter Hallward, London: Continuum, 2004, 59-66。

多元中产生出了连贯的多元。存在之为存在既不是一也不是多，它是不连贯的多元（Badiou 1988: 32, 2006: 24）。本体论只是不连贯多元本身的话语呈现，也就是说，不连贯多元的呈现不涉及纯粹多元之外的任何谓词性特征（Badiou 1988: 36, 2006: 28）。

巴迪欧主要从两个基本路径来解释本体论话语的"优先性"，我们有必要在一开始就将重心放在这两个基本路径，以便于区别传统形而上学的本体论。第一，对巴迪欧而言，本体论自身是一种情境（situation），这也就是说，它是一种被限制在局部的连贯多元。因为如果呈现必然是多，存在被内含于每一个呈现之中，那么就不可能有个别存在的呈现可以包含其他存在的呈现（Badiou 1988: 35, 2006: 27）。因此，本体论不是普遍的或者"包罗万象"的情境。它是一种确定的情境，在其周围还有其他确定的情境。但由于巴迪欧坚持认为，只能经由呈现通向存在，呈现总是某物的呈现，而不是存在自身——我们接下来会看到其中的原因——所以本体论把自己和另外一种情境，即在其中呈现本身被呈现的情境区分开来（Badiou 1988: 35, 2006: 27）。本体论情境的特权就在于它提供了这样一个位置，"从那里所有能够抵达存在的通路都可以被捕捉到"（Badiou

1988: 36, 2006a: 28）。

第二，"本体论是数学的"并不是一种关于存在概念的主张，也不意味着存在必须被概念化为多，或者说在数学中将会发现适合思考多元的概念资源。在巴迪欧看来，本体论是不能围绕着"存在概念"来协调的，因为作为一种观念的"存在概念"和"存在是不连贯的多元"这一观点是互不相容的。"一不存在"的禁令（injunction）和"存在是不连贯的多元"的论点导致本体论话语需要在没有多（或者"存在"）的概念的情况下运作。本体论话语是围绕"禁止将不连贯的多元数作一"来协调的（正如我们即将看到的那样，不连贯的多元性被数为无），也就是说它被禁止定义那些能够被连贯呈现或者被计数的东西。这样做会让不连贯的多元服从于单个概念的连贯性，并重新引入了存在与存在概念的范畴差异，由此，在承认不同项之间实存着某种联系的前提下（因为这样一种差异预设了在个体化的项中做出区分的能力），容许统一性的存在。因此，"本体论的运作结构必然能够识别多元，无须使其成为一，（因此）也无须依靠多元的概念"（Badiou 1988: 37, 2006a: 29，译文有所改动）。只有集合论才能满足这一限制（stricture），因为它能够将其话语的呈现公理化，可以为处理这些项制定规则——这些项是在构型上被定义的,而非在概念中。违背规则的构型是被禁止的;规则允许的事物是预先被规定好的(Badiou 1988: 38, 2006a: 30)。但被呈现的东西(*what*)从来都没有什么明确的定义;规则规定了如何正当地使用属于(belonging)符号,借由这一规则,被呈现之物仅能在构型上被明确。去存在就是去属于一个集合;所有属于一个集合的东西自身也是一个集合,所有的集合都能从所属的角度定义,它的功能可以在公理的层面得到明确。于是,本体论话语采用公理形式就是必然的,因为这样能够避免各种各样的概念定义,避免再客体化(re-objectify)不连贯的多元,因此也不会统一(unify)不连贯的多元。虽然通过使用"存在""呈现""情境""多""连贯性"与"不连贯性"这些术语,哲学为这一公理性的话语提供"元本体论"的注解,但至关重要的是主导本体论话语的规则的概念图式不能再引入存在或者多的概念,否则它就会陷入对本体论呈现的再呈现(re-presentation,在巴迪欧专门的意义上)之中:"因为通过把存在置于一般客体的位置上,它的再呈现立刻破坏本体论展开(deployment)所必需的去客体化(de-objectifying)之条件。"(Badiou 1988: 17-18, 2006a: 11,译文有所改动)

正如我们将要看到的那样，在巴迪欧那里，本体论和元本体论话语之间的关系处于某种奇特且微妙的地位之中。巴迪欧并未充分地解决这一问题，而我们将会证明元本体论话语（一方面相较于本体论话语，另一方面相较于世界［或"实在"］）模棱两可的地位，是导致巴迪欧哲学大厦不断松动的"罪魁祸首"。最后，我们将表明，如果一种哲学选择放弃世间的丰富性，只是为了支持一种缩离的苦行的话，那么它也肯定为进入缩离的黑洞冒险做好了准备。但是为了理解缩离逻辑的禁止性后果，我们必须对巴迪欧呈现的元本体论概念的奇特结构进行一番考察。

4.3 呈现的法则

巴迪欧在《存在与事件》中开宗明义地说道"一不存在"（Badiou 1988: 31, 2006a: 23）。本体论呈现没有统一性。或者说，统一性是运算的结果，"因为一是运算，绝非一种呈现"（Badiou 1988: 32, 2006a: 24，译文有所改动）。尽管呈现必然是被结构化的，但是结构却不是存在的内在特征。结构的必然性属于话语呈现的法则论特性（nomological feature），而非存在自身的本体论特征。巴迪欧坚持认为"没有存在的结构"（Badiou 1988: 34, 2006a: 26）。看上去，巴迪欧似乎只是在重复如下我们已经很熟悉的先验区分而已，即存在的形式特征（formal features）与存在本身之间的区分。前者是和思想相关的，或"为我"的存在；后者独立于思想，或"自在"的存在。这似乎和老生常谈的现象与本体的二元论如出一辙。然而，事实并非如此。因为，其实被计数的连贯性和未被计数的不连贯性之间的分野，或者说结构和存在之间的差异，为我们指明了一种潜在的同一关系，即结构（例如计数）的非实存与不连贯性（如存在自身）的非实存之间的同一关系。要把握这一同一性就要理解作为实存之条件的计数法则——计数法则使呈现成为可能依靠的是排除不连贯多元的呈现（如存在自身）——何以最终和本体论的不连贯（它的呈现遭到了计数法则排除）难以区分开来。于是，一的不存在（non-being [non-être]），结构的纯粹法则论地位，逐渐向不连贯多元的存在－无（being-nothing [être-rien]）地位靠拢，后者的必然不可能性反过来被计数的结构所证明。正是在这种意义上，巴迪欧认为，本体论依从于巴门尼德的训谕。根据这个训谕，"思想和存在是相同的"，即它们是无关联的同一（Badiou 1988: 49, 2006a: 38，译文有所改动）。思想和存在都是无。本体论话语利用了这一同一性，因为它可以通过结构化的连贯性和去结构化的不连贯性的契合来运算，而无需将二者视为不同的项来规定它们之间的关系。它的运算完全无需借助不同类型存在的范畴区分。因此，当人们试图实体化被称为"思维"的东西与被称为"存在"的东西之间的差异时，缩离的本体论可以免受这样一种实体化的影响。但是，出于同样的原因，缩离的本体论也不能承认话语和世界、思想和实在以及逻辑结果和质料因之间的差异。[1] 呈现的法则在字面意义上保证了思想和存在的空洞同构（更重要的是，它既非形而上学的，也非先验的）；但这样做的代价是巴迪欧走向了一种话语的观念论。在其中，甚至不连贯性——被当作本体论话语观念秩序的一次实在中断——的补充，也只是未被结构化的思想的一个实例：事件是不可决定之物的一次任意决定（aleatory *deciding*），在其中思维自身就体现了不连贯性。

4.4 结构，元结构，再现

呈现的法则是在计数的运算中被编码的，它不存在，因为它不能将自己数作一。通过将自身排除在计数之外，

---

[1] 这是皮特·霍瓦德（Peter Hallward）在《巴迪欧：面对真理的主体》（*Badiou: A Subject to Truth*, Minneapolis: University of Minnesota Press, 2003, 276）中所给出的观点。

每一次计数都伴随着"计数之计数",或巴迪欧在本体论语境中所指的"元结构",以及其他情境中所指的"再呈现"。尽管巴迪欧有一个令人遗憾的习惯,即交替使用这两个术语,但这两个关系极为密切的术语之间的区分仍然在巴迪欧的整个计划中起着至关重要的作用。因为,虽然本体论的元结构为非本体论的再呈现规划了蓝图,但元结构却被排除在再呈现之外。(我们将会在第 4.7 节中再度探讨这个问题。)

在幂集公理和溢出点定理的基础上,巴迪欧为计数之计数或元结构构建了本体论的必然性。幂集公理的含义是,对于每一个集合 α,都有能包含 α 所有子集的集合 β 存在。β 可以将所有包含于 α 中但不属于 α 的东西都数作一。溢出点定理揭示,幂集 β 总是比 α 至少多出(greater than)一个元素,它由科恩－伊斯顿定律(Cohen–Easton theorem)所补充,后者表明"包含"溢出"属于"的部分是不可计量的。[1] 元素的计数(集合)不经意间包含了未被计数的部分(子集),元结构或者计数之计数是必然的,

---

[1] 参见 Badiou, *Being and Event*, Meditation 7。"greater than"应该从量的概念的角度来理解,量的概念是由基数值(cardinality)来确定。参照科恩－伊斯顿定律,巴迪欧在《存在与事件》的《沉思 26》(Badiou 1988: 293-309, 2006a: 265-280)中,确立了基数值的概念以及包含对属于不可计数的溢出。

因为呈现的连贯性会受到呈现潜在的不连贯性的破坏，后者包含于其中而不属于它。暗含在呈现中的包含领域，为呈现的法则所禁止的不连贯性提供了一个潜在的避风港。于是，"呈现的连贯性要求结构必须被元结构再次（doubled）结构化"（Badiou 1988: 109, 2006a: 93-4，译文有所改动），后者将结构化的自我免除所产生的不连贯性数作一。本体论呈现围绕元结构的二次结构化（doubling）得到阐明，而这一元结构的二次结构化是属于和包含之间的分离所必需的。正是这种结构的双重化（reduplication）不仅为非本体论情境中的"再呈现"提供了模型，而且还提供了情境和情境状态的区分："每一种情境都被结构化了两次。这意味着呈现和再呈现是同时发生的。"（Badiou 1988: 110, 2006a: 94，译文有所改动）

"同时"必须从字面意义上理解：结构与元结构是完全不可分割的。但是这一不可分割性恰好又是彻底的区分（division），虽然它既不具有空间的性质，也不具有时间的性质。[1] 每一次呈现都被此裂隙分裂为计数和计数之计数，也就是说，被分裂为属于和包含（后者只是前者的变体，

---

[1] 对于巴迪欧来说，本体论必然和时空范畴无关：存在之为存在和空间或者/以及时间无关——这是他的柏拉图主义的一部分。

而不是第二种基本关系),之所以会出现以上所说的情况是因为计数本身就是无:

> 有人会说计数的运算是无,因为它是一的来源,但自己却未被计数。有人会说,纯粹的多是无,是计数得以开展的基础,而且由于纯粹的多是明显自在的,也就是说未被计数的,因此有别于通过计数所显示的自身(纯粹的多)。这两种说法所表达的意思是完全一样的。(Badiou 1988: 68, 2006a: 55,译文有所改动)

一的"不-存在"(non-être)和不连贯的"存在-无"(être-rien)之间潜在的不可分辨性(indiscernibility)威胁到了呈现,元结构的作用就在于消除这一威胁。同时,元结构的必要性还在于避免无的呈现,以及"一的毁灭"(the ruin of the One)(Badiou 1988: 109, 2006a: 93)。因为不连贯多元的"存在-无"不只是指明了统一的呈现和"呈现之基础"(basis)之间的间隔(gap);它还是"情境所特有的无,这一空的不可定位的点意味着情境缝合了存在,意味着从计数之中被减去的呈现之物(*what* is presented)游荡于呈现之中"(Badiou 1988: 68, 2006a: 55,译文有所改动)。被呈现之物是无,是绝对的不连贯性;但此不连贯性同时既是存在的不连贯性,也是结构的不连贯性:"无既是结构的无,因此也是连贯的无,纯粹多的无和不连贯的无。"(Badiou 1988: 68, 2006a: 55,译文有所改动)本体论的呈现赋予我们一条通向不连贯性的"不可呈现路径",这一不连贯性是未被呈现之物以及对它而言的无。这就是"空无"(the void)或者情境的存在。它永远不能作为情境的一项而得到呈现,因为它自身的结构中有一种潜在的不连贯性。它命名了情境中不连贯之物,命名了它与存在的缩离的缝合(subtractive suture to being)。[1]

4.5 缝合不可呈现之物

让我们考察一下巴迪欧试图缝合思想与不可呈现之物所依据的论点吧。分离的公理规定,任何关于实存的断言都会涉及集合,这一集合同时也预设了另外一个前在的集合。[2] 于是必定存在着一个原初的集合,它的实存是所有接下来的集合的先决条件。这个集合就是空集:无就属于这个集合。本体论话语是呈现之呈现,是数作一的属于关系

---

[1] 空无只有在作为计数失效之结果的情境中才能被辨认,计数产生了事件的"超一"(ultra-one)。参见 *Being and Event*, Meditations 17 and 18.

[2] Badiou, *Being and Event*, Meditation 3.

的呈现，它确认没有实存，也就是说，没有属于关系（no belonging）前在于那个无所属于的东西（空集）。它肯定属于关系的"存在－无"，没有属于关系属于后者。所以，最早出现的不是属于关系（连贯性），而是非属于关系（non-belonging，不连贯性），后者被每一个接下来的属于关系所预设。事实上，本体论话语是从对属于关系的否定开始的，而非对非属于关系的肯定；然而，这一否定的举动和确证并没有什么区别，或者按照巴迪欧的说法，这是一种"不存有的实存"（existence which does not exist）（Badiou 1988: 81, 2006a: 68，译文有所改动）。于是，本体论公理通过宣称一种非实存的实存，就完成了巴迪欧所谓的"思想与存在的缩离的缝合"。通过对呈现的否定，它肯定了不可呈现者的存在。

弗朗索瓦·沃尔（François Wahl）[1]在此提出了一个特别有趣的反对意见：要我们从对属于关系的否定中推断出非属于关系实存的论点，只是在重复本体论而已。因为，就算如巴迪欧所说，空集的公理肯定的是非实存者，而不是实存者——由于非实存既非"实存的指示"

---

[1] 参见沃尔极具洞见的文章，'Presentation, Representation, Appearance' in *Alain Badiou. Penser le multiple* ed. Charles Ramond, Paris: L'Harmattan, 2002, 169-87。

（index of existence），也非经典版本的本体论论点中的完满（perfection）——那么，为什么属于关系的非实存比其他的非实存享有更多的实存权——比如一的非实存？（Wahl 2002: 177）对属于关系的否定，确立了空无的"存在-无"，而通过对统一体的否定，巴迪欧确定了一的"不-存在"，但我该如何区别这两种否定呢？不过，沃尔的反对意见误解了巴迪欧的论点。空集公理的逻辑含义既不是"非属于关系存有"，也非"不可呈现之物"存有，甚至也不是"非实存存有"。它并没有断言任何概念的实存，无论是"非属于"还是"非实存"。相反，这一公理所要表明的是，"存在着集合 β，没有集合 α 属于它"。实存量词（existential quantifier）不赋予概念属性。这一公理的含义是，即使是为了否定属于关系，至少还需要保证属于关系的标志是实存的。正是这一"至少"被"对实存量词的肯定"（the assertion of the existential quantifier）单数化（singularized）了。通过否定属于关系的标志，公理确证了非属于标志的实存。这也是为什么说空无的存在-无，在形式上不能和一的不存在合并在一起。前者是对否定的肯定，而后者既不是肯定也不是否定，因为通过属于关系的运算而产生的多元的统一（unification）不具有本体论的地位。属于关系是一次运算，而不是一个存在的东西；作为一种运算，当它转而被计数，并属于另外一个集合时，它的非实存也就转化为了实存。空集公理肯定了这一运算的否定，而后者（运算）实际上是唯一实存的属于关系。集合论一开始就肯定了属于关系的否定性，这一否定性已然被接下来的所有属于关系的运算所预设了，通过运算，多元被数作一。于是，空无的非实存以及对属于关系之否定的肯定，都是作为属于关系的一（the One qua belonging）的运算的前提，因为所有的属于关系都预设了非属于关系的（名称的）实存；而保证属于关系实存的前提则从未得到肯定。集合理论一开始就宣称非属于关系存有，这样一种非属于关系授权了所有后来的属于关系，但是这一理论既没有肯定也没有预设属于关系的实存。

空集公理肯定了如下两点：不可呈现之物的名称被呈现了；或者非实存者的名称是存有的。这个细微的差别至关重要：在话语中肯定一个名称的实存和肯定一个超话语概念的实存是不一样的。因为，正是通过这一命名，呈现才有可能将自身与不可呈现之物缝在一起，而不用呈现这一不可呈现之物。于是，巴迪欧写道：不可呈现的"首次到来"就是"一次纯粹的命名"（Badiou 1988: 72, 2006a:

59），命名"是非特指的 [……] 它消耗着自身，它所指明的无非是如此这般的不可呈现之物"（Badiou 1988: 72, 2006a: 59，译文有所改动）。命名既不标志一的复归，因为它不能使任何事物连贯，也不意味着多元，因为它呈现出来的是严格意义上的无。

4.6　反现象的呈现

呈现产生了统一化的效果，但它自身却不是统一的，因为它被分裂为多元存在者（multiple-entities，以属于关系的形式被呈现）的连贯性和自身不连贯的存在，也就是说，计数的不－存在，因为它显示了与空无的"存在－无"不可分辨的那个点。这一不可分辨性既是呈现存在（因为其和存在的缝合处是呈现的空无）的保证，也是可能颠覆呈现法则的一个威胁。呈现的法则要求再呈现能够预先阻止这一不可分辨性以及作为结构自身之威胁的潜在不连贯性，因为呈现的法则衡量了属于呈现之物和它自身所包含之物的间隔。由此，再呈现恢复了结构的不－存在借以和"存在－无"相区分的法则。更准确地说，再呈现通过将它们的交汇点推迟到所谓的"前在的未来"（future anterior），从而确保这一交汇点可以保持一种渐进的状态（asymptotic）。

通过所有包含计数却未呈现之物的再呈现,不连贯的存在或者呈现的空无(由计数的不-存在构成)"将已经被"(will have been)呈现出来:

> 因此,既然所有的事物都被计数了,但由于计数中的一仅仅是一个结果,其幽灵般的余数暗示了多元事实上一开始并不具有一的形式这一事实。我们必须承认这一点,从情境内部来看,如果作为法则所禁止的不可思考之物变得可以思考,纯粹的多或者不连贯的多元就既被排除在整体之外,因此同样被排除在呈现之外,但又被纳入呈现本身或者自在的呈现"将会是"的东西的行列之中:也就是说,一不存在,连贯的存在是不连贯的。(Badiou 1988: 66, 2006a: 53,译文有所改动)

于是,呈现就从内部被分裂为呈现出来的连贯性和它自身存在的不连贯性(即它所连贯呈现出的东西的不连贯性)。每一种被连贯地呈现出来的情境,都暗存有一种潜在的不连贯性。但是这一不连贯性只是计数的追溯效果;只是实体化(substantiation)结构所投射出的无实体阴影(insubstantial shadow)。所以,结构化的运算既使多元可以在呈现中保持连贯,同时也阻止了存在或者不连贯性本身的呈现。存在被排除（foreclosed）在呈现之外（Badiou 1988: 35, 2006a: 27）；没有对已呈现存在的可想象"经验"；之所以它在本体论层面是可理解的，恰恰是因为它"对任何的在场和任何的经验而言都是不可想象的"（Badiou 1988: 35, 2006a: 27，译文有所改动）。而且，由于"在场和呈现完全相反"（Badiou1988: 35, 2006a: 27），由于对再现的主体来说，任何现象都可以从在场的角度被确定，或者对任何意识而言，任何在场也都是能够确定的，所以呈现本身就不是一种现象。与神秘主义者或者否定神学论者的观点不同，这并不是因为存在只能被呈现为"绝对的他者"：对于前者而言，即便动用理性思维结构，它们仍然是不可言说、不可呈现的，因此唯一可能理解他们的路径就只有非概念经验的高级或原初形式。如果哲学家对存在统一性的否定和对存在不连贯性的肯定不以"没有直接的和非话语的通往存在的路径"为条件，且总是倾向于相信本体论是一个确定的情境的话，那么他们就会屈服于"伟大诱惑"（Badiou 1988: 34, 2006a: 26）；在这一诱惑中，不连贯多元的不可呈现性总是被合理地编码于集合论话语的结构局限（compositional strictures）之中。本体论呈现的公理特性保证不连贯的多元与结构化的运算之间的不可分割性。结果，元本体论的呈现概念就成为一种反现象概念；分裂的本体破坏了智性直观的所有形式，因为它体现了这一不可客体化的分裂，借此，结构一方面将自身从连贯性中抽离了出来（结构使连贯性得以可能），另一方面也解除了对不连贯性的限制（结构本应排除不连贯性）。呈现的法则把对连贯性的许可和对不连贯性的禁止，并入一个不可呈现的停顿之中，在其中，结构的展开和结构的缩离相契合。由此，呈现的结构包含了一种严格意义上的"非现象学化"的断裂，后者只能用集合论的形式概念文字（formal ideography）来书写。最终，只有这个无关紧要的字符∅，标示着原初的分裂，借由这一原初的分裂，呈现不仅免于在场，而且将自身绑缚在不可呈现的标记之上。∅是最初的切口，它代表了连贯和不连贯、不－存在和存在－无之间的枢纽点。

4.7 元本体论的例外

鉴于呈现的反现象学结构，于是这里的问题就是，呈现是否只存在于本体论情境以外的情境之中。在这一点上需要注意的是，只有本体论情境，也就是作为呈现之呈现的集合理论公理，才能够坚定地忠实于"一不存在"这一禁令：

> 在非本体论（也就是非数学）的情境中，多元只有在法则明确地使其从属于计数的法则之时才是可能的。[……]如果人们从一般情境的内在角度来把握它们的话，那么一般的情境就会反转开启整个程序的公理。一般情境表明，一，以及纯粹的多，也就是不连贯是不存在的。这是很自然的，因为它们并非呈现之呈现，普遍情境必然会将存在和可呈现之物等同起来，因此也就和一的可能性等同起来。[……]于是，从内在于被情境构建为知识形式的那种东西的立场出发，去存在就是去成为统一的，这是如实的（veridical）。莱布尼茨的观点（不是一个存在者的东西，不是一个**存在者**）主导情境的内在，即它们的如实性范围。这是关于法则的观点。(Badiou 1988: 65-6, 2006a: 52-3, 译文有所改动)

但是，如果元本体论明显不是呈现之呈现——因为它的话语完全就是由概念组成的，因为它并没有将自身和呈现的实在（空集）相缝合；如果它并不服从于主导一般情境的如实性范围——因为它悬置了莱布尼茨的观点——那么它（元本体论）的具体情境界限（situational parameters）究竟是什么呢？《存在与事件》中，开头的那些具有决定性意义的沉思的出发点又在哪里呢？显然，巴迪欧既没有从在本体论话语中被实现的思想和存在的同一出发，也没有从知识所主导的、（因此）服从于一的法则的情境之中出发。但是，考虑到其既非严格意义（stricto sensu）上的本体论话语，亦非一般知识话语，那么我们该如何定位巴迪欧的元本体论话语呢？它不是本体论，因为它所调用的概念——诸如"多元""结构""数作一""情境""状态"，以及最为重要的"呈现"——相较于集合论公理的固有资源而言是超验的。它们的典型特征恰恰是不将自己当作存在之为存在的科学，因此也就不能通过反思存在将存在客体化。[1]但它又不是知识的一般形式，因为它不归属于任何特定的情境的内在——甚至也不归属于本体论的情境的内在——因此，它似乎并不完全服从于一的法则。于是，和本体论的内在性以及非本体论的情境相比较而言，元本体论话语似乎享有某种超验的例外状态。

巴迪欧主张，哲学的特点正在于它要受到超哲学真理

---

[1] 必须将这些元本体论的概念与"存在"一次的元本体论使用区分开来，巴迪欧小心翼翼地不将其具体化为一个概念。"存在"只是一个不可呈现者的专名——空集，∅的专名。

的制约，真理无法被还原为知识的内在形式，而哲学则力图实现和真理共存。[1] 但鉴于哲学本身并不是真理的程序，因此没有哲学主体能够为巴迪欧做出严格的辩护，加之元本体论话语为巴迪欧的整个哲学奠定了基础，而且他还从元本体论汲取了他所谓的"事件真理理论"的所有概念细节，因此，他就得煞费苦心地解释元本体论话语如何让自身不成为（由一的规范所主导的）知识的内在条件。这个问题可以用另外一种方式来表述：本体论和元本体论之间的关系是同构的还是类比的？巴迪欧在《存在与事件》中的元本体论立场，使同构和类比之间保持了一种危险的模糊性，使本体论话语字面意义上的局部化与元本体论话语的去局部化（de-localization）之间保持了一种危险的模糊性——前者作为呈现之呈现，后者则似乎横跨了本体（即一般情境，在其中，一的规则保证了存在和连贯性之间的可转换性）和本体论（即空集理论，在其中，被呈现的是呈现自身潜在的不连贯性）。《存在与事件》中，元本体论话语的非具体性以及哲学思维的反常地位给人们的印象是，巴迪欧的元本体论论点，在存在的数学呈现之再呈现与一般知识的再呈现之呈现之间摇摆不定，且仍受制于一的法则。此外，

---

[1] Badiou, *Manifeste pour la philosophie*, 69.

恰恰是呈现概念所表现出的反现象学的激进性使我们必须思考本体论情境、元本体论（也就是哲学）情境与一般情境这三者关系的本质，也就是集合论公理、缩离的元本体论与所谓的一的普遍法则这三者关系的本质。

即使粗略一瞥，我们也能发现《存在与事件》整体论证结构的复杂性。一方面，巴迪欧得出了"数学是本体论"这一决定性的结论。似乎这个决定最终在本质上也是"事件性的"。因此，它也必然无法在得出其结论的概念装置中得到验证。但是，也恰恰是这个装置解释了这一"不可验证性"为何/如何不仅是可能的，而且还是有效的——尽管从知识规范的角度来看，"不可验证"是无法被正当化的（illegitimizable）。[1] 巴迪欧首先确定了一种情境，在其中（虽然是意外地）存有真正的自我奠基的思想；在其中，思想将自身同存在相缝合。这一缝合发生于作为呈现之呈现的集合论公理中，它证实了巴门尼德的观点，即"思想和存在是同一的"。在集合论公理的基础上，巴迪欧将会从存在连贯性的断裂出发，揭示事件性决定（evental decision）的可能性；这一断裂产生了如下的决定，即存在是非整全（not-all）的，

---

[1] 关于真理与知识的区分，参见 *Being and Event*, Meditations 31 to 36, 以及 'On Subtraction' and 'Truth: Forcing and the Unnameable' in *Theoretical Writings*, 103-33。

思想能够在本体论的不连贯中找到自己的立足点。

在此,我们并非要指责巴迪欧的论证具有某种假定的"循环性"——后者很可能是良性的(virtuous)。不过,我们必须注意到,思想和存在的缝合——或者和"实在者"(the real,绝对的不连贯性)的缝合,因为它们在此是等价的——发生于集合论公理中,而不是在巴迪欧对后者的元本体论注解中;这一注解利用诸如"呈现"等概念,来调解本体论和读者之间的关系。换句话说,我们不能保证思维在除了本体论的情境之外的情境中,还能把握存在。更为重要的是,似乎没有理由假定"呈现"的概念可以指示完全外在于本体论话语的东西,或者说呈现任何超话语的实存。列举所谓的经验证据,并根据这些经验认为"所有人都能看到有呈现存在"是根本不可能的。一个像巴迪欧一样顽固的柏拉图主义者,是不可能诉诸常识性的信念来证明呈现之实存的。而且,如果求助于意识的权威——无论是经验的还是先验的——那么就是彻底屈服于一的规范,因为这个规范的不可违背性被编码在现象学直观所假定的不可更改性中。那么,为什么巴迪欧在《存在与事件》的开头会提及多重存在的"呈现"呢?巴迪欧强调:"存在不呈现自身(l'être ne se présente pas')。"(Badiou 1988:

35, 2006a: 27)"在一个情境中寻找可以支撑存在之为存在的直观是毫无意义的。"(Badiou 1988: 67, 2006a: 54,译文有所改动)有鉴于此,缩离的存在能够有何种显现呢?如果缩离的存在从来不被给予,那在呈现之呈现和呈现所谓的一般的或者说非本体论的状态之间的联系又是什么呢?抛开本体论话语假定的"先验性",即"作为理解每一种通向存在的可能路径的条件"不谈,《存在与事件》的论点,是否先天地从存在的空无走向了呈现的多元,或者相反,是否后天地从呈现的多元走向了存在的空无?我们对此并不清楚。换句话说,除了缩离的(本体论的)呈现,不可呈现之物还能产生什么?

最终,《存在与事件》在存在的空无和本体论的情境之间建立了必然的联结,而代价只是切断了存在和呈现多元之间的可理解的关系而已。巴迪欧所主张的本体论先天性(a priority)和他暗中所援引的后天(a posteriori)要素之间产生了矛盾。这一点体现在如下两种观点的张力之中:一方面,他坚定不移地提出了自己的反现象学宣言——例如,"没有存在的结构"(Badiou 1988: 34, 2006a: 26);另一方面,在其他地方,他的一些观点却呈现出模棱两可的特征——例如,"呈现永远都不是混沌的,即便它的存在是不连贯的多元的存在"(Badiou 1988: 110, 2006a: 94,译文有所改动)。呈现的多元意味着,除了本体论的情境之外,必然存在着呈现的情境。但是,由于集合论公理通过数作一的运算保证了存在的连贯性,上述提及的张力只有当呈现发生于非本体论语境中之时才会出现。于是,在非本体论的情境中,我们该如何理解"混沌"这个术语呢?如果巴迪欧的意思是无序,那么,即便这一观点不是彻底错误,那么它至少在经验层面是有争议的。但是如果"混沌"仅仅意味着"不连贯",那么巴迪欧就是在复述一个空洞的同义反复:"被连贯呈现之物并不是不连贯(in-consist)的。"恰恰是因为未能澄清本体论不连贯性和本体连贯性之间的关联,巴迪欧不得不求助于同义反复,比如"连贯性一定是连贯的"。如果统一性永远都只是非实存者运算的结果,那么该用什么样的非同义反复的例子来解释连贯的必然普遍性呢?

4.8 呈现的两种机制

巴迪欧接合了先天和后天(或者说,本体论和"世界")。理解这一接合之本质的关键在于把握本体论和非本体论这两种呈现机制。它们之间的区分和关联都植根于元结构和再呈现之间的差异。本体论是"理解每一种通向存在的可能路径"的场所,它是无法被再呈现的。因此,尽管元结构的双重呈现为情境与情境之状态的区分,进而也为呈现与再呈现的间隔——在这个巨大的鸿沟之中,事件与本体论连贯性发生中断的可能性生根发芽了——提供了本体论的范例,但也恰恰是作为呈现之呈现的以及作为纯粹不连贯多元之呈现的本体论,消除了中断的可能性,只因为它让自己免于再呈现:

> 本体论一方面必然会[……]从属于关系和包含关系的间隔中得出结论,另一方面又不被这一间隔所主导。[……]于是,本体论情境的状态就是不可切分的,也就是说,是非实存的。[……]本体论对一的不-存在的整体实现,意味着它所处情境状态的非实存,后者用空无影响了包含,并已经约定只能以空无为起点来编排属于关系。不可呈现的空无在此将情境和其状态的不可分性缝合在一起。(Badiou 1988: 117-18, 2006a: 101)

即便是从《存在与事件》的标准来看,这都是一个特别深奥的段落。但事实上它却提供了一条关键线索,我们可以借此发现在本体论情境和非本体论情境之间的潜在关系，也就是说，缩离的话语和被呈现的实在之间的潜在关系。本体论的呈现之呈现呈现无（The ontological presentation of presentation presents nothing）；每一种连贯的呈现，都来自不可呈现之不连贯性的原初标志。因为本体论是对一不存在的"完满实现"（consummate effectuation）——在这一独特的情境中，连贯性永远只能从不连贯性中产生——所以它只能呈现无，永远不能和某物遭遇：它只能对空无进行计数，而不能对任何东西的包含进行计数。但是，回想一下，在非本体论情境中连贯性胜过了不连贯性，一存在而不连贯性不存在：由此，被呈现之物就可以转化为统一体。恰恰是在那种非本体论情境中，不连贯的包含对连贯的属于不可衡量的溢出，产生了奇异点（singularities）——那些被情境所呈现的元素，但情境的元素不会被情境的状态再呈现（Badiou 1988: 116, 2006a: 99）。正是这些奇异点为事件提供了杠杆作用点（a point of leverage），它们可以成为"事件的场所"（evental sites）。[1] 本体论情境永远只能包含空无潜在的不连贯性，而非本体论情境则可以包含统一体潜在的不连贯性。正是潜在于一般呈现单元（units）中的不连贯性，为一种超验的、与本体论呈现的内在形式

---

[1] 参见 Badiou, *Being and Event*, Meditation 16。

的断裂提供了资源。事件是一种超验的介入,它将内在的本体论分离——属于和包含的分离——分裂为不可判定的二元性或者"二",这样将更有利于转换情境的状态。这一介入当然是主体的行为,他的超越性被本体论话语内在的客观性所阻止。通过与本体论话语的客观内在性的对比,主体的超越性可以获得一个准确的定义:如果本体论话语是对空无中潜在的不连贯性的连贯呈现,那么主体就是统一体之中潜在的不连贯性的连贯呈现(它产生了类性 [the generic])。[1]

本体论话语排除了主体的可能性,因为只有在一种"困境"(impasse)中——在其中,属于和包含之间的裂隙不仅达到了完全无法度量的程度,而且经历了从内在性向超越性的相变(phase-transition)——它才能得出属于和包含之间存在着间隙的结论。[2] 结构与元结构的内在分离转变成

---

[1] 参见 Badiou, *Being and Event*, Meditation 35。

[2] 关于巴迪欧对本体论困境的解释,参见 *Being and Event*, Meditation 26。巴迪欧似乎不赞成对超越性的援引,因为他将超越性导向了本体-神学的方向,而后者在巴迪欧看来体现了"大基数"理论。一个大基数的实存是不能从集合论公理中推断出来的,因此需要补充公理的肯定。这一公理要比那些保证极限序数的实存以及无穷的阿列夫数的连续更强大。大基数理论通过假设超阿列夫数的实存(即从"更高的位置"来限定它),从而规避了本体论不可衡量的溢出。但仍然有必要区分对超越客体的实存的肯定和对不可客体化的超越性的肯定:前者就像超阿列夫数那样,不承认本体论的困境,因为它们不强制决定最小可数无穷(阿列夫零)的幂集值;后者则正是决定的超越性,也即是主体的介入,与本体论话语的内在客观参数相对。就他支持后一种选择而言,巴迪欧可以被视为激进超越性的倡导者。

了再呈现对呈现的超验溢出，在这一点上，本体论话语的公理连贯性遇到自身的"不可能性"，也就是说，它自身的超话语"实在"。换句话说，本体论的先天维度（数学话语）与后天维度（世界）相交于这一点：通过事件的中介，本体论话语对连贯性的不连贯（不-存在的存在-无[the being-nothing of non-being]）实现，反过来成为对不连贯性的连贯的实现（存在-无的不-存在，或者说主观的"真理"）。通过从本体论话语中的结构和元结构之间的分离展开推断（extrapolating），并且将其转换为再呈现对呈现的不可度量的超越（他声称这是非本体论情境的特征）[1]，巴迪欧制造了话语和超话语的呈现、呈现之呈现和"某物"的呈现之间的区分。这样做的结果就是，巴迪欧要么只能划定符号法则的权限范围——本体论结构或者计数的有效范围——要么只能通过借用超越性的过剩，来肯定超话语实在的领域——不可计算、不可验证、不可客体化，因此必然是主体性的。不过，它的本体论图式不能掩盖其内在的无根据（gratuitousness）。通过暗中将本体论呈现的内在

---

[1] 这是以下两种情境区分的关键：自然情境，是由呈现与再呈现之间最大程度的均衡为特点，以阿列夫零，最小的可数无穷所限定；历史的情境，对于它们而言，可递性不复存有，因为它们包含了奇点（实事件性的位置），是过度奇异化的潜在地点。参见 *Being and Event*, Meditation 11-16。

中断转换为本体论连贯性的超验中断，巴迪欧在本体论话语和世俗实在之间的鸿沟上搭建了一座桥梁。因此，巴迪欧的哲学只是在强调话语和实在、逻辑结果和质料因、思想和存在之间的同构关系。思想足以改变这个世界：这是巴迪欧观念论的最重要结论。事件性例外的过度膨胀直接起因于观念论对思想和存在之区分的扬弃：唯一的事件是在思想中并作为思想的事件，而思维的形态则要依据一般的文化形式来表达：政治、科学、艺术和爱。最终，巴迪欧只是对作为事件的思想感兴趣，反之亦然。因此，宇宙大爆炸、寒武纪的生命大爆发以及太阳的死亡只是世界运行过程中的一次短暂中断，他对此几乎或者完全不感兴趣。然而，以此来指责他是人类中心主义（anthropocentrism）代言人的做法同样也是错误的，因为他并没有赋予人类的生存和人类的思维一样的特权，他在谈及思想的时候，只是以人类这种动物作为例子而已。问题出在巴迪欧的"心灵中心主义"（noocentrism），而非任何所谓的人类中心主义。

最终，缩离的本体论在巴迪欧哲学中只是一个配角：它本质上只是一个去神秘化的屏障，用来阻止我们被万物的繁复多样以及世界的事实性（正如它现在的这个样子）

所吸引，以便让我们做好准备，去抓住根本性转变的可能性。因此，相较于事件理论，它本质上只是起到了预备的作用。但是，巴迪欧的问题在于此：如果本体论只是一种话语情境，如果没有非话语的路径通向存在，如果存在既不是一个概念也不是"经验"的材料，那么所有在严格意义上（stricto sensu）的本体论呈现——在其中无论是"存在"还是"呈现"都不扮演概念的角色——与非本体论之间起到中介作用的东西，都属于巴迪欧自己的元本体论话语。它与本体论话语、非本体论"实在"的关系体现为：它将前者中属于和包含的分析图式化，从而将其转换为后者中具有彻底超越性的场所。这一图式化的目标在于，综合本体论呈现的先天机制和一般呈现的后天机制。但是，如果呈现的本体论范式破坏了本体论情境限制之外的通达存在的所有可能性，那么本体论就不能保证人们可以"理解每一种朝向存在的可能路径"。事实上，对巴迪欧来说，元本体论而非本体论才是呈现普遍性的保证：它只规定了在非本体论情境中否定呈现的实存是不可能的。然而，如此这般的呈现结构，使得将呈现从本体论情境中转移到一般场所中这一观念显得荒谬无比。唯有本体论的呈现。巴迪欧要么拒绝将本体论视为这样的情境，在其中，他被迫要在神秘主义和现象学或者形而上学之间做出选择；要么接受呈现的缩离本质破坏了所有（他想要从呈现的缩离本质中获取的）非本体论结果，具体而言，破坏了他的事件理论。

4.9 缩离的后果

于是，宣称本体论是数学的就会产生如下的窘境：如果数学本体论与实在关系就像是概念图式和经验内容的关系的话，那么巴迪欧就会发现自己在重复经验主义的二元论，即形式图式和物质材料的二元论。而巴迪欧在他的第一本书《模型的概念》(*The Concept of Model*)[1]中就已经对此做出过批评。但是，要想消除图式—内容的二元论，巴迪欧就必须得表明，呈现发生在非本体论（非话语）的语境中。但要做到这一点实在是太困难了，这不仅是因为宣称"一不存在"实际上破坏了所有赋予本体论情境特权——将本体论情境视为通达其他情境的先验基础——的尝试；而且是因为巴迪欧依据不连贯性优先于连贯性，来区分本体论与非本体论情境（或者反之亦然）的做法，使得我们

---

[1] A. Badiou, *Le Concept de modèle. Introduction a une épistémologie matérialiste des mathématiques*, Paris: Maspero, 1969. 我曾在《巴迪欧的数学唯物主义认识论》('Badiou's Materialist Epistemology of Mathematics' in *Angelaki: Journal of the Theoretical Humanities*, Vol. 10, No. 2, August 2005, 135-49) 讨论过后者。

很难理解非话语的呈现究竟是如何"发生"（occur）的。这样的结果就是，巴迪欧发现自己面临着两个毫无吸引力的选择。一方面，他面临着陷入经验主义图式和质料二元论的危险，而他自己先前已经发誓要弃绝它。在这一二元对立中，唯一能赋予本体论与集合论同一化正当性的标准是实用主义的，因为——就像蒯因和其他人曾经论说的那样——经验的内容不足以决定概念图式的选择。或者，另一方面，有可能出现一种绝对观念论的话语变体——或者说隐蔽的黑格尔主义——在其中，概念和超概念，或者说话语和世界之间的差异被还原为连贯的和不连贯的多元之间的区别，对于后一种区分而言，最终，思维才是至关重要的。

在这个节骨眼上，巴迪欧有两种回应方式：他要么用表象以及世界的本体连贯性的（the ontical consistency of worlds）学说，来补充存在之为存在的缩离的本体论，[1] 进而以此纠正呈现概念的反现象学偏见——即便这样做可能面临着回退到某种在场本体论之变体的危险；要么他可以

---

[1] 这是富朗索瓦·沃尔的建议。他认为巴迪欧未能在存在的不连贯性和呈现的连贯性之间建立起必要的联系。他总结道，缩离的本体论仍然是不充分的。于是，他指出"呈现以及存在者的本体论，存在的多元决定的本体论，仍然有待完成"。（Wahl 2002: 187）

接受呈现概念的严格性，并拥抱缩离逻辑可能带来的禁止性结果。巴迪欧近来出版的著作《世界的逻辑》（*Logiques des mondes*）[1] 表明，他——可能是合理地，不过从我们的角度来看多少是让人失望地——选择了第一种方案。不过，巴迪欧著作中真正有价值的不是事件理论，而是缩离的本体论，虽然后者只是被当作事件理论的准备。巴迪欧难以估量的功劳在于对本体论的祛魅："存在"并不重要，确切地说，它没有什么意义。有关存在意义的问题只是一个过时的迷信，必须被抛弃掉。这是巴迪欧反现象学的后形而上学理性主义的深远意义，抛开巴迪欧自己对经验主义和自然主义的深恶痛绝，它能和我们在第 1 章中所讨论的自然化的认识论变体完美协和，因为后者认为"没有什么东西曾有意义"（nothing has ever meant anything）。正如我们在第 1 部分中所看到的，这是对智慧祛魅（disenchantment of sapience）的主要成果之一，也是认知科学目前正在进行的工作。因此，与其追求任何对缩离本体论的质性补充（qualitative supplement），我们更愿相信，有必要继续强化以及深化后者对现象学之给予（donation，以及它的二元结构，诸如时间/空间、连续/中断、量/质）

1　A. Badiou, *Logiques des mondes. L'être et l'événement*, 2, Paris: Seuil, 2006.

去质化（disqualification）。[1] 要做到这一点，就需要抛弃话语的观念论，因为它不仅会破坏巴迪欧缩离的呈现概念，而且会在如下的事实面前暴露自身，即缩离的呈现概念的唯一实在前提是空无名称（name）的实存。如我们所看到的那样，任何想要通过假定多元的连贯性，推导出这一终极前提的尝试都是不正当的，因为这样做必然会求助于现象学的给予或者／以及实际经验。但是，正如我们在下一章讨论拉吕埃尔著作时将要看到的那样，不依赖于数理科学的话语结构，不假设能指的优先性，不运用现象学的给予，或者不求助于实际经验，而预设作为存在 – 无的空无之实存（the existence of the void qua being-nothing）是可能的。

然而，实际的情况是，缩离本体论一方面被先天的话语观念论所拖累，另一方面也受到了图式和内容二元论的损害，二者都严重破坏了巴迪欧对唯物主义的公开承诺。呈现的话语结构似乎规定了法则论和本体论的同构关系，这和实在论者对物理科学的要求产生了激烈的冲突，因为后者假定因果性植根于实在的物理结构，它的存在完全不

---

[1] 布拉西耶的原文为"we believe it is necessary to sharpen and deepen the letter's disqualification of phenomenological donation"，此处疑似出现笔误，应为 latter 而非 letter。——译者注

依赖于呈现的观念法则。与此同时,本体论形式和内容的二元论产生了一种二分法,这似乎也和科学实在论的要求相抵牾:要么是话语的结构化呈现,要么是非结构的混沌。但是有人能保证存在被数学所书写的同时,而不暗示没有什么东西可以独立于数学书写而存有吗?这可能是巴门尼德观点较为恶毒的后果之一,它似乎规定了在思想和存在之前存在着某种预先规定好的和谐状态。因此,问题必须是,是否有可能证明思想对"实在"的把握可以满足以下条件:一方面无需借助先天直观或者书写;另一方面也不会回退到实证的自然主义之中——因为在实证的自然主义中,科学的再现和实在的对应,在进化的层面上可以得到保证(参见第1章)。下一章中,通过考察弗朗索瓦·拉吕埃尔的著作,我们将会继续探讨这个问题。

5 存在之无

5.1 实在论,建构主义,解构:弗朗索瓦·拉吕埃尔

在哲学层面,如果后康德时代的欧洲哲学已经不能理解实在论的话,那么弗朗索瓦·拉吕埃尔著作的非凡价值就在于,他展示了如何利用先验哲学的资源来反对观念论,以便使先验实在论可以被思考。巴迪欧和梅亚苏提出的思辨唯物主义,以独尊话语书写(discursive inscription)或者恢复智性直观的代价,回避了在形而上学和批判之间被迫做出选择的难题,而拉吕埃尔则为我们提供了某种先验实在论所需的资源,后者并不会受到书写或者直观观念论的污染。但是,为了在他的著作中谋求一种可行的实在论概念,我们还必须得批评拉吕埃尔对先验信念所做出的妥协。更准确地说,我们将会从他的著作中提取出去现象学化(de-phenomenologized)的实在概念,即作为"存在-无"的实在。在这一过程中,我们必然会和拉吕埃尔对自己哲学事业的评价有所出入;在接下来的部分,我们将会反驳拉吕埃尔对他"非哲学"(non-philosophy)计划的描述。然而,我

们的目的不是要诋毁拉吕埃尔的成就,因为他的成就是无与伦比的,相反,我们要做的是剥去"非哲学"艰涩的外壳,因为这一艰涩的外壳不仅使他的著作一直遭到误解,而且还阻碍人们理解其思想的重要性。在 36 年间出版了 18 本著作后[1],除了遭到不加批判的模仿以及愤怒的驳斥外,拉吕埃尔的著作其实并未引起什么反响。其中,"愤怒的驳斥"是人们对他著作的主要反应,而这是我们需要直接面对的问题。在这一点上,如果法国哲学有两种令人生厌的趋势的话,那么把拉吕埃尔的大量著作看作这两种趋势的不幸结合,毫无疑问是有可能的:无聊地专注于非哲学他异性的同时,又沉溺于故弄玄虚的术语。从第一种视角来看,拉吕埃尔只不过是在德里达开辟的道路上越走越远罢了:对哲学否定性的界定为发现绝对的他异性提供了动力,拉吕埃尔借此来抵抗哲学的概念化,即使后者被证明是依赖于哲学概念化的。德里达的解构(追随海德格尔)倾向于将哲学和"形而上学"等同起来,又将"形而上学"同"本体论神学"等同起来,而拉吕埃尔的"非哲学"则变本加厉,甚至将对形而上学的解构,也包含在更为含糊且宽泛的哲

---

[1] 详细书目参见 Laruelle 2003 in *Angelaki, Vol. 8, No. 2: The One or the Other: French Philosophy Today*, August 2003, 188-9。

学"定义"中。如今，哲学在拉吕埃尔那里直接等同于"决定"（decision）。类似地，德里达用延异命名了作为非概念的超越性，它既是形而上学的基础又反转了形而上学，而拉吕埃尔则提出了"太一"（*l'Un*[the One]）的概念——它是一系列非概念内在性的名称之一——它既规定了哲学也悬置了哲学。相对地，从第二种观点来看，拉吕埃尔在术语方面的怪癖，以及他的巴洛克式概念建构几乎就是德勒兹哲学建构主义的拙劣模仿。如果一位冷酷的批评家只是走马观花地浏览了一下拉吕埃尔大部分不太得体的著作，就立刻拒绝了它们，这也情有可原。因为这些著作结合了德里达和德勒兹最坏的部分，杂糅了解构主义的贫乏和建构主义的过度。

以上的观点虽然构成了一幅毫不留情的讽刺画，不过其中仍然包含着一些事实：我们确实无法否认，德里达（包括海德格尔）的著作，以及德勒兹（包括尼采）的部分理论能够为我们理解拉吕埃尔提供最直接的参照点。这些理论家对哲学否定性的界定，为"非哲学"概念的积极创造奠定了基础。不过，这样一幅讽刺画却忽略了拉吕埃尔著作中最有价值的方面，因为尽管他建议放弃"决定"这一类自发的（quasi-spontaneous）哲学冲动，但恰恰是因为他的思想竭力想要在先验批判和形而上学建构两种互相对立的观点之间确定一个不稳定的平衡点，所以我们可以说他的思想包含了某种决定性（decisive）的（即哲学的）意义，这一决定性的意义甚至超越了他思想所产生的影响力的总和。因此，通过证明拉吕埃尔"非哲学"概念的含义非但可以而且应当从哲学层面得到解释，我们将试着表明为什么拉吕埃尔的"非哲学"不仅是古怪的，而且最终是在极度贫乏中展开的无用的哲学操演。这一哲学的再解释的核心观点是，拉吕埃尔并未在非哲学的视域下实现对哲学的悬置，相反，他揭示了哲学否定的非辩证法逻辑——"单向化"（unilateralization）。

一旦尝试总结和评价拉吕埃尔的思想，我们便会遇到一个难题：究竟哪些文本需要被优先考虑。他的著作太多了，而且还在不断增加。此外，拉吕埃尔还不断地修正和限定这些著作中的核心观点和构想，先前的观点总是被抛弃或者撤回。因此，论述他的思想就必然会包含一定程度的曲解和夸张。然而，我们还是会优先考虑用六部论著来展现他的思想关键层面的重要结晶，这六部著作分别包含了他所强调的构想以及对其进行的详细分析。这些构想和分析还未在其他著作中被修订。这些论著包括：《差异的哲学》

(*The Philosophies of Difference*, 1986),《哲学与非哲学》("Philosophy and Non-Philosophy", 1989a),《先验的方法》("The Transcendental Method", 1989b),[1]《非哲学的原则》(*The Principles of Non-Philosophy*, 1996),《非马克思主义导论》(*Introduction to Non-Marxism*, 2000a),《非哲学何为?》("What Can Non-Philosophy Do?", 2003)。[2]

5.2 哲学的本质

在拉吕埃尔看来,"非哲学"不是对哲学的否定,相反,它是自主的理论实践(或者"科学",拉吕埃尔一度非常喜欢用这个名称)[3],它的意图不在于补充或者消除哲学,而是将其当作研究的材料和对象来使用。拉吕埃尔提出的哲学的非哲学用法,从表面的原理来看,是一种哲学理论和哲学实践,它将暴露哲学隐秘的运作方式并解释哲学的基本操作手段,同时敞开一种迄今为止在哲学中还未被设想过的概念可能性的领域。因此,拉吕埃尔主张,非哲学实践需要悬置哲学的典型问题、方法论及策略的正当

---

[1]《先验的方法》是拉吕埃尔为《通用哲学百科》(*Universal Philosophical Encyclopedia* Vol. 1, ed. André Jacob, Paris: PUF, 1989b, 71-80)撰写的文章。

[2] *Angelaki, Vol. 8, No. 2: The One or the Other: French Philosophy Today*, 2003, 173-88.

[3] 参见 Laruelle 1989a。

性。那些虔诚的哲学家自发地接受了哲学中的这些典型问题、方法论以及策略。但是，对拉吕埃尔来说，对于哲学权威（拉吕埃尔将其称为"充足哲学原则"[the principle of sufficient philosophy]）的悬置，是探索全新理论领域的前提。这一新的领域不能被还原为主导哲学思维的概念、结构或者修辞，当然也不能用这些资源来解释这一新的领域。由此，拉吕埃尔辨认出了他所谓的哲学思想的约束性本质（constrictive essence），并将其称为"决定"。在他看来，更好的方式是提出一种更具创造性的理论和实践替代方案；也就是一种对决定的非哲学使用，借此非哲学家就能创造出新的概念，即便这样做还是体现了哲学思维的作用。非哲学所具有的创造性及（智性层面上的）解放潜力，同哲学本质上所具有的抑制性以及重复性之间的对比，是拉吕埃尔著作中一个反复出现的主题。[1]

按照拉吕埃尔所述，这个对非哲学的描述多少还是算"标准"的，接下来我们将质询非哲学的一致性（coherence）和可行性（viability）。不过，在一开始，我们的基本批判

---

[1] 具体参见 Philosophy and Non-philosophy。我曾试图从拉吕埃尔的视角出发，提供一种更为完整的（而且是非批判的）对非哲学的范围的解释。参见 'Axiomatic Heresy: The Non-Philosophy of François Laruelle', Radical Philosophy 121, September/October 2003, 24-35。

论点可以简要地被概述为：拉吕埃尔把对特定类型的哲学思维的批判和对哲学本身的批判融合在了一起。拉吕埃尔承认自己专注于发现哲学思维的本质（他更愿意称之为哲学的"同一性"），他想要寻找一种主导哲学可能性的、跨历史的（trans-historical）不变量，这正是上述"融合"的根基所在。[1] 尽管拉吕埃尔坚决否认这样的起源关系，但在需要确认哲学本质这一点上，拉吕埃尔毫无疑问沿袭了海德格尔主义：后者在某种现成在手状态对上手状态的遮蔽中发现了形而上学的本质——再现抹除了存在从在场的回撤——拉吕埃尔则在上手状态和现成状态，或者说再现和它的非再现的先决条件之间的差异中，发现了类似哲学思想之本质结构的东西。[2] 于是，拉吕埃尔就在这种哲学的永恒逻辑中，重复了海德格尔的拆解（Destruktion）和

---

[1] 例如，可以参见 Laruelle 1986, Ch. VII, 213-40. 作为海德格尔和德里达的学生，勤勉的拉吕埃尔非常谨慎地避免对"本质"的随意使用（除非是为了表达"没有本质的本质"）。相较而言，他更愿意谈论哲学的"同一性"。但他所说的同一性或彻底的内在性，相当于对本质的一种非形而上的概念化，就目前而言，这种概念化保留了本质概念在哲学意义上的大部分功能特征。因此，当拉吕埃尔谈到哲学的同一性时，他心里想到的是一个形式的不变量，一个必要但不充分的条件，一个多样的可实例化的东西。

[2] 哈曼认为，在手状态和上手状态之间的区分不仅为我们提供了理解《存在与时间》本体 - 本体论差异的关键线索，而且也构成了海德格尔思想的基础，尤其是他对形而上学的批判。参见 *Tool-Being: Heidegger and the Metaphysics of Objects*, Chicago: Open Court, 2002。

德里达的解构：二者据说展现了哲学思想中的不变量，后者主宰从巴门尼德以及赫拉克利特以来的哲学。[1] 他之所以会这样做，是因为他毫无保留地接受了海德格尔的预设，即整个哲学史都能够被还原为某种单一的结构。更过分的是，不像他的解构主义前辈，拉吕埃尔甚至都没有想过在和传统长期打交道的过程中搜集证据，从而证明他所辨认出的哲学本质的正当性——他对一己观点的正当性证明，很大程度上依赖于同海德格尔和德里达之遗产旷日持久的谈判。[2] 按照拉吕埃尔的说法，解构的难题仅仅表明了哲学的永恒希腊本质来到了命中注定的巅峰。20世纪以来，对形而上学的解构为我们提供了材料（datum），在其基础上，通过回溯的方式，哲学的本质被认定为"总是已经"预先划定好了的、向哲学开放的概念可能性范畴。但是，当海德格尔都在力图为这一本质的历史演变提供解释，即为存在的时代之天命做出划分——然而并不具有说服力——的

---

[1] 参见 Laruelle 1986 and 1989, 104-9。

[2] 虽然，这一解读是由拉吕埃尔同时对柏拉图、康德、黑格尔、尼采、胡塞尔、德勒兹以及米歇尔·亨利的解读所补充和说明的，但拉吕埃尔对哲学作为"决定"的辨认则很大程度上受惠于海德格尔和德里达。在海德格尔与德里达那里，我们可以发现拉吕埃尔为可能性之条件而竭力揭示的实在之条件，在他们的著作中，"决定"（*Entscheidung*）和"不可决定"（undecidable）的概念开始变得特别，成为了哲学本质的线索。

情况下，拉吕埃尔则尝试回避历史和本质相互影响这一问题，他的理由是，二者之间的关系仍然受制于他所质疑的哲学结构；这一举动同时也只是在回避如下这个颇为棘手的问题：非哲学与它确定的历史前提之间的关系。

如果要替他开脱的话，我们可以指出，海德格尔的存在的历史（Seinsgeschichte）揭示了任何借助于归纳式的文本考据来揭露哲学本质的做法本身就是荒谬的。如果哲学文本的历史是偶然的历史，如果它是在变幻莫测的社会政治环境的笼罩下，由省略、歪曲以及误解任意交织而成的话，那么就没有什么文献证据能充分地支持关于哲学本质的论断的正当性——哲学本质的论断总是一成不变地和自己当下的责任有关，但这些论断显然是在具有历史局限性的对当下理解的基础上做出的。海德格尔试图将这种历史自我理解之中的解释学循环变成一种美德，然而"存在的历史"的空想性只能证明后者是不充分的，尤其是在涉及关于哲学本质的基础观点的时候。只有通过假定的绝对性视角，潜在于哲学的历史经验变动中的不变本质才有可能被把握。如果人们要求拉吕埃尔为自己所解释的哲学本质做出辩护的话，那么毫无意外，他会宣称自己有非哲学的"绝对"——因为这个术语的哲学内涵，拉吕埃尔公开拒绝了它——视角,也就是他所谓的"彻底的内在性"(radical immanence)视角。这一视角以及与之相伴的哲学定义对拉吕埃尔来说,恰好远离了哲学正当化的范围。但是一旦我们无视这一无端的假设,即哲学本身包含着某种不变的结构之时,我们就会看到"彻底的内在性"所悬置的只是一种特定类型的哲学论证,以及一种具体的对哲学合法化的需求,而非"哲学"本身或者对哲学自身正当化的要求。此外,我们还会看到为什么拉吕埃尔对实行悬置的层面(the suspending instance)的描述,也就是对彻底的内在性的描述会遭到质疑——对他的质疑甚至无需借助被悬置结构所特有的起支配作用的那些假设。

5.3 作为先验演绎的哲学决定

拉吕埃尔不仅辨认出了作为哲学本质的"决定",而且描述了这样一个视角,从这一视角来看,对哲学本质的辨认就是对"彻底的内在性"的描述。上述的"辨认"与"描述"结合(conjoins)了三个基本术语:内在性,超越性,先验。对于拉吕埃尔来说,一次哲学的决定是超越和内在的二分(dyad),但是在其中,内在性凸显了两次,它的内在结构被细分为经验的和先验的作用。哲学决定既作为材料（datum）的经验内在性与事实（factum）的先天超越性的耦合，内在于二分之中，也作为粘合经验内在性和先天超越性的先验内在性的补充，外在于这一二分。每一次决定都会将内在性一分为二，即经验的材料以及先验的内在：决定假设前者是由先天事实所给予的；为了保证被预设的事实能和被设定的材料相统一，决定必须将后者视为已经被给予之物。由此，内在经历了决定性的分裂，这样的结果就是，哲学需要先验内在的介入，后者既作为超越性的经验推论（empirical corollary），也作为先天条件和经验有条件（empirically conditioned）之统一体的先验保证——这种统一性产生了哲学所谓的"经验"。

因此，拉吕埃尔主张，每一次哲学决定都重述了先验演绎的形式结构。在《先验的方法》一文中，他提出了一个解释，即无论是在康德之前还是在康德之后，哲学中的先验演绎的形式结构都代表了哲学方法论的不变量——其功能特征可以不依赖于任何确定的本体论或者甚至认识论前提而得到描述。紧接着，他辨认出了三个不同的结构环节，并将其视为先验方法的构成部分，因此也是哲学研究本身的构成部分：

（1）基于经验性的实在或者人们试图发现其可能性条件的经验，对杂多的（manifold）先天范畴进行分析性的总结。在康德那里，这就是形而上学将空间和时间解释为直观的先天形式的环节，以及形而上学将范畴演绎为判断的纯粹先验形式的环节。[1] 它对应于形而上学区分有条件（conditioned）和条件（condition）、经验和先天、材料和事实的环节。

（2）借助于单一、统一的先验先天（transcendental a priori）认识手段，将杂多的局部或者区域性（也就是范畴性的）先天，"聚合"（gathering-together）或者统一为普遍统一体的形式。鉴于每一种范畴性的先天仍取决于后天，那么先验形式就不再和任何的区域性经验产生关联，因为它作为更高的或者绝对的条件起到了使经验本身成为可能的作用。它不再是综合的结果，而是使得所有综合的先天形式本身成为可能的前综合统一体（pre-synthetic unity）。这个统一体被认为是"先验的"，它绝对地超越于经验，而不仅仅以形而上学或者范畴性先天的方式相对地超越于经验。因为形

---

[1] 参见 Kant 1929: B33-B116, 65-119。

而上学或者诸范畴性先天总是局部的、杂多的，并且和特定的经验领域或者形式相联系：诸范畴性先天的超越性是相对的，它们之间存在着具体的、类属的区别。而先验的统一体则绝对地超越于它们，为它们奠基，并统一它们。众所周知，康德会将综合性先天的先验根基，置于纯粹统觉不可分割的统一体之中。至关重要的是，拉吕埃尔指出，正是这一先验先天所要求的绝对性遭到了破坏，因为它仍然和形而上学超越性的经验存在者相关联，只不过在不同的哲学家那里，程度和形式会有所不同：拉吕埃尔举了"我思"、康德的官能器官及胡塞尔纯粹现象学意识的自我这几个例子。因此，先验所要求的所谓的无条件超越性仍然处于被破坏的状态，这是因为超越性的结构总是将其同具体化的超越者联系在一起。

(3) 第三个以及最后一个环节就是，范畴性综合的诸模式与这种先验统一体的统一——但这些范畴性综合的诸模式现在却要借由先验统一体的职能，并根据它们和经验的构成性关系来理解。先验统一体为先天本身的可能性提供了条件，由此，这一环节便为形而上学的先天观念与实际经验的绑缚（binding）提供了条件。这个阶段对应于康德对范畴的先验演绎。[1] 这是先验综合的环节、是互相共属（reciprocal co-belonging）的环节，无论是可能经验的统一体（康德），还是主体间性（胡塞尔），抑或作为"操心"的在-世界-中-存在（海德格尔），都保证了立条件者（conditioning）与有条件者（conditioned）各自的内在性。先验分析的分化环节（divisive moment），只能作为先验综合的绑缚环节的使能开端（enabling preliminary）而发挥作用。[2]

拉吕埃尔对先验演绎的解释，似乎在有意引起与海德格尔主义的共鸣：演绎构成了这样一种运动，在其中，分析划分的超验形而上学切分（the transcendent metaphysical scission of analytic division），借由先验统一体的绑缚功能

---

[1] 参见 Kant 1929: A95-A130 and B129-B169, 129-75。

[2] Kant 1929: A84-A130, B116-B169, 120-75。拉吕埃尔在此做出的解释，得益于他对新康德主义，尤其是赫尔曼·科恩（Hermann Cohen）的《康德的经验理论》（*Theory of Experience* [2nd edn, 1885]）的阅读，它将第一批判的职责直接交予纯粹智性原则，与康德某些有影响力的解释形成了有趣的对比——将先验综合的本质置于想象力的图式之中。最为人所熟知的是海德格尔对康德解读（*Kant and the Problem of Metaphysics*, Indianapolis: Indiana University Press, 1990a），海德格尔对康德的解释与科恩和马尔堡学派对康德的解读是完全相对立的。

及其不可分的综合，转向（*Kehre* [pivots back]）[1] 了经验的内在性。经由演绎，从形而上学超验范畴的杂多到（使先天杂多成为可能的）先验统一体的运动，以先验综合的形式转向了实际经验。这样一种先验综合将先天与后天、观念的逻辑句法与实在的偶然经验的一致性（empirical congruencies）绑缚在了一起。以这种方式，演绎既限制了经验者，又限制了超越者：就它与经验的先天条件有关而言，它限制了经验者；而它限制超越者的方式是，将先天折叠回到经验意义的范围之内，并禁止从形而上学的角度将超越者从其泊系处（moorings）解脱出来，因为后者是根据经验的可能范围被界定的。

于是，演绎不仅解释了认知的经验实在性，而且也解释了其先天可能性的先验实在性。因此，在将无与伦比的哲学重要性归于对综合性先天的发现上，拉吕埃尔似乎和

---

[1] 在《差异的哲学》中，拉吕埃尔明确地将海德格尔从作为本体 – 本体论差异性（ontic-ontological *Differenz*）的存在转向作为"居有 – 事件"（*Ereignis*）的区分（*Unterschied*），和从形而上学到先验差异的决定性转变（decisional transition）等同了起来（参见 Laruelle 1986: 48-120）。至于海德格尔的"转向"（*die Kehre*）概念，可以参见 M. Heidegger, 'The Turning' in *The Question Concerning Technology and Other Essays*, tr. W. Lovitt, New York: Harper and Row, 1977a, 36-49; and § 255 in Heidegger's *Contributions to Philosophy*, tr. P. Emad and K. Maly, Indianapolis: Indiana University Press, 1999, 286-8。

康德的直接继承者达成了一致。[1]但只有当——正如谢林和黑格尔所认为的那样——综合性先天的作用既是去主观化的，也是去客观化的时候，或者说只有当综合性先天在纯粹统觉之中被普遍化，因而超越其康德式的具体化时，上述观点才是成立的。拉吕埃尔在综合性先天中看到了一种抽象的哲学机制，它既是先验演绎的手段也是其目的；以至于他在每一次哲学决定的核心地带都发现了这种或者那种的综合性先天，即观念和实在、逻各斯（logos）和自然（physis）的综合。这一不可分割的综合利用演绎中先验先天的职能发挥效用；拉吕埃尔将实在和观念这一差异中的统一体（unity-in-difference）所特有的非客观的（an-objective）、前主观的（pre-subjective）、（因此也是）优越的（即先验的）实在，视为哲学决定的完成时刻。它构成了先验的未区分状态（indivision，等于一 [One]），后者对于形而上学事实与经验材料以及条件与有条件的基本二元分立而言，既是本质的也是外在的，既是内在的也是超验的。因此，对拉吕埃尔来说：

---

1 例如，可以参见 Miklos Vetö, *De Kant à Schelling. Les deux voix de l'Idéalisme allemand. Tome 1*, Grenoble: Jérôme Millon, 1998, 61-85 and passim; F. W. J. Schelling, *On the History of Modern Philosophy*, tr. A. Bowie, Cambridge: Cambridge University Press, 1993, 95-163; Hegel, *Science of Logic*, op. cit., 209。

> 先验目的通过演绎而实现,这构成了实在:这并不是在经验的或者偶然的意义上,而是在优越的或者具体的哲学意义上,也就是经验实在和先天或者观念可能性的具体的综合统一体的意义上来说的。(Laruelle 1989b: 697)

直到现在,我们才有可能理解拉吕埃尔如下这一颇具争议的观点,即决定假定自己"共同构成"(co-constitute)了实在。因为在决定层面所讨论的"实在",既非经验性的内在"物"或者"物质"(res)实在,也非形而上学超验的和观念的先天实在——正如在康德那里,通过可能经验的先天立条件(a priori conditioning)的客观有效性,"实在"和实在的可能形式边界被认为是同延的——而是为二者立条件的实在。先验综合所特有的实在性,在前主观以及非客观的层面上,统一且构成了思想和经验的可能性,所以,对拉吕埃尔而言,它不仅在康德和胡塞尔那里是有效的,而且在尼采和德勒兹那里同样如此。这种更高层面上的决定的统一体,不止和经验的统一不可分割;它还产生了后者,所以前者和后者在结构上是同构的。在演绎的作用下,作为不可分的划分(indivisible division)或者二元中的一元(One-of-the-dyad)的哲学决定,就总是和经验的先天范畴性杂多同延。

此外，哲学家会在先验结构之内重新展开他／她自己的哲学活动——先验的结构会让那种思想的经验成为可能——在既是本体经验又是本体论先验的（这会是又一次的"决定性的杂糅"或者"混合"）层面上，这种哲学活动成为实在的一部分。更准确地说，决定的句法在实际上相当于具有三重结构的自我演绎（auto-deduction）的运作过程中，展现了或表现了它自身的先验实在性：决定既是思想的经验性事件，某种内在的存在或者某种事物；又是一种作为存在之事件的、超越的本体论－形而上学思想；最终，在先验的层面上，决定将思想的存在阐明为存在的事件。这是作为自我设定／自我给予（self-positing/self-donating）的循环或者成对物（doublet）的决定所特有的复杂的内部架构。

再一次，海德格尔例证了拉吕埃尔在此所考虑的决定结构。海德格尔在基础本体论自身的结构之中，改写了基础本体论筹划的起源条件。于是，《存在与时间》所描绘的哲学筹划就与它自身的可能性条件结合在了一起——正如此在从"分散于平均日常状态"转向对向死而在这一存在者最本己能在的合宜的领会（当然，这一领会仍然是形而上学的）。通过上述的领会，此在自身的存在才成为可讨论的问题，而作为理论筹划的基础本体论，则将随附于（在向死而在中被描述的）生存论的原筹划（Ur-project）。

在拉吕埃尔看来，通过对（规定了观念的或者形而上学之立条件作用的）实在的或者本体的条件的揭示，海德格尔所描述的有限超越性就激进化了康德的有限性，因此也激进化了对形而上学的批判。于是，在《差异的哲学》这本书中，拉吕埃尔称赞了海德格尔，认为他通过为观念的立条件（ideal conditioning）确定了一种实在的规定因素（a real determinant），从而在一定程度上界定了（delimiting）哲学决定的自主性。根据拉吕埃尔的观点，要想实现海德格尔的这个计划，就需要从哲学转向非哲学，并将决定的思想统统悬置起来。由于海德格尔通过将自在之物与此在不可客体化的超越性等同起来，从而界定了形而上学，因此，也许将拉吕埃尔的非哲学视为前者的终点（terminus ad quem）会更贴切。拉吕埃尔意在通过将自在之物定义为不可客体化的内在性而非超越性，进一步地激进化解构——拉吕埃尔的这一举动一定程度上受惠于米歇尔·亨利对海德格尔的现象学批判[1]——于是，通过将被激进化的解构包含在超越性的范围之内，被激进化的解构就可以用来界定哲学本身。海德格尔利用不可客体化的超越性（开始是此在的超越性，后来是本有的超越性）暴露了形而上学的

---

[1] 具体参见 M. Henry, *L'essence de la manifestation*, Paris: PUF, 1963; *The Essence of Manifestation*, tr. G. Etzkorn, The Hague: Nijhoff, 1973。

规定性，借此，海德格尔的解构旨在划定形而上学的处所（*topos*）。而非哲学则通过表明超越性、内在性以及先验性的决定复合体（decisional complex）最终如何被不可客体化的内在性——拉吕埃尔将其和"实在"等同起来——所规定，从而将哲学本身（包括解构）放在了一边——可以说，将其放在它所在的地方或者客体化了它。正如我们将要看到的那样，在某种程度上来说，这就是拉吕埃尔所谓的"单向化"的部分含义。

5.4 命名实在

尽管拉吕埃尔反对哲学决定中的基本观念论，但是他仍然坚持将实在不可客体化的内在性和"人"或者"人类"自身等同起来："人恰恰就是被排除（foreclosed）在哲学之外的实在。"（Laruelle 1998: 86）在其他的地方，他写道："人的本质居于一，也就是说，居于一个非位置的内在自我，一个完全的主体或者作为主体的绝对（absolute-as-subject）之中，也就是一个有限者（a *finitude*）之中。"（Laruelle 1985: 15）在这样做的过程中，尽管拉吕埃尔断言了非哲学的激进性，但他还是暴露出自己对自命不凡的哲学决定的批判，在很大程度上仍然依赖于海德格尔，因为后者利用现象学的资源激进化了后康德哲学的有限之情。和海德格尔的此在或者亨利的"生命"一样，尽管"主客体的二元对立已被抛弃"的观点为人所熟知，但拉吕埃尔的"一"的不可客体化的内在性，似乎被直接置于主体一侧，而非客体一侧。

要明白为何拉吕埃尔与海德格尔或亨利的紧密联系是成问题的，我们就需要借助于拉吕埃尔自己对彻底的内在性的公理化定义，来理解它在何种程度上是无根据的。与通过决定性的综合行动而被设定或被预设的彻底的内在性不同，拉吕埃尔使用先验哲学词汇，以公理的方式，将彻底的内在性规定为一种无需建构的实在层面（real instance）。换句话说，拉吕埃尔以公理的方式，将实在——用先验建构的语言——定义为"已被建构"之物。更准确地说，拉吕埃尔以公理的方式将其定义为"总是已经"（always already）被给予之物，后者是所有先验综合得以实施的前提条件。我们从拉吕埃尔的《哲学与非哲学》中总结了六个这样的定义：

(1) 实在是一种自在现象（phenomenon-in-itself），这个现象是已被给予的（*already*-given），或者说是无被给予性的被给予（given-*without-givenness*）现象，它不是某种建构性的被给予者，因此也就无需经历先天和经验、被给予和被给予性的综合。

(2) 实在是已显明（*already*-manifest）的现象，或者说它是无显明过程的显明（manifest-*without-manifestation*）现象，是无现象性的现象（phenomenon-without-phenomenality），而非那种被设定或者被预设为显明与显明过程的先验综合相一致的显明现象。

(3) 实在是那种在其中或者通过它我们已把握（*already*-gripped）的东西，而不是什么我们自己应该被其所把握的原初的事实或者材料。

(4) 在所有认知或者直观的获得物之前，实在就已被获得了（*already*-acquired），它不仅仅是那种设定或者预设可以通过认知或者直观的先天形式被获得的东西。

(5) 实在是已内在的（*already*-inherent），它先于内在（inherence）的所有实体论强制力（forcings），并为所谓的同一性的固有模型提供了条件，无论这种模型是分析的、综合的还是差异的。

(6) 实在是已不可分割的（*already*-undivided），不像超越的统一体那样，被设定或者预设为未被分割的，并被用来实现经验和形而上学的先验综合。（Laruelle 1989a: 41-5）

"已"(already)以及"无"(without)这两个不断被重复的限定词,在此起到了标记的作用——仍然使用先验建构的词汇——它是以公理的形式被定义的,无条件的、充足的、自主的且必然的实例的标记。决定的循环运动从经验上升至形而上学,再上升至先验层面的目的,只是为了从先验下降到形而上学,最终达到经验层面。拉昌埃尔认为,无需试图从内部打破这一循环,相反,思想应该拒绝被迫接受这样一种观点,即思想"总是已经"在这一循环之中了,因此需要从一开始就采取一种非决定的姿态。这并不是一个是否要打破循环的问题,而是必须意识到你从一开始就不在其中的问题。实际上,认为思想总内在于决定的循环之中,只能利用某种非概念的他异性形式,从循环内部协商出一条通向循环外部的道路的观点,无非是后批判哲学自发的观念论的症候而已:外在于循环的观点被斥为"幼稚的"、前批判的实在论顶峰。因此,从海德格尔、德里达到列维纳斯和阿多诺,对于大多数 20 世纪的欧陆哲学而言,除了斯盖拉(Scylla)的观念论(无论它是先验的还是绝对的)以及卡律布迪斯(Charybdis)的实在论(似乎在任何时候都显得非常"幼稚")[1]，唯一可想象的方案就是使用概念化的资源来对抗概念化，并希望借此能够一睹超验的或者非概念的外在性。然而，正如我们在第 3 章中所试图表明的那样，实在论不再是幼稚的，相反，内在于后批判理论假设——通向实在的路径必然要被先验综合的循环所制约——中的强迫性的观念论（compulsive idealism）才是幼稚的。通过揭露先验综合的潜在结构，拉昌埃尔质疑了这些自发性的假设以及后批判哲学所特有的先验自反（transcendental reflex）。通过悬置"决定共同构成（co-constitutes）了实在"这个前提，思想逐渐意识到它可以和一个实在的层面（a real instance）有联系，这个层面既不是在经验的意义上被预设的，也不是在先验的意义上被设定的那种正在做规定（determining）的东西，而是被思想定义为"已被规定的"以及"为思想做出规定的"那种东西——它是"最终层面的实在"（real of the last instance），依据它，思想能够从一个"总是 – 已经"（always-already）外在于先验综合循环的地方来处理这一循环。

---

[1] 斯盖拉和卡律布迪斯是希腊神话中专门吞噬水手和船只的海妖。水手们如果想要避免遇上其中一个妖怪，就不可避免地会接近另外一个妖怪。因此，布拉西耶在此用这一神话故事表明，20 世纪的大部分哲学要么是实在论的，要么是观念论的。——译者注

> 规定（Determination）不是一种自我定位（auto-positional）的行为，它不是康德哲学批判的手段，因为后者包含了规定相较于规定者的优先性。[……] 正是作为无规定质料（matter-without-determination）的规定者，产生了规定。如果彻底的内在性有被给予者（the given）的特点，那也不是在具体的经验意义上来说的（就像持存 [Bestand] 的情况那样）。相反，它意味着被给予者优先于被给予性，意味着被规定者优先于规定。(Laruelle 2000a: 45)

然而，与此同时，这一最终层面的实在不仅仅是物质的，因为"物质性"——无论是存在者经验的物质性，还是本体论形而上学的物质性——仍然会在决定的范围内被设定或者被预设。因此，作为最终层面（last-instance）的实在不能从本体论角度得到阐明：

> 彻底的内在性不能采取一种本体论的形式，因为这一形式将和物质一直所是的那种东西类似，是具体的、受限的以及超越性的。公正地说，它是不可分割的，因此不等于它最为深远的影响——它是"最终层面"，本就具有普遍性（所有本体或者本体论因果形式必须"经受"[pass] 它），但前提是要在最终的层面中（它

保留了因果关系第二级形式的相对自主性)。(Laruelle 2000a: 46)

因此，只有当思想采取了这样一种姿态，即最终实行综合的层面不是被设定或者预设为以先验综合为目的的绑缚者，而是某种已被给予的（作为先验绑缚之先决条件的）不可分割的实在时，最终层面的能动作用才能得到实现。修饰词"已经"指向了这样一种实在，它永远先在于任何先验认识的构造过程，正如修饰词"无"所表明的那样，它是在非综合的意义上被给予的，它与一切现象学意义上的"被给予性"条件无关，或者说与显明过程的先验操作者无关。这些修饰词修正了先验构造的装置，其目的在于描述一种不可综合化的实在，因此可以说，实在并不是由对它的描述所构成的。它们共同指向了实在本身与对实在的理解之间的非综合分离(non-synthetic disjunction)。因此，尽管以上的每一种描述都是相符的(adequate)，但是我们仍然不能假定它们对实在的描述是充足的(sufficient)或者是构成性的(constitutive)。因此，拉吕埃尔坚持认为非哲学体现了对哲学话语的一种特定用法，而不是对哲学的否定：它悬置了那种假定构成了实在的先验综合的绑缚力量，并使得综合服从于某种解缚的工作，这样它就能描述一种不能被描述为"存在"的实在——只要跟随海德格尔的步伐,将"存在"理解为超越性的体现,那么这种实在就不能被描述为"存在"。

归根结底,用来描述最终层面的实在的修饰词"已经"以及"无",实际上可以被简写为"非决定的"(non-decisional)。而且我们已经从相互接合(reciprocal articulation)的结构中,辨认出了决定的典型特征。正是借助于相互接合的结构,形而上学设定了自己的经验前提,而经验则预设了自己的形而上学位置——通过互相的与补充性的自我定位,以及条件与有条件的给予(donation)。所以,"非哲学"一词中的"非",必须被理解为"非自我定位/非给予的",而这个前缀"自我"现在就应该被视为决定性的综合之本质的缩写。

再说一次,在此,海德格尔是我们理解拉吕埃尔的重要参照。因为就像海德格尔思想中"转向"(die Kehre)这个概念所表明的那样,[1] 如果每一个哲学决定都肩负了一种潜在的"区-分"(Unter-schied)的责任,且在其中存在作为二元中的一元(One-of-the-dyad)起作用——这一

---

[1] 参见 Heidegger 1999,尤其是第 60-71 节,海德格尔明确地将思考解释为"决定",将本有作为存在"本质的展开"与由"非概念(即非形而上学)"思考所实行的"跳跃""渡",由此,海德格尔认为哲学"首次"思考它的"其他"开端。

不可见的划分既解蔽又扣留（withholds），或既结合又分离——那么，决定的"自我"所表达的自我设定、自我预设的超越性，就其在决定的意义上被利用而言，就体现了所有本体论超越性的本质。于是，拉吕埃尔总结道：

> 就哲学以特权的以及支配的方式利用"超越性"或者"存在"而言，[……]超越性或者存在的本质，根据它们的哲学用法来看[……]就是"自我"，也就是说，哲学绝对自主性的观念表现为一种循环的形式，一种自我指涉的形式，以至于它会出现在自我给予和自我定位的维度之中。(Laruelle 1996: 284)

5.5 用腹语发声的哲学

然而，在拉吕埃尔看来体现了哲学本身特征的，且旗帜鲜明地承认绝对自我设定（self-positing）力量的是黑格尔的哲学，而非海德格尔的哲学。抛开他对海德格尔尖锐的批判性分析，[1] 拉吕埃尔对概念综合假定的"充足性"的指责，将前者对哲学理性主义的批判推向了这样一种境地，即黑格尔主义不再是众多哲学立场之中的一个，而是体现

1　具体参见《差异的哲学》第三章和第四章。

了所有哲学思维的极限倾向（limit-tendency）；它既是哲学思维的理想类型，又是其最为狂妄的顶点。在其最新著作中[1]，拉吕埃尔甚至宣称："哲学把自己聚集在一个扩大化的'我思'里，即一个以世界为其形式的'我思'里，'我思'是哲学的精华。"（Laruelle 2004: 30）于是，哲学的"我思"就形式化了世界，并使得一切都可以被"哲学化"（philosophizable）。这与其说是将哲学总体化（totalize），不如说是将哲学与总体化（totalization）等同了起来。哲学成了一种自我感受的整体（auto-affecting whole）。预料到人们会指责他说这是对哲学毫无根据的黑格尔主义式描述，于是，拉吕埃尔写道：

> 哲学自己告诉我们它是什么，在最好的情况下，哲学将作为一个系统来自我设定、自我思考：柏拉图、莱布尼茨、康德，当然更为重要的是黑格尔和尼采，他们描绘、规划、限定，甚至有时已经实现了哲学作为普遍我思（cogito）系统的观念。当人们言及"哲学"时所使用的定冠词"la"，可以首先被解释为一种自我感受的整体，这是哲学本身所关注的，而在此之前（即

---

[1] F. Laruelle, *La Lutte et l'utopie à la fin des temps philosophiques* [*Struggle and Utopia in the Endtimes of Philosophy*], Paris: Kimé, 2004.

在哲学被理解为那种整体的同一性之前)所发生的，则是非哲学所关注的。(Laruelle 2004: 160)

因为这个整体假定的"同一性"是不可总体化的（non-totalizable），所以它也是"非哲学的"（non-philosophical）；但是之所以会是这样，也仅仅是因为拉吕埃尔将作为总体化逻辑的哲学之本质与自我定位的超越性逻辑等同了起来。而且，由于一种事物的本质只能从它的作用中被直观或者被推断，因此拉吕埃尔想要证明"哲学是总体化"其实是不可能的。他只是做出规定，然后得出结论而已，而我们则被邀请来赞赏他的直观能力以及他在推论中所体现的智慧，欣赏作为替代方案的"非哲学"的匠心独运。拉吕埃尔从否定的角度描述了作为决定的哲学。但麻烦的是，"非哲学"的替代方案被这一否定性的描述过度规定（over-determined）了（拉吕埃尔的方案还完全依赖于这一否定性的描述）。同时，它对变化多端的特殊性也非常不敏感——他对哲学主题的非哲学式处理就证明了这一点。与之相对，尽管有着这样那样的问题，但是哲学的概念化还是能够非常敏锐地标示这些特殊性的。由于缺乏把握概念特殊性的能力，拉吕埃尔所详细阐述的（作为他对哲学本质的否定性描述之结论的)非哲学理论,被其自身的纯概括性(而不仅仅是抽象性)破坏了:它被设计得太松散了,根本无法适应它的对象;它太粗糙了,以至于无法为材料提供有效的概念牵引,尽管这本来是它应该做到的。

因此,当拉吕埃尔停下详尽描述非哲学计划的工作,转而去处理各种各样的哲学主题,也就是去实践非哲学时——正如他在《非哲学的原则》之后的三本讨论伦理、马克思主义以及神秘主义的著作中所做的那样——他所表现出的形式主义倾向以及其中细节的缺失无法不给人以深刻的印象。和传统哲学相比,同样是处理这些主题,拉吕埃尔明显过于草率了。的确,在与伦理、马克思主义以及神秘主义的交锋中,他在概念层面所做的工作首先就是完善或者修正自己的非哲学机制,而一旦涉及这些主题的细节时,拉吕埃尔却只是随意地挑选一些和他所关注的哲学主题有关的哲学学说来进行讨论。[1] 这样的结果就是,在这些著作中,拉吕埃尔对非哲学装置的描述仍然占据了中

---

[1] 比如,在他讨论伦理的著作(*Éthique de l'étranger [Ethics of the Stranger]*, Paris: Kimé, 2000b)中,拉吕埃尔实际上并没有提供任何实质性的、对当代哲学中的伦理修辞的概念分析;他只是简单地用简化过的柏拉图、康德和列维纳斯的观点,来描绘非哲学的伦理理论。同样,在《非马克思主义导论》中,他实际上并没有对马克思主义的理论和实践进行分析;他只是用阿尔都塞和亨利对马克思的特殊的哲学解读,作为概括马克思主义的非哲学理论的基础。

心的位置，而表面上作为分析要点的哲学材料反倒被降格为某种敷衍了事的配角。而且，每当拉吕埃尔力图用非哲学的方式来处理一种哲学材料时，这种越来越流于形式化的做法（modus operandi）就会反复地出现。最终，拉吕埃尔对哲学本质的说明是纯概括性的，而且由于后者是他工作的全部内容，这导致他忽视了哲学思想中的那些无法被归入这一僵化模式的层面。拉吕埃尔几乎不怎么进行哲学分析，因此，除了将所有概念材料塞进决定的紧身衣外，他别无选择。只有这样，拉吕埃尔才能够处理这些概念材料，并驱使它们为非哲学的论点摇旗呐喊。然而，非哲学的论点总是展现出一种结构上的齐一性（"单向二元性"[unilateral duality] 的齐一性），这暴露出它们与不同哲学来源材料之间的极度微弱的关联，尽管非哲学本来应该阐明这些哲学材料。

既然结果乏善可陈，那么拉吕埃尔为何执拗于辨认哲学的本质呢？在上面引述的片段中（其他的地方也一样），拉吕埃尔之所以以一种非常海德格尔主义的方式执着于揭露哲学的本质，是因为他受到这样一个事实的支持，即哲学的名词形式在法语中必须加上前缀定冠词"la"。但是在英语里，指涉哲学的时候是不需要这个前缀的。所以，拉吕埃尔坚持认为探寻"la philosophie"（那个哲学）本质的工作，远比那些被称为"philosophy"（哲学）的东西更重要，但这样的做法其实是误解了哲学，就像试图寻找le sport（运动）的本质，但对我们称之为"运动"的那些活动不管不顾那样。我们所谓的"哲学"是一种智力实践，它有着各种材料相互混合的历史，即便它的抽象语域使其区别于其他东西，但也只有像海德格尔那样的观念论者才会在哲学之上附加某种恒久的以及深不可测的"本质"，借此将哲学拔高到超越其他一切活动的地位，以至于哲学本质时代的开启似乎能够为历史的进程做出规定。因此，拉吕埃尔将一些站得住脚的主张与那些站不住脚的观念论观点混合在了一起：前者认为柏拉图、莱布尼茨、康德、黑格尔例证了哲学中具有最深远意义的东西，后者认为它们体现了哲学的本质。这就好像在说，伟大的运动员不仅展现了身体和精神层面的强大，而且还体现了运动的本质。所以，当拉吕埃尔宣称"哲学自身"（philosophy itself）告诉他哲学是自我感受的整体的时候，人们只能回应"哲学自身"从来不会说话，因为它是虚构的东西（figment）；只有哲学家才会说话——即便是（尤其是）那些认为哲学自身通过他们来说话的哲学家。拉吕埃尔相信，一些偶然被称为"哲学"的文本和实践实例化了一个自我感受的整体,一些被任命为"哲学家"的个体建立了一个普遍的我思(*cogito*)系统——后者可以通过腹语的形式替从业者发声。然而,这一主张非但没有揭示哲学的集权主义倾向,反倒实实在在地重复了黑格尔式的哲学崇拜,尽管拉吕埃尔声称自己要颠覆这种哲学崇拜。拉吕埃尔用腹语来谈论哲学,然后表达了他对权威自命不凡口吻的厌恶,但实际上,权威的自命不凡不正是拉吕埃尔自己置于哲学之口的吗?

最终,"决定的自我定位体现了哲学之本质"的主张使拉吕埃尔承受了巨大的压力。他要么坚持认为所有的哲学家都是黑格尔主义者,无论他们自己是否意识得到这一点——拉吕埃尔很难(即便不是完全不可能的)为这个观点辩护;要么主张这些人不是真正的哲学家,在这种情况下,哲学传统中的大部分哲学家,从休谟到丘奇兰德,都必须从这个学科中除名,因为他们的工作不再能被定性为哲学;另外还有一种更为明智的选择,拉吕埃尔放弃他自视甚高的主张,即他对决定的解释就是对哲学的描述,在这种情况下,与其说彻底的内在性(通过悬置自我决定的超越性)界定以及限制的是哲学本身,不如说是相关主义所调用的各种各样的先验综合形式,以及辩证法的各种变体——无论是肯定的还是否定的。[1] 于是，我们就有可能重新将拉吕埃尔著作中所提及的"决定"解释为先验综合的同义词，或者更宽泛地说，相关主义的一个密码。同理，拉吕埃尔对决定的解释为我们提供了类似于相关主义遗传密码的东西。如果承认这一点，我们对拉吕埃尔著作的批判性把握就会立刻变得更为准确和清晰：他的贡献就可以被视为精心阐述且有条理地表达了一种反相关主义的立场——且放弃了任何对智性直观的诉求——而不是"非哲学"的立场。就此而言，我们可以将拉吕埃尔视为对康德哲学的反叛，他在先验观念论内部所实现的颠覆，不仅恢复了先验实在论的可能性，而且还能在康德主义哲学之后，对各种伪装之下的黑格尔式的观念论（即便是像巴迪欧那样的异端辩证法家的观念论）提出反驳。接下来，我们会看到，由这种彻底的内在性所完成的先验综合的解缚，是如何等同于一种非辩证法的否定逻辑，而不是哲学本身的中立化。

5.6 实在的撤离

康德对形而上学的界定使得理性依赖于感性，而拉

---

[1] 要理解"否定的辩证法"，可以参见 Adorno, *Negative Dialectics*, tr. E. B. Ashton, London: Routledge, 1973。

吕埃尔对决定的限定,则使得本体论的超越性或者"存在"所谓的绝对自主性必须依赖于他所说的"人类"(the human)不可客体化的内在性。这是拉吕埃尔激进化有限性的一次尝试——正如我们所观察到的那样,这次尝试在某些方面只是用米歇尔·亨利(从现象学角度)对海德格尔的批判,补充了海德格尔(从生存论角度)对康德的激进化。在《差异的哲学》这本书中,拉吕埃尔对海德格尔的解读就受到了亨利的影响。在拉吕埃尔的解读中,此在的有限超越性发挥了不可客体化的客体化之规定要素(the unobjectifiable determinant of objectification)的作用(Laruelle 1986: 55-120)。显然,亨利在现象学的层面上深化了此在的"向来我属性"(Jemeinigkeit),使其成为一种自我感受的属我性(auto-affecting ipseity),在此基础上,亨利为人类不可客体化的内在性——拉吕埃尔将其援引为本体论超越性的最终规定要素——提供了一个显而易见的哲学对应物。但与海德格尔不同,拉吕埃尔坚持认为实在的本质,即彻底的内在性是"非本体论的"。拉吕埃尔承认亨利的影响力,不过他也强调了自己与亨利在议题上的差异。因此,与亨利所不同的是,拉吕埃尔坚持认为清除所有现象学实体(substance)——准确地说是自我论的实体，即亨利不断从感受（affect）、情感（pathos）以及印记（imprint）的彻底被动性出发所描述的那种实体——残余的内在性是有必要的，因为后者易使内在性受到本体论化（ontologization）的影响。因为亨利所提出的情感和概念的二元对立，使其无法解释为什么自我感受生命的彻底被动性应该在意识的意向性客体化中，或者在"在－世界－中－存在"绽出的超越性中外化自身。由此，拉吕埃尔指责亨利沉溺于彻底的内在性的现象学观念化，这使得彻底的内在性必须依赖于概念化，而这种概念化恰恰是现象学所要弃绝的。同时，这一观念化使亨利陷入两难的困境：如果情感的内在性将概念的超越性当作完全外在于自己的东西并加以抵制的话，那么它的自主性就会被超越性所共同构成，因为内在性为了保持绝对就需要超越性的斥力（repulsion）。结果就是，实行构成的超越性以及（因此）概念化的实存，既是被预设的，又是不可解释的。但如果情感的内在性"总是已经"成为概念思考的规定性前提的话，那么不可客体化的情感和实行客体化的思想之间假定的不可逆的分离，最终将变得可逆。此外，实在与观念、内在与超越之间的分离会被重新纳入决定的综合之中（Laruelle 1996: 133-43）。正是为了反对这种对彻底的内在性的综合观念化（synthetic idealization of radical immanence），拉吕埃尔坚持贯彻内在性的去现象学化、去实体化，以便将它转换为公理抽象化的单一矢量（univocal vector）：

> 一旦它被严格定义，而非移交给统一的、形而上学的或者人类学的概括性；一旦它在公理的意义上得到规定，而不是通过模糊的论证和命题被预设，那么我们所谓的具有同一性的"人"就是非连贯的（in-consistent），就是缺乏本质的，以至于构成了无（nothingness）中的一个孔洞，而不仅仅是存在中的空洞。[……]实在的同一性是贫乏的，贫乏对哲学而言到了不可思议的地步，但它同时也是不贫乏的，因为所有的他异性都是从同一性中分离出来的，或者说在异化的过程中，它被剥夺得一干二净。它自身的确是通过符号被表达的，它的作用反过来也是通过符号的游戏被表达的，但是把实在和它的符号混淆在一起恰恰是理论主义观念论（theoreticist idealism）的错误和所有哲学幻觉的根源。[……]"一中之一"（One-in-One）或者"一中之视"（vision-in-One）的表述，表明没有任何操作可以定义"一"（One）；事实上，它也没有被包含在操作空间之中，或者更强大的结构

之中；它的内在性是在自身之中（*in*）的，而不是相对（*to*）其他东西而言的内在性；它赤裸的简单性既不是某种过度也不是某种匮乏，因为它是唯一被需要的尺度，但却不是自我度量的东西，只要没有度量的对象，它就什么也不度量。（Laruelle 2003: 175-6）

然而，拉吕埃尔坚持将不可客体化的实在之内在性和"人类"等同起来的做法，同时也悄悄地再度本体论化了它。因为，虽然这和拉吕埃尔某些观点——"我最终会和彻底的内在性相同一"（identical-in-the-last-instance），"我是依据实在来思考的"（in accordance with），或者"我的思想最终被实在所规定"（determined-in-the-last-instance）——相一致，但是这并不能说明"我是作为一的实在"。同样地，在海德格尔那里，我是自己的此在，这种存在在任何情况下都属于我，与之如出一辙。拉吕埃尔赋予"人类之名"（name-of-man）不可拒绝的特权，使其超越于最终层面其他偶然（occasional）命名的偶然性。这样的做法实际上混淆了实在和它的符号：拉吕埃尔再度引入了"固定指示词"（rigid designator）并假设这一固定指示词足以确定实在的本质，而这种确定实在之本质的方式，最终并不能和那种通过决定来共同构成实在之本质的方式区别开来。[1] 和我们所熟悉的从"我思"到"我在"的跳跃一样，从"我根据我和（已经被给予的）实在最终的同一来思考"到"最终层面的实在就是我所是的人类"的转变，着实让人猝不及防。显然，这一转变包含了拉吕埃尔所谓的哲学决定，即"我是人类"。但鉴于彻底不连贯的实在是不存在的，那么"人之是"（being-human）还能意味着什么呢？我认为我所是（What I think I am），相较于实在的同一性——已经被给予的实在，且与我碰巧认为它所是的东西没有任何关系——而言，并没有什么特权。认为我对"人之是"具有前本体论的理解的观点，直接落入了海德格尔此在解释学的窠臼。或者说，断言一个人已经"知道"（knows）自己将会在彻底的内在性之中（以及经由彻底的内在性）成为人——这是拉吕埃尔习惯性的说法——就是对动词"知道"（know）的彻底误用，就是把思想重新引入彻底的内在性的核心地带，进而使思想参与到实在的构成中（正如亨利所做的那样）。赋予"人"这一名称指定实在的特权，只会再现象学化和再实体化实在彻底的不连贯性，并给予它最低程度的本体论连贯性。

---

[1] 拉吕埃尔为"人之名"（name-of-man）优先于实在的其他命名做出了辩护，参见 *Struggle and Utopia*, 54-9。

拉吕埃尔甘愿冒着回撤到亨利情感先验自我论的危险,也坚持认为"人类"是最终层面不变的位置。更糟糕的是,武断地将实在和人类个体等同起来的做法,最终恐怕会将拉吕埃尔大肆吹嘘的非哲学激进主义还原为先验个人主义。在这样一种先验个人主义中,每个人类自身最终都将变成哲学的规定性要素;这一立场太接近费希特的唯我论了,以至于我们很难将其称为"非哲学"。要想明确地区分实在和存在,就必须彻底抛弃这种矫枉过正的唯我论的同一。依据一种没有本质的实在来思考自身,并不意味着把自己想象为这样而不是那样;并不意味着要把自己想象为人类而非事物。依照一种能够穿透无的不连贯实在来思考自身,意味着要认为自己和最终层面是同一的。最终的层面甚至缺乏空无最低限度的连贯性。实在比无更少(The real is less than nothing)——这并不意味着使其等于不可能之物(拉康),或者萨特的穿透"自在"不透明性的、虚无化的"自为"。最终,如果同意拉吕埃尔的观点,即实在不受矛盾或者对立的影响,我们就要将实在等同于巴迪欧通过缩离所试图定义的"存在 – 无"(这是成问题的,正如我们在第 4 章中所看到的那样),而不是某种"非 – 存在"。实在不是存在的否定，因为这样会在某物的对立面重构实在。实在是存在的零度状态（degree-zero）。被给予而"无被给予性"或者在"非自我决定"的东西，它悬置了被给予性和被给予之间的紧密结合的状态，它既没有从在场回撤，也没有将自己从呈现中缩离；因为如果这样做的话，实在与其对立者之间的关系就会在超越的层面上参与到实在的构成。确切地说，它作为"存在-无"，被内在地给予。

5.7 最终规定[1]

作为"存在-无"的实在，不是客体，而是显明（manifests）客体（object）X 不连贯或者不可客体化之本质的那种东西。因此，"客体性"可以被重新定义为指示了如下这种实在的东西，即它的持存不依赖与先验主体性（无论被称为"此在"还是"生命"）密切相关的客体化条件。拉吕埃尔著作中真正具有原创性的地方，不在于"非哲学"——因为"非哲学"通常被理解为一种混合了过量现象学唯我论的、解构的激化，而且只要他继续沉湎于确

---

[1] 拉吕埃尔的"最终规定"（determination in the last instance）概念是对马克思主义的"最终决定论"的"挪用"，但为了和哲学"决定"相区别，本书将其翻译为"最终规定"。——译者注

定哲学的本质,那么非哲学就很有可能被彻底还原为这样一种唯我论——而在于他限定了一些条件,在这些条件下,思想并不意指、反思或者再现它的客体,而是模仿了客体之不可客体化的不透明性,因为后者最终将会和"被排除"在客体化之外的实在相同一。这就是拉吕埃尔所谓的"最终规定",即思想在它和实在的非综合同一中,实现了客体的不可客体化之本质:

> 最终规定论是一种因果关系,它使任何客体 X 都有可能规定自己的"实在"认知,但只在最终的层面之中。[……]X[……]不是在外部被认识的,不是以观念论的方式被认识的,而是被自身所认识,无需借助实在和它的认知之间的同一性所假定的辩证形式(实在的=合理的,等等),因为它采取了最终规定的形式。只有从最终层面出发,我们才能说认知既是主体(可以说是它"自己的"主体),也是客体。这就好像我们强调,唯物主义的"物质"应该认识它自己并能够完成它自身的理论化,而不必借助辩证的同一性,或者其他用于保证被认知客体和关于客体的知识之间可逆性的哲学装置。[……]认知和被认知客体是异质的,但正是后者在最终层面中决定了认知。客体 X 同时——

虽然没有在哲学的意义上得到区分——既是关于它自身的知识的最终原因,也是被认知的客体的最终原因。[……]知识可能性的古老问题,不能通过诉诸先验主体或者基础的方式来解决,而只能求助于被排除在知识之外的实在,或者被排除在它自己的认知之外的客体;这一被排除者(a being-foreclosed)并不使知识成为可能,而是规定了它。(Laruelle 2000: 48-9)

因此,对拉吕埃尔来说,规避观念论的最佳方式不是从实在中缩离智性直观——智性直观提供了通向实在的道路——而是使思想和存在的先验差异发生短路,以便让那种在客体中被排除在思想之外的东西与在思想中被排除在客体之外的东西相契合(尽管是在非综合的意义上)。一旦摆脱了反思与再现的那种独断的或自我定位的机制,思想就成为不可直观的(un-intuitable)实在的因果关系载体。最终规定包含一种思想的苦行,由此,思想既要避免智性直观的陷阱,又要避免实行客体化的再现(objectifying representation)的陷阱。通过屈服于最终规定的逻辑,思想停止了对客体的意指、领会或者反思;它成为一种非独断性的东西,因此也就转变成了客体自身之中那不可客体化之物的载体。客体同时是受动者和它自己认知规定的行动者。最终规定并不指望智性直观能提供走出相关循环（correlational circle）的出口，因为这一举动可能会重新呼唤思想和存在某种预先设定的和谐。确切地说，最终规定为了实现（而非再现）无统一性的同一性以及无主客区分的二元性，解缚了相关的综合（correlational synthesis）。通过实例化客体的被排除与作为"存在-无"的实在的被排除在最终层面的同一（identity-of-the-last-instance），它实现了不可客体化的实在与观念的客体化之间的非相关分离（non-correlational disjunction）。无统一性的同一性以及无区分的二元性是最终规定的标志，它的结构被拉吕埃尔称之为"单向二元性"。凭借在思想和存在之间所实现单向二元性，最终规定不仅显明了实在和观念之间的非相关符合，而且也没有通过符号书写的机制或者智性直观的能力将前者重新并入后者。

5.8 思考的客体

最终规定是两种原因的结合：作为实在原因的内在性，以及作为偶发（occasional）[1]原因的客体化。但这一

---

[1] 在《非哲学词典中》，拉吕埃尔将 occasion 定义为一种具体的哲学或者世界-思想的因果性，与之相对的是，实在或者一的因果性，即最终规定。因此，occasion 同时也写作 occasionale cause。——译者注

结合假定了单向二元性的分离结构。作为最终原因的实在的能动性,将自己显明为单向化的力量。不要把单向化(Unilateralization)和单向性(unilaterality)搞混了。单向性在哲学中为人所熟知:X 单方面将自己和 Y 区分开来,而不需要 Y 反过来将自己和 X 区分开来。许多新柏拉图主义者,黑格尔、海德格尔、德里达和德勒兹都在不同的语境中使用了这一逻辑。但是在这些标准的哲学文本中,X的单向性在可以进行反思的补充性元层面(supplementary meta-level)上,总是会被再次归入和 Y 的双边关系(bilateral relation)中。相对于客体 X 和 Y,这一补充性的元层面占据了一个纵览(overview)的位置,它能持续地同时看到互相关联的双方。因此,客体 X(与 Y 相对)的单向性,只在 X 和 Y 的层面上才是有效的,但对反思来说则是无效的,因为反思利用超越性使自己免除了这样一种内在的关联。自反的思想一直是一个旁观者,高高在上地俯视一切(不同的项以及关系),包括它自己。这一补充性的纵览维度就是独断的自反性(thetic reflexivity)的特征。

但是单向化却是被排除在反思之外的:它只能通过非独断的形式被实现,换句话说,只能通过非自我定位的方式(non-auto-positionally)被实现。存在-无并没有将自己和存在区分开来；它不是超越的。更准确地说，是作为自我定位的超越性的存在，将自己和存在 - 无彻底区分了开来。由于存在 - 无被排除在了思想之外，而且由于思想将最低程度的实行客体化的超越性预设为自身的要素，因此，并不是实在引发（causes）了思想，而是实行客体化的超越性引发了思想。思想需要被实行客体化的超越性所偶然引起（occasioned），只有这样它才能将实在假定为它的最终不可客体化的原因（unobjectifiable cause-of-the-last-instance）。因为，如果思想要实现对其实在原因的排除，那么它必须首先被（by）它的观念原因所偶然引起。作为最终原因的实在如果要对（for）思想有效——或者更为准确地说，在思想之中（in）且作为（as）思想起作用——那么，思想就必须已经被超越性所引发。因此，最终规定需要起客体化作用的超越性，即便它改造了后者。改造的方式是，将最终层面的单向化力量传递给在超越层面被给予的或被客体化的客体：客体不再客观地被显明为客体化行动的相关项，而是成为规定自己客观显明过程的主体；客体在思想的行动者之中（in）并作为（as）思想的行动者被接受——思想的行动者单向化了自身超越性的客体化。最终规定于是就将作为偶发原因之行动者的客体，转换为作为实在原因之受动者的主体。客体成了最终层面的"占位符"（placeholder），或者说非独断的代表（representative）——为了使自身可以和客体化完全区分，最终层面引发了客体化，即使它和客体化之间仍然无法区分（indistinguishable）。客体 X 通过实例化它的被排除和实在的被排除之间的非综合同一，实例化（不可客体化的）同一性与（它的客观存在和它的存在-无之间的）差异的二元性，单向化了它自己超越性的客体化。

于是，最终规定实现了客体 X 实行单向化的同一性，而客体化则实例化了 X 之存在的被单向化的差异——因为客体化将自己与 X 的存在-无绝对地区分开来。结果就是，并非 X 与存在-无的最终同一，将自身单向地与 X 的客观存在区分开来，而是 X 的客观存在单向地将自己和前者区分开来。但是，在 X 中，即在实行单向化的同一性中，自反性的补充维度——通过这一自反性的补充维度，实行客体化的思想可以俯视客体与客体化，X 与 Y 之间的关系——实际上被削弱，且失效了。因此，X 和 Y 的单向关系本身不仅被单向化了，而且它在实行客体化的思想中的双边包络（bilateral envelopment）也遭到了剥夺，最后只留下 X 的实行单向化的同一性与 X、Y 之间被单向化的差异——前者作为被认知客体规定了它自己的认知主体，后者作为客体和客体化的综合。X既是实行规定的主体，也是被规定的客体，X和Y、客体和客体化的差异——或者说，被规定的客体和主观的规定之间的差异——完全没有什么不同。最终，相关主义通过强调思维的不可客体化，保证了客体的普遍性，而最终规定则通过将思想转化为物（a thing）取消了客体化。

5.9　先验的解缚

单向化使辩证法失去了作用。单向二元性是这样一个结构，它既包含了非关联——客体X，作为实行单向化的同一性，也包含了关联和非关联之间的关联——作为X与Y、同一与差异之间被单向化差异的、实行客体化的思想。在我们更为熟悉的哲学中，单向性实例到头来总是会保留两个侧面。与之不同，最终规定所实现的单向二元性是只有一个侧面的二元性，即只有X（非关联）与Y（关联）之间差异（关联）的客体化的一面。相应地，尽管辩证法也总是围绕着关联与非关联之间的关联做文章，但它将这一关联等同于自反性的顶点。这也是观念论自恋的顶点，因为它将每个"自在"之物都转换为"为我们"而存在的东西。而最终规定所实现的单向二元性，例示了一种非自反的，因此也是不可辩证化的分离——具体而言，即实行客体化的超越性和不可客体化的内在性之间的分离。此外，这样一种分离也体现了关联和非关联之间的非关联。与各种各样的反思形式——无论是先验的还是辩证法的——不同，最终规定实现了一种只有一个侧面的单向二元性，即实行客体化的超越性的一面。由于后者总是双面的，也就是辩证的，因此，最终规定也有效地单向化了辩证法。如此一来，单向化便不能被辩证法所改写。

而且，（作为已显明者的）存在-无与（作为显明与显明过程之混合的）本体论超越性之间彻底的区分或者单向的二元性本身，就是已显明的（但无显明过程）。换句话说，在最深层的分析中，拉吕埃尔的"非"（non）特有的单向化的力量（或者说非辩证的否定性）不仅体现在它以单向二元性的形式，将 X 的不可客体化的内在性从超越的客体化中分离出来，而且更为重要的是，它还将"可客体化的/不可客体化的"二分（dyad）的客体化，从已显明的单向二元性中分离出来——后者将二分的（dyadic）客体化从非客体化的二元性中分离出来。换句话说，并不是只有不可客体化的内在性和实行客体化的超越性之间的差异在后者一侧才有效；更关键的是，当且仅当思想（通过在最终对后者做出规定）实现了实在对客体化的排除，这一差异与（实在对它的）无差异之间的二元性才是有效的。这一差异／无差异的区别，是一种可客体化的差异；但当最终规定实现了实在对客体化的无差异，这一区分就变成了不可客体化的且先验的区分。更准确地说，借助拉吕埃尔所谓的"公理的终极化"（axiomatic ultimation），它变成了先验的区分。借由"公理的终极化"，最终规定假定了客体（作为在超越层面上被给予的原因）与实在（作为已被给予的原因）之间的同一性，而不是通过综合作用设定或预设这一同一性。只有作为思维最终原因而被实现，最终层面的实在才能将差异／无差异之间的区分规定为单向的二元性。这就是为什么拉吕埃尔将最终规定描述为一种"先验"的运作：它将每一种由实行客体化的综合所设定或者预设的差异，规定为客体对决定的无差异——现在，这一无差异在思想主体之中被实现，并且作为思想主体被实现。在这一点上，如果实行客体化的综合是先验的，那么对这一综合的单向化就是元先验的：它规定了规定本身。更准确地说，先验规定是对实在的客体以及观念的客体化的综合，而单向化则将这样的先验规定规定为一次分离。

这一分离解缚了单向二元性之中的客观综合——后者既包含了 X 不可客体化的实在的同一性，也包含了 X 的观念性客体化与它不可客体化的实在性之间的差异。因此，单向化相当于一种先验的解缚。

5.10 绝对的和相对的自主性

（这一节将会对单向化确切的运作方式做出必要的、但稍显技术化的阐释。如果觉得冗长的话，读者完全可以跳到下一节，因为下一节稍微容易理解一些。）

我们必须从两种原因相连结（conjunction）的角度来理解作为"规定之规定"的单向化：作为必然但不充足原因的实在，以及被认为是充足原因的观念。换句话说，单向化是对绝对或者必然原因以及相对或者偶发原因的非辩证综合。既然前者是已被给予的规定者（*determining*）；那么后者就是已被给予的可规定者（*determinable*）。于是，客体化就是已被给予的偶发原因，它要接受作为最终原因（cause-of-the-last-instance）的实在的规定。然而，作为最终原因的实在，只有在客体化偶然引起思想的前提下，才能作为思想的先验规定要素而发挥效用。但客体化是偶因（occasion），因为它已经被实在所给予，并在最终层面和实在相同一。结果，最终规定将以实在原因和偶然原因的单向二元性的方式存有；这一二元性在思想之中，并且作为思想发挥效用。实在原因的能动性只有当它被观念性的原因所引起时才是有效的。客体 X 成为为自己做出规定的主体，因为它的客体化提供了偶发原因，而这一偶发原因将客体 X 不可客体化的同一性转换成对它自己做出规定的实在行动者。

所以，即使是客体化所谓的自主性，也在最终层面与存在－无保持相对（relative-in-the-last-instance to being-nothing）。作为本体论超越性的存在，只有诉诸一种不可客体化的已被给予的内在性，才能被设定为被给予者（posited-as-given）。于是，被认为是本体论综合之充分条件的存在，仍然在最终层面与作为必要但不充分条件的存在－无保持着相对的关系。相较于已给定者彻底的自主性，绝对的且自我设定的本体论的超越性只是相对的自主。它和彻底自主的最终层面保持相对，因为只有诉诸的作为已被给予的最终层面，它才能实现它对客体和客体化的先验综合。用拉吕埃尔的话来说：

> 实在的内在性既不吸收也不消除超越性，它与超

越性并不矛盾，但是却能"接受"并将其规定为一种相对的自主性。实在的内在性是如此的彻底（而非绝对），以至于它不能减少世界的超越性——无论是以哲学的还是以现象学的方式——它既不否认世界的超越性也不限制它，而是给予它——尽管是以它自己的方式：正如那种被给予而无被给予性的超越性（同时在其自己的领域总保持着"绝对"或者自我定位）获得了一种相较于实在的相对自主性。(Laruelle 2000: 50-1)

因此，本体论的超越性绝不仅仅是那种按照形而上学的二分——实行客体化的超越性与不可客体化的内在性的二分——而被给予的绝对自主的"自在之物"。它是已被给予的但无被给予性的相对自主之物，也就是说，它是最终规定的偶发原因。超越性是偶发的原因，因此，正是其他律的或者非自我赠予的给予（non-auto-donational giving）——事实上，超越性自我设定的自主性是作为一种完全相对的自主性被给予（而无被给予性）的——悬置了超越性所要求的绝对充足性，并将其转变为一种可规定的物质。一旦我们了解到客体化的必然性仅仅是一个相对充分的条件，而且以一种他律的方式已被给予了，那么超越性假定的自主性——它假定的本体论综合的充足性——就被悬置了；一种偶发的但非规定性的原因，最终被作为必要但不充足原因的实在所规定。

自反的超越性假定自己具有某种绝对的自主性。而对这样一种绝对自主性的悬置则解释了为何被认识客体和知识客体的非辩证综合是可能的。当然，如果仅从自反性或者更为普遍的相关主义立场出发，我们很难理解这一点。难道不是思想对实在（本应保持被思想彻底排除的状态）的假定的实现，在实在与理念、思想与存在之间重建了相互性（因此也是一种双向的规定）吗？然而，事实并非如此，要理解其中的原因，我们就必须牢记，实在对实行客体化的综合的排除意味着，实在已经从每一个二元对立（比如可思和不可思之间的二元对立）之中无分离过程地分离了自身（separate-without-separation）。于是，实在对可思/不可思的二元选择的排除，并没有使实在"不可思"。存在-无对思想的排除意味着，它既不受对立的影响，也不受否定的支配，因为它和作为客体化的存在在最终层面是同一的。正是这一单向化的效力，使得实在可以将可思/不可思、可客体化/不可客体化、存在/不存在等客观的对立——这些对立最终破坏了米歇尔·亨利绝对内在性的现象学——

规定为偶发原因，将存在 – 无的排除转化为与被客体化存在（objectified-being）的排除在最终层面的同一。

于是，实在对思想的排除与最终规定（即作为那种排除在先验层面的实现）之间的区别，并不是可具体化"事物"之间二分性的区别。无论是实在的被排除还是实在的实现（作为最终规定），都不能以哲学的方式被算作相互有别的"事物"。"事物"只有一种：作为偶发原因的实行客体化的超越性。实在对客体化的排除与最终规定对客体化的排除"之间"，没有同一或差异的关系，只有由客体化本身所偶然引发的在最终层面的同一。在客体化作为偶发原因的基础上，实在的排除被实现为规定对客体化的排除。在此，客体化是唯一被实体化的实例。作为最终层面原因的实在，已经作为规定者被给予，但它也已经将客体与客体化的综合作为偶因给出——后者有自己的规定。这一规定就是先验综合的单向化。前缀"non"最终凝聚为非辩证否定的最终规定的单向化力量。

5.11 非辩证的否定性

然而，前缀"non"从根本上来说仍然是模棱两可的。一方面，它应该展现出实在——作为充足、自主以及必然的自在与自发者——的肯定性，正是这一肯定性允许实在去悬置和规定本体论超越性假定的充足性，而不是取消和摧毁它。本体论的超越性所标榜的绝对自主其实是一种幻想，它早已预设了实在的内在能动性以及绑缚力，唯有如此，它才能实现被给予者和被给予性的先验综合，进而维护自身的自主性。于是，存在的超越性同时既对存在－无有所诉求，也对其进行否认；它既预设它，又否认它。通过对比的方式，存在－无允许本体论超越性被给予，即便没有被给予性。然而，实在的这些肯定特征，它彻底的充足性、自主性与必然性本质上仍然是否定的，直到这些肯定特征通过最终规定得以实现。所以，最终层面仍然是一种普遍必然但不充分的条件。它不充当规定性的角色，除非其实行客体化的超越性有了它自己的规定，这才需要思想的介入——尽管这种思想通过将自己转化为事物，从而取消了客体化。实在之否定的充足性、自主性和必然性并不能产生肯定的作用，直到它们在最终规定中并作为最终规定被实现。只有通过最终规定悬置综合的循环（而不是加快循环），实在才能将其否定的充足性，传送给客体化的绝对充足性。这就是"non"仅有的否定的肯定性，即允许被给予和被给予性的综合，以"无被给予性的方式"

被给予。

然而，与此同时，这一否定的肯定性继续保留了一种更为明显的否定意义，即取消。因为"non"不仅悬置了综合的自主性，而且还通过单向化——取消与自反性有关的相互性、相关性以及对应性——拆解了它。于是，实在继续保有一种肯定的否定性；当实在否定的肯定性在最终规定中且作为最终决定被实现时，它就会展现出一种切分和拆解的力量。肯定的否定性保证了实在的单向化力量。

但也正是最终规定所包含的肯定的否定性遭到了拉吕埃尔的否认。尽管我们可以说它有潜力成为一种鞭辟入里的内哲学洞见，但是在拉吕埃尔看来，它却极有可能危害哲学和非哲学思想之间假定的不可通约性。然而，正如我们所看到的那样，拉吕埃尔坚持将哲学和决定等同起来的做法，支撑起了这一所谓的不可通约性。一旦哲学化和非哲学之间的分化被改写为相关主义和非相关主义之间的对立，就没有理由继续否认其（由实在肯定的否定性所产生的）潜在的内哲学结论。事实上，拉吕埃尔的否认态度，意味着他想要抵消自己著作中潜在的哲学效力，因为非哲学应该对哲学决定是无差异的，但是潜在的哲学效力会破坏这种局面。[1] 尽管这会违背拉吕埃尔自己的意愿，但是我们必须坚持认为，恰恰是"non"肯定的否定性体现了实在的非辩证否定性。实在的肯定与否定的非矛盾一致性，维系了非辩证否定的单向化能力。因为它同时悬置和切分了一切形式的综合统一体，而不是同时取消和保留了它。

因此，正是因为"non"植根于作为存在-无的实在之中，它才能够指示肯定的否定性，即既不受对立的限制，也不受矛盾限制的否定性力量。但是，只有当单向化同时涉及悬置和切分时，这才是可能的。因为，事实上，作为存在-无的实在总是已经悬置了客体化的充足性，并让所有事物都如其所是；它并不足以对本体论超越性虚幻的充足性做出规定——这一充足性只有在实行客体化的超越性中才是有效的——除非实在的无差异经由最终规定被转换为一种解缚的力量。后者需要在为我们所熟知的先验词汇前加上诸如"非"（non）、"无"（without）、"已经"（already）

---

[1] 这种无差异很大程度上是伪装的，就像拉吕埃尔对海德格尔和德里达偶尔表现出的纵容，以及他对尼采和德勒兹明显的不耐烦所表明的那样。我们很难相信拉吕埃尔对哲学论争能保持完全的公正——比如，当人们比较他在《差异的哲学》中对海德格尔和德里达及其彻底但又相对同情的批判态度，以及他对德勒兹相当无情且严厉的批评。参见 'Reply to Deleuze' in *La non-philosophie des contemporains* [*The Non-Philosophy of Contemporaries*], *Non- Philosophie. Le Collectif*, Paris: Kimé, 1995, 49-78。这本合集还收录了拉吕埃尔对巴迪欧的评价，'Badiou and Non-Philosophy: A Comparison', 37-46。（以"Tristan Aguilar"的笔名写的。）

的前缀才能发挥作用。这一事实表明,"非－哲学"所主张的肯定性,不仅来自对自我定位的悬置,而且还来自对它的拆解。这就是单向化的含义:不仅悬置了独断的自反性,产生了新概念——这些概念以某种方式"浮动"于哲学话语之上,可能还无法被还原为那些产生它们的元素(正如拉吕埃尔假定的那样)——而且还在先验综合的身躯上实施了一次外科手术,即切断了不同项之间的关联,断开了相互性,并加强了单向性。每一次综合都是双重性的,因此也是可逆转的,但是单向化的综合意味着赋予综合一种实现不可逆转的、单向(one-sided)切割的能力。

就此而言,我们从拉吕埃尔著作中提取的对单向化的解释,巩固并加深了我们已经在巴迪欧那里见识过的缩离的逻辑(参见第 4 章)。但是,后者仍然是本体论的,而前者则是先验的。缩离本体论如果要在先验层面生效,那么就需要做出这样一种决定,这一决定允许人们将存在－无假设为实在的前提——后者决定了本体论话语。于是,"存在是无"的这一决定,当它被一个实在的实例(独立于话语,与存在－无相同一)所规定时,就无需求助于缩离标记∅的优先性。正是作为内在性之零度的实在,将其观念性命名规定为空无(void)。例如,只有通过理论的非数学（非话语）与作为存在-无的实在的缝合，"本体论是数学的"决定才能获得批准。哲学因此也能弃绝它所扮演的在科学和实在、话语和世界充当超越性中介的元本体论角色。如果要想实现巴迪欧本体论观点——存在是无——的全部力量，那么就只有用我们从拉吕埃尔那里获取的先验假设——存在-无的排除以及思想的被排除，在最终层面是同一的——来补充它。我们从巴迪欧那里得到的观点属于"是什么"（what is）：存在是空无。我们利用拉吕埃尔的观点所展开的假设，属于思想和"是什么"的关系（巴迪欧将"是什么"纳入书写的逻辑中）：经由最终规定，为了实现一种空无，哲学将自己和无缝合在一起。这一"空无化"（voiding）是另外一种描述最终规定的单向化力量的方式。我们将会区分空无和存在-无，前者作为单向的二元性根植于作为不可分割的零（indivisible zero）的后者之中。一分为二是辩证法的展开过程，而单向化则意味着空无的二（the two of the void）对存在-无的零（the zero of being-nothing）的实现。非辩证否定就是这种"空无化"，它的实现逻辑是单向二元性的逻辑，以及不可逆转的切分的逻辑。

5.12 时空同一性

人们通常会从一位哲学家思考什么（*what*）来衡量他的原创性。与之不同的是，只有当我们明白拉吕埃尔想要做的是转变哲学家思考的方式时，他的杰出贡献才能得到估量。他的创新基本上是形式方面的：他发明了一种新的先验逻辑，它的概念深度（如果不是宽广度的话）既达到了与黑格尔辩证逻辑比肩的水平，同时也挑战了它。就此而论，由拉吕埃尔所揭示的非辩证的否定，为我们理解梅亚苏所谓的"绝对时间"（参见第3章）之中的历时性提供了关键的线索。正如我们在第3章中所看到的那样，梅亚苏在解释思想对绝对的把握时，使用了智性直观，但智性直观很有可能将绝对重新纳入一种关联的综合中，从而破坏绝对的自主性。借由以上的论述，我们想要表明的是，绝对或者非关联的客观性最好通过一种不对称的结构来理解，而这一不对称结构是客体的不连续性所强加在思想之上的。形而上学利用物质的模型来理解客体的自主性。但是从康德到海德格尔，对实体被物化的接连不断的批判，已经破坏了形而上学（以实体为基础）实在论的可信性，因此也巩固了相关主义的胜利。拉吕埃尔挑战了这种相关主义的共识。他提供了另外一种版本的先验实在论，在其中客体不再被理解一种实体,相反客体是对本体论综合构造的不连续的中断。思想不再决定客体,无论通过再现还是直观,相反,客体把握了思想,并迫使思想去思考客体,或者准确地说,迫使思想依据(according to)客体(来思考)。正如我们已经看到的,这一客观的规定采取了单向二元性的形式,借此客体通过主体来进行思考。

单向化居于历时性的核心地带,如我们在第 3 章中所见到的那样,历时性标明了思想和存在的不对称。相关主义以付出了空间的代价,本体论化了时间性的综合——无论是绽出抑或是持存——而历时性则表达了空间与时间的同一;但是这种同一性却是自主的客体所特有的不连续的和单向化的同一性。时空的不连续单向化了思想,展现了存在-无的虚无化力量——后者拆解了相关主义的时空综合。在下一章中,我们将会考察海德格尔和德勒兹所详细阐述的时间的先验综合如何使客观时空服从于一种本体论的时间形式——这一本体论的时间性同此在或者"生命"主体性相当。与相关主义独尊先验时间性不同,思辨(后形而上学)实在论必须赞成时空的自主性,它独立于思想和存在的关联;时空与人类(甚至是生物的)持续时间之跨度的不可比性,不再是序时层面(chronological)不一致的表现（就像梅亚苏所认为的那样），而是一种植根于存在－无的空无化中的历时性。康德先验化了时间，而我们则要考察海德格尔和德勒兹分别都以哪种方式激进化了康德的方案。足够讽刺的是，这种激进化却是在本体论化的时间中展开的，而且分别以此在和"生命"的形式，将后者建构为某种真正的先验主体。

第 3 部分

———

时间的终结

6 纯粹且空无的死亡

6.1 谁是时间？海德格尔

1924年，海德格尔举办了一个名为"时间的概念"[1]的讲座，这个讲座被视为《存在与时间》[2]的"原型"(Urform)。在这个讲座中，海德格尔从"什么是时间？"这个问题入手，并说明了这个问题在最后如何将自己转变成"谁是时间？"的问题。我们不能用询问本质的方式来把握时间，因为询问本质就是在询问某种事物"是什么"（das was）。传统意义上，理解时间是"什么"或者时间的"本质"意味着时间被先天地物化为某种在场者（presence）。Ousi（存在）被理解为现成在手状态（Vorhandenheit [*presence-at-hand*]，尽管海德格尔在1924年还没有使用这个词汇）。于是，"什么是时间？"这一问题就预先判断了它所询问的现象的本质，即把时间现象简化为于时间中存在的具体方式的状态：

---

1 Martin Heidegger, *The Concept of Time* tr. William McNeill, Oxford: Blackwell, 1992.
2 Gadamer, quoted by Theodore Kisiel, *The Genesis of Heidegger's Being and Time*, London: University of California Press, 1993, 315.

当下存在（Gegenwart-sein）。但是时间恰恰又不全是当下的——不能在当下存在（Gegenwart-sein）的基础上把握时间的存在。所以，我们也不能简单地假定，时间存在的方式就是内在于时间的存在者的存在方式。要理解为何时间以及时间的存在方式有别于内在于时间的存在者，我们首先要明白我们一开始是如何把握时间性存在的多种意义，以及时间性的东西是如何存在的。但这需要把握诸种时间性存在与我们自己的存在的紧密关系，我们正是在这种关系中才与时间性现象相遭遇。因此，对于海德格尔而言，询问时间如何存在，就需要询问那个存在者的存在方式，在此基础上，我们才能够在一开始通达各种各样的时间性存在。那个存在者的存在当然是我们自己的存在，即此在。此在的本质性特征是时间的当下性（Jeweiligkeit）和向来属我性（Jemeinigkeit）。此在总是我自己的此在："'我在'的当下性对此在而言是构成性的。正如此在首先在世界中存在那样，此在也同样首先是我的此在。此在向来是本己的，而且是作为本己的个别的存在。"（Heidegger 1992: 8E）但是，如果此在的时间个别性（temporal specificity）向来是属于我的，这也就是说我们每一个人都是时间，时间本身向来是我的。这确实是海德格尔在讲座接近尾声的时候所做的结论："'什么是时间?'的问题变成了'谁是时间?'的问题。更接近的表达是'我们自己是时间吗?'的问题。或者再进一步说,是'我是我自己的时间吗?'的问题。"(Heidegger 1992: 22E)对于此时的海德格尔来说,"我是我自己的时间吗?"相当于"我是我的此在吗?"我们知道,这是在问从此在"最终"的以及"最极端"的可能性——从死亡出发——来定义此在的存在是否"恰当"。此在成为个体化的存在是恰当的,因为它把死亡据为己有。在1924年的讲座中,海德格尔已经说道,此在把死亡据为己有是此在最极端的可能性,是"向它的过去的先行"(vorlaufen [running-ahead]),这使此在个体化了,使在的时间单数化了。因此,对死亡的占有允许通过未来把握过去。当然在《存在与时间》中,这一"先行"会被解释为此在向死而在时所展现出的"果决的先行"(resolute anticipation)。抛开海德格尔在随后的《存在与时间》中为这一解释补充了很多重要的细节不谈,个体化的死亡和时间的单数化形式之间紧密的联系仍然保留了此在的关键特征,即"有限的超越性"。至少对于早期的海德格尔来说,死亡向此在提供了个体化的终极原则,因此也向时间提供了个体化的终极原则。这里的关键问题似乎是死亡和时间究竟是本真地属于我,还是非本真地属于我。

然而,尽管《时间的概念》描述了时间的"本质"到时间的"身份"转变,预示了海德格尔著名的代表作的核心观念,但是它和《存在与时间》之间的明显区别在于,它明确拒绝了追问时间以外的问题,即"时间与其他范畴的关联"(Heidegger 1992: 2E)。因为它拒不对此在的时间之特征和一般存在的时间之特征的关联进行直接且主体化的处理,海德格尔甚至宣称对"时间概念"的询问在严格意义上并不是哲学的题中之义(Heidegger 1992: 2E)。《存在与时间》之中展开的计划与1924年讲座中的原始预想之间的区别主要在于,前者详细地论述了存在与此在的关系,更具体地说,详细论述了此在的时间性自我理解和一般存在的时间性理解。在《存在与时间》中,此在在世界之中存在的三个"当下即是"构成了时间化的原初"绽出形式":时间就是此在于过去、现在和未来的三重统一之中自我时间化的过程。用海德格尔的话说:"'向……''到……''寓于……'等现象使时间性作为纯粹的'绽出'而显现。时间性是源始的、自在自为的'出离自身'。"(Heidegger 1962: 377)[1] 这一最新的构想尤为重要,因为它简洁地概括

---

[1] Martin Heidegger, *Being and Time*, tr. J. Macquarrie and E. Robinson, Oxford: Blackwell, 1962.

了基础本体论的主要难点。回忆一下海德格尔对此在之实存的分析，它描述了有限超越性的绽出视域，并逐渐成为对此在的个体化时间性——向来是我自己的时间——以及一般存在的时间性之间关系的解释。我们暂且假设，一般的存在不完全和此在同延，因为此在向来是我自己的此在。它必然蕴藏某种前个体的维度。事实上，西奥多·克兹尔（Theodore Kisiel）已经指出[1]，海德格尔在《存在与时间》诞生前的数年间一直关注存在的前个体维度，海德格尔在诸如"它世界着"（It worlds）这样的句子中反复使用非人称代词"It"，就是最好的证明。海德格尔这样表达的目的在于他想唤起作为"原初的东西"（Ur-etwas）的前理论和前世间的存在事件。

但是，如果此在的时间性是自在自为的源始绽出的话，那么这个设想就会让它听起来像是一种绝对观念，难道这不是在暗示唯一的时间就是此在的时间、我的时间吗？关于这一点，《时间的概念》中有一段非常含糊的话，似乎已经预示了海德格尔有意使本体论的时间服从于实存的时间。海德格尔这样写道：

---

[1] Kisiel 1993: 23-5.

> 此在是时间,时间是时间性的。此在不是时间,但却是时间性。"时间是时间性的"这一基本论断因此就是最本真的规定——它不是同义反复,因为时间性的存在意指非同一的现实性。[……]因为时间向来是我的时间,所以就会有很多种时间。"时间本身"是无意义(meaningless)的;时间是时间性的。(Heidegger 1992: 21E)

从海德格尔这里的观点来看,"时间本身"的概念之所以有可能是无意义的恰恰是因为它等于无人的时间(no-one's time)。描述我们所经验的时间性以及一般的时间之间的区别是很困难的,面临这样的困难,海德格尔难以抵抗如此的诱惑,即只要否定"时间本身"的本体论自主性,并将其简化为我们自己的时间性——无论他之前或者之后如何与之斗争。但他似乎已经屈服于这一诱惑,与此同时,他也详尽阐述了基础本体论的计划。

6.2 绽出与绽出范围

要想明白为什么会这样,我们需要简短地概述一下《存在与时间》中此在的三重绽出:(1)作为先行于自身的存在,此在正在成为它最本己的可能。生存性是基于未来的。此在总是已经来到自身；（2）但是在成为那种可能的过程——去向——中，此在是对其已经曾是的那种东西的返回和重新占有——它的实际性。通过一种暂先行之的（anticipatoriness）、下决心朝向自身最本己可能的消逝，此在返回到自己总已曾是的东西（always-already-having-been），因而本真地接受了其固有的有限；（3）正是通过成为它已曾是的那种东西，此在得以在"瞬间"（Augenblick）通达存在者：本真的"使呈现"（empresenting 或 making-present）的瞬间。[1]于是，时间性的时间化可以理解成"先于"（ahead of）、"已经"（already）、"寓于"（alongside），或者说，未来、过去和现在的综合，它发生于此在最本己的可能性，即死亡的下决心先行中。这一最本己的可能性用海德格尔自己的话说，是"无所关联的""不可逾越的"。向死而在将此在整合以及个体化为一种结构，否则此在就会分散在"常人"之中，不断从最本己的存在可能性中逃离出来。由于此在的存在就是事件的存在，且被理解为绽出的时间性，那么此在的个体化同时也就是时间的个体化，即"自在自为的绽出"（ekstatikon）。事实上，向死而在

---

[1] "Augenblick"是尼采用来描述遇到永恒复归时刻的术语。我们将在接下来讨论德勒兹所理解的永恒复归与本体论超越性的关系。

将时间纯化为纯粹不可现实化的可能性，因为"比现实性更高的是可能性"（Heidegger 1962: 63）。于是，作为不可能性之可能性的向死而在就体现了此在"被抛的筹划"（thrown-projection）的最极端样式，因此也是此在的"源筹划"（ur-project）的最极端样式——这一"源筹划"使此在最本己的存在的潜在性（potentiality）得以发生。正是在这一死亡的纯粹可能性之中，此在的"自身"被揭示为时间是"谁"这一问题的答案。[1]

但是，众所周知，海德格尔区分了生存/此在的时间性（Zeitlichkeit des Dasein）与存在的时间性（Temporalität des Seins）。而且，《存在与时间》所设想的方案恰恰在需要解释二者之间关联的时候变得含糊了。本来这是要留给计划中的第三部分的，然而海德格尔到最后也没有写出这一部分。尽管如此，海德格尔还是在"现象学的基本问题"[2]讲座课程（1927年）中粗略地提到了他是如何设想这一关联的本质的。在这个讲座中，海德格尔坚持认为，此在的有限超越性不是某种"超过"，而是"跨过"。

---

[1] 海德格尔会将此在彻底被个体化的、不可被客体化的"自我"，对立于形而上学或者先验主体非人称的匿名性。

[2] M. Heidegger, *The Basic Problems of Phenomenology*, tr. A. Hofstader Bloomington & Indianapolis: Indiana University Press, 1982.

用海德格尔自己的话来说："超越的意思是跨越；超越者（transcendens/transcendent）就是跨越者本身，而不是我跨越后要达到的东西。[……] 此在本身在其存在中做出了跨越，因此它恰恰就不是内在者。"（Heidegger 1982: 299）此在的时间性绽出是一次超越，一次跨过；但是每一次这样的移动和位移都有确定的方向，"向何方"（whither）意味着此在跨越的对象。此在跨越要跨越的东西可能就是存在，海德格尔在《存在与时间》中将存在归于"纯粹的超越者"（Heidegger 1962: 62）——尽管如我们将要看到的那样，这一区分是成问题的。此在绽出的超越性暗示了存在的时间性与"绽出范围"相关。[1] 海德格尔小心翼翼地将绽出和绽出范围之间的这一关联区分开来，他认为这一关联是本体论超越性的构成部分，并将其视为只是通过意向性的超越性所关联在一起的本体的相互关系。意向性的超越性在海德格尔看来只是更为本源的时间的超越性的衍生形式，因为前者只具有从内在意识到超越性客体的运动轨迹。具有绽出范围之视域的（ekstematic-horizonal）"向何方"和此在的超越性之间恰恰没有一种客观的关联，因

1　Françoise Dastur, 'The Ekstatico-Horizonal Constitution of Temporality' in C. Macann, ed. *Critical Heidegger*, London: Routledge, 1996, 158-71.

为它不能被描述为"是"什么的某物。不过,海德格尔坚持认为绽出并不会因此成为一种朝向无的转移(transport):

> 相反,这些绽出作为移离到(removal to),[……]进而因为它们不同的绽出特性,[这三种绽出形式]拥有一个被这些移离、出离(carrying-away)的形式所规定的范围,[……]这一范围绽出自身。每一次绽出作为"移离到……",拥有一种预先规划好的移离向何方的形式结构,这一结构既在绽出之中,也属于绽出。
> (Heidegger 1982: 302)

于是,时间之绽出的绽出范围之视域就不能被理解成一种环形的视觉界限,而只能被理解为超越性为自己的"跨越"所圈定的以及划定的边界。结果,本体论的视域就不能位于主体性、时间抑或空间之中;它是无物(no-thing)。而且,如果本体论的视域真如海德格尔所标明的那样属于作为跨过的绽出的话,那么这无疑意味着,本体论视域是在绽出的超越性之中,并通过绽出的超越性,以某种方式被"生发"(generated)或者"生产"(produced)出来的。甚至,海德格尔在《存在与时间》中所描绘的计划的全部主旨都是在展现超越性的结构——在这些绽出形式之视域的绽出范围的统一体中,将时间性绽出形式聚合成一个统一体——如何揭示出绽出时间性特定的"创生性"以及在世界之中存在因何而生。将这种本体论的创生性解释为独立于此在的"跨过",某种仅仅"超过"的东西,会使"存在的时间性"转换成一种与此在的绽出超越性相关的先验客体,于是也就会将存在所特有的时间性实体化为某种先验的、在此在的超越运动之上的东西。但这也会损害后者特有的本体论特征,以及因此所具有的不可客体化特征。

6.3 有限的可能性及现实的无限性

然而,拒绝实体化绽出与绽出范围之间的区分让海德格尔遭遇到了一种两难的境地:如果我们既不客体化绽出的范围,也不将绽出的范围瓦解为绽出的话,那么我们如何设想二者之间的差异呢?绽出范围的相关项是对存在的时间性领会所特有的,如果将其实体化,那么就会损坏这些要素的严格的本体论地位。但是如果将它们描述为完全是由绽出所形成的,那么实际上就会使得存在服从于此在。虽然基础本体论声称已经超过了形而上学的主体论,然而现在它却发现自己面临着要在客观或者主观观念论之间做出抉择的局面。时间超越性的结构中似乎藏有某种固有的原初差异化(differentiation),即主观和客观两极之间的差异化。然而，要想在海德格尔自己的现象学前提之下实现这一差异化，则是非常困难的，除非我们重新回到超越性和超越者、认识和对象的对立之中，但海德格尔宣称自己克服了这些对立。讽刺的是，海德格尔对形而上学主体论的批判反倒使他得出了某种原观念论（arch-idealist）的结论，其原因就在于他拒绝将世界实体化为现在状态的再现客体。因此，海德格尔会说"如果没有此在生存，那么就没有世界在'此'"（Heidegger 1962: 417）。[1] 或者就像

---

[1] 毫无疑问，这一困难与海德格尔放弃基础本体论的计划有关。但是为什么后者恰恰就在生存论分析——描绘了此在的超越性的绽出结构——要被越过，并走向一种对存在本身特有的时间性的解释的关键点上瓦解了呢？海德格尔对《存在与时间》的本体论之成问题者的恢复，是通过对先验哲学的批判性激进化来实现的。根本的问题不只是存在，还有我们对存在的通达：我们最初是如何通达存在的？此在于世界中存在，但也不仅仅是世界中的某物。这就是问题之所在：康德的先验论形成了对以非中介的方式通达现象的怀疑，而先验现象学则通过揭示中介是直接的（也就是，无中介的），对前者进行了反击。被通达的东西就是被中介的，但通达本身并不是被中介的，无论它是意向性的还是有限的超越性。有限的超越性是通达现象存在的可能性条件——事实上，根据海德格尔的观点，这一可能性的条件是针对那些被本体论传统认定为仅仅是形而上学之可能性条件来说的——但这种条件的条件必然是无条件的：它自在且自为的绽出（ekstatikon）。承认后者带有观念论主观主义的污点，海德格尔继续寻求一种更原初的，进入原始"发生"的途径，并以更激进的方式来挖掘条件的条件：本有、四重等。由海德格尔发起的先验论的现象学激进化，发现自己在挖掘原始的道路上渐行渐远：揭示条件的条件的条件，等等。然而，它对前起源的挖掘越深，它与"事物本身"的距离就越远，它的资源也就越贫乏。海德格尔的继任者——直到拉吕埃尔——为了挖掘前自反性，最终在自反性中越陷越深，不断加深抽象化的程度，直到它沦落到过度空虚的地步。德里达在这个元先验成问题者中，既引入了一种健康的怀疑主义措施，又注入了致命剂量的反讽——他揭示了直接性的通路，如何总是被延异（作为中介和直接的包容性分离）所污染。但他被拉吕埃尔所击败了，后者揭示了"人"的不可客体化的直接性，因为人的直接性总

他在《形而上学导论》中更加明确地表达的那样：

> 严格意义上，我们不能说：曾经有段时间，人类不曾存在。在任何时间，人类都曾经存在，现在存在且将会存在，因为时间只有在人类存在的情况下才能成为时间。没有任何一段时间，在其中人类不是不曾存在的，这不是因为人类是永恒的，而是因为时间不是永恒的，时间总是只在作为人类历史性的此在的一段时间内才会成为时间。(Heidegger 2000: 88-9)

但是，正如我们在第 4 章中看到的那样，这是一种典型的相关主义幻想，用化石记录和人类灭绝的可能性就能反驳它。此在产生和消亡于时空之中，但时空无法转换为由绽出的时间化所生发的绽出范围的关联项。同理，宇宙的崩解标志着思想的灭尽，但思想的灭尽的可能性和此在的向死而在的范围是不同的。虽然在《时间与存在》中，

是被预先假定的，因此是延异之中介和直接性的包含性分离的最终规定因素（参见第 5 章）。一旦通路的问题，以及通向通路的问题已经达到其荒谬的结局，即宣称这个"无质之人"(man without qualities)是规定通路的条件之条件的原始现象，那么看到一个对我们的通达漠不关心的世界的概念正在向不可理解回退，也就不足为奇了。但是，如果不依赖于我们（对它的通达）的世界的想法变得难以理解，那么错误可能出在通达哲学所规定的可理解性的关联性的标准，而不是世界上了。人们不能不被后来海德格尔试图揭示源始现象在古希腊语中的根源（Ur-etwas[元物]）的好笑场面所震惊。力图从"事物本身"重新开始思考的现象学的计划，被海德格尔改变了方向，最终海德格尔研究了词语，而且只研究了词语……也许这是通达哲学的必然命运。

死亡作为不可能之可能,为到场提供了最根本的条件:死亡是不可能的到场,进而使得到场成为可能。因此,恰恰是此在正在趋向死亡这个事实,使死亡无法被解释为一种经验的或者"本体"生发的事件——如果正确地或者"本真地"理解了死亡,死亡就是一种纯粹的本体论可能性,而不是一种本体的"事实"(fact):"*死亡是作为此在之终结的存在,它存在于这一存在者朝向其终点的存在中。*"(Heidegger 1962: 303, 楷体强调为笔者所加)死亡在此在的本体论可能性之结构中,并且作为这一结构而存在,而不仅仅是某种本体的现实性(actuality):"在向死而在中,即便一个人无比接近实现这一可能,但它也绝不可能是任何现实的东西。"(Heidegger 1962: 306-7)要成为现实的,就意味着被再现为某种现成的东西,而显在之物只是衍生的和"非本真"的到场形式,它发生于与此在的超越性同延的纯粹可能性的结构之后。但要说死亡之所以"存在"(is)恰恰是因为它从来不是现实的,那么也就是在说,尽管此在总是已经趋向死亡,但是它从不会真正死去,因为死亡是(不)可能性([im-]possibility)之先验的条件,因此也是不可现实化的条件。生物物理学死亡的现实,是无法与此在具体的存在模式相通约的,因为后者是一种纯粹的可能性。因此，很明显，到场和在场之间的本体论差异，就与作为纯粹本体论可能性的死亡和作为生物现实的死亡之间的先验分离[1]产生了紧密的联系。这一分离是时间化作用的结果；此外，它确保了纯粹可能性的现实化可以无限地延后，也保证了存在的超越性与此在的绽出原则上的（*de jure*）相互性（或者共属 [co-propriation]）关系。朝向死亡的果决先行导致了生存的时间化，其中包含了过去、现在、未来的三种时间之绽出的"静态综合"。正是由于纯粹可能性的潜在化（potentiation），这样一种综合才无限地推延了将到场还原为在场的现实化。但结果就是，这样一种产生了有限的超越性——绽出的可能性与静态的现实之间的先验分离——的综合完成，只能通过在作为本体论之可能性的死亡和作为生物学现实性的死亡之间制造一种不可通约性。后者具有现实无限性的所有特征。因为，正如当人类的存在模式从非-此在（not-*Dasein*）转向此在的时候，人类有机体的历史中不会有内时间点（intra-temporal point）——从内时间到时间化（temporalizing）——所以，在未来，当此在停止时间化的时候，也不会有内时间点。

---

[1] 这一分离将继续为海德格尔的后人，比如列维纳斯、布朗肖和德里达提供曾流行过一阵子的"死亡之不可能性"的主题。

时间性作为"去存在"(to be)的纯粹潜在性,既不会在时间中产生,也不会在时间中消亡——对于为内时间的演替提供条件的时间化而言,它并不会经历从无到有的内时间过渡。而且,正如在人类个体层面没有过渡可言,在人类这一物种的历史的层面上,也没有过渡可言。因此,海德格尔所坚持的不可逾越的深渊,区分开了拥有世界的存在与没有世界的存在者。[1] 但结果就是,此在"总是已经先行于自身"的超越性很难区别于永恒的超越性。把这种超越性——因此也是时间性和时间生存论分离——说成"无时间性"(timelessness),而不是"永恒"或者"无限",其实并不能改变什么,因为"无时间性"既不会开始也不会结束。这就相当于说,要么它已经而且将会一直存有,在这种情况下,我们很难看到"有限性"究竟在哪;要么时间化是在时间之内产生的,在这种情况下,我们需要一个关于这一时间化产生的时间和方式的解释——这个问题

---

[1] 参见 M. Heidegger, *The Fundamental Problems of Metaphysics: World, Finitude, Solitude*, tr. W. McNeill, Bloomington & Indianapolis: Indiana University Press, 1995。海德格尔试图摆脱这种二分法,声称要争论的区别不是有或没有世界,而是"世界中丰富"的存在者(即人类)和"世界中贫乏"的存在(如动物)之间的区别。这是一种孤注一掷的诡辩,因为他非常清楚地表明,世界上不可能有衡量丰富或贫乏程度的共同标准,因此也不可能从一种状态过渡到另一种。事实上,这样的转变经常发生在此生的领域内——例如在脑损伤或痴呆症的情况下——这只突显了海德格尔的区别在解释力上的贫乏。

恰恰是海德格尔对此在超越性的解释所未考虑到的（"原初"[the originary]和"源始"[the primordial]是没有起源的，海德格尔在描述此在时，非常喜欢用这两个形容词）。足够讽刺的是，海德格尔对此在"源始"历史性的本体论化，恰好消除了如下这种历史：在其中，此在的出现和消亡变得可以理解。[1] 因此，在时间化本身的层面上，可以用来保证纯粹的本体论可能性（绝对的潜在性）与纯粹的现成在手状态的现实性之间分离的东西，就是横亘在死亡的时间（time of death）和趋向死亡的时间性（the temporality of dying）之间的无限深渊。要想使潜在性和现实性之间的超越性分离能够一直延续下去，本体论时间和生物物理学时间之间秘密但又永恒的区分是必不可少的；它阻止了对在场和到场、时间和时间性之间差异的取消——肉身死亡的实在性暗含了这一取消。但正如我们在第 3 章中所讨论的那样，在本体论时间性以及生物物理时间之间规定先验分离的尝试，都会暗中阻碍经验条件的实例化，因为通过经验条件的实例化，本体论的时间性就只能产生于生物物

---

[1] 值得注意的是，海德格尔对此在的历史性的本体论化，是如何允许一种对此在经验和/或自然史的纯粹"本体"细节的完全忽视的——而正是这种忽视将为海德格尔的"存在史"提供前提。

理时间之后。而且,正如我们在前几章中看到的那样,那些被海德格尔赋予本体论效力的范畴——诸如"意义""属我性""统一体""在场""超越性"等——正在遭到客体化话语的拆解。这些范畴的经验与思辨资源远比客体化作用的话语资源要多,海德格尔相信自己既颠覆了这一起客体化作用的话语,同时又赋予了其基础。

正是这一时间性的生物-物理学实例化的障碍,使现象学意义上的死亡膨胀为一种不可能的可能性——但是这样一种不可能性被转换为其他所有事物可能性的条件。然而,如果说那种不可能性是可能性的终极条件的话,那么也就意味着它从来没有发生过。就像再现的先验条件无法被再现一样,死亡作为一切事物发生的(类)先验条件,自己却从未发生过。这一诡辩论与其说表明了死亡的不可现实化(un-actualizability),不如说体现了现象学试图绝对化死亡的可能性与死亡的现实之区分的非实在性(irreality)。我当然能够预见我自己死亡的现实性;但是后者的实在性不能被还原为我对这一事实的预期(先行),因为死亡时间的实在性与对死亡之先行的时间性是不可通约的。更准确地说,死亡时间的实在性意味着时间性的非实存,在其中死亡时间的实在性被预见了。因为死亡的时间先于实存的时间性，而且紧随于实存的时间性，所以死亡时间的实在性就无法被还原为一种预期（先行）——对它在后者中的现实化的预期（先行）。恰恰是死亡时间的实在性与对死亡不可能现实化的预期（先行）之间的混合，促使许多现象学家让死亡的生物物理学实在性服从于对死亡的本体论预期（先行）。但是，真正的分离不是发生在作为纯粹可能性的死亡和作为生物学的事实的死亡之间，而是发生在思想的时间性和死亡的时间之间。

最终，海德格尔对此在有限超越性的解释，完全展开于一种阐释学意义的领域。因此，它只迎合适度的或者说"本真的"（*Eigentlich*）解释需求，而无法满足公正的说服力的解释需求。牵涉解释时，才华胜过了严谨，技巧否定了说服力。当康德想要阐释客观知识的可能性时，他感到有必要证明自己对先验差异的诉求具有正当性，但海德格尔只是将本体论的差异规定为某种适度的阐释视域，以便发掘此在前理论的自我理解，而且他还将正当化的要求当作遗忘这一差异的症状打发掉了。同理，揭示生物学死亡和本体论死亡之间的绝对分离的必然性是毫无问题的，这是海德格尔对有限超越性进行解释的根基；这一分离是海德格尔阐释策略的前提，而不是它的结果。海德格尔没有为本体论的超越性进行辩护；他只是坚持这一点，并批评那些否定它的人，认为他们仍然受到形而上学或者再现的束缚。与海德格尔相反，前几章中，我们已经初步展开了反对这一超越性规定的方案。第 1 章概述了当哲学家试图先验化我们关于现象"意义"的前理论理解时，我们为什么要保持谨慎的原因。第 4 章质疑了将存在描述为"到场"的潜在预设。最后，第 5 章破坏了一些主要假设，这些假设为海德格尔将存在解释为"超越性"提供了支撑。此外，通过绝对化这一依赖于死亡两种面向（生物学的、本体论的）之分离的超越性，海德格尔实际上让自己陷入无法解释超越性从何而来的局面中。德勒兹在《差异与重复》[1]中对死亡和时间关系的处理在这一点上显得尤为突出。像海德格尔一样，德勒兹也仅仅区分了死亡的物质层面和死亡特有的本体论维度，但与之不同的是，德勒兹论述的目的是说明这一分离——因此也就是超越性——如何不是从一开始就被当作本体论的前提而被给予的，相反，在他看来，这一分离（超越性）是在后者之中产生的。

---

[1] G. Deleuze, *Différence et répétition*, Paris: PUF, 1968; *Difference and Repetition*, tr. Paul Patton, New York: Columbia University Press, 1994.

6.4 德勒兹：自在的时间和自为的时间

就像《存在与时间》一样，《差异与重复》以一种时间差异本体论（ontology of temporal difference）的名义彻底革新了康德的先验论。这一时间差异的本体论，更为准确地说，是存在在其中被理解为时间差异化（微分化）的本体论。德勒兹重新恢复了本体论单义性的论点，这样作为时间的存在就是"在其诸种个体化差异（différence individualités）或者说不同的内在样态（modalités intrinsèque）的 [1] 唯一以及相同的意义上来说的"（Deleuze 1968: 53, 1994: 36）——尽管这些差异和样态本身是离散的。[2] 然而，这句话虽然会经常被引用，并作为德勒兹忠实于一种唯物主义的一元论的证据，但是德勒兹从时间的角度重新解释单义性，的确需要将具有特权的角色赋予一种特殊的存在，一种特殊的个体化样态以及精神样态。因此，正

1　原文为"[…], de toutes ses différences individuantes ou modalités intrinsèques"，布拉西耶引用时漏掉了 de（of）的斜体标记。——译者注

2　早在 1956 年的《柏格森的差异概念》中，德勒兹就提到，把存在理解为纯粹的自我差异化（微分化）就是在柏格森的"绵延"中理解存在："绵延、趋势是自我差异的；和自己所区分的东西直接就是实体与主题的统一。"（G. Deleuze, 'La conception de la différence chez Bergson' in *L'île déserte et autres textes*, Paris: Minuit, 2002a, 52）正如我们将要所看到的，尽管《差异与重复》将会在它对第三次综合的解释中，限定并完成这一关于实体和主体"直接"统一，但对黑格尔的改写仍然保留了下来。

是在人类的精神中，个体化被充分潜在化为差异的分异者（differentiator of difference）。这种差异的潜在化出现在时间的第三次综合，德勒兹明确地将其和弗洛伊德的"死亡本能"联系在了一起。虽然有人将"死亡本能"表述为返回到无机状态的冲动，但是与这种将死亡理解为一种物质现象的解释不同，德勒兹直截了当地否认道："死亡和物质模型完全无关。"（Deleuze 1968: 28, 1994: 17）而且，他还出人意料地赞同海德格尔将死亡（death）和趋死（dying）区分开来的做法。[1] 不仅如此，他还继续区分了仅作为一种客观重复形式的死亡和作为主观个体化的"内强"（intensif）形式的死亡："死亡不会出现在任何无差别的、有生命的东西将会'返回到'的无生命物质的客观形式之中；死亡

---

1 德勒兹认为（作为有人称的可能性的）死亡和（作为无人称的可能性之不可能性的）趋死之间的区分是属于布朗肖的，参见以下三本书：*The Space of Literature*（最初发表于 1955 年；tr. A. Smock, Nebraska: University of Nebraska Press, 1982）；*The Book to Come*（最初发表于 1959 年；tr. C. Mandell, Stanford: Stanford University Press, 2002）；'The Laughter of the Gods'（最初发表于 1965 年；收入 *Friendship*, tr. E. Rottenberg, Stanford: Stanford University Press, 1997）。虽然德勒兹可能没有意识到，布朗肖的这一区分或多或少受惠于列维纳斯，后者的影响见诸布朗肖的所有著作。事实上，列维纳斯的关键修辞对布朗肖思考的影响——"il y a"的非人称匿名性，彻底的被动型，他者等等——怎么高估都不为过。因此，布朗肖对死亡和趋死的区分主要来自于列维纳斯在《时间与他者》（*Time and the Other*）中对海德格尔的批判，这本书最初发表于 1948 年（tr. R. Cohen, Pittsburgh: Dusquesne University Press, 1987）。然而，列维纳斯对《存在与时间》中可能性与不可能性关系的颠倒，仍然完全来源于海德格尔的概念体系，而且有争议的是，列维纳斯对可能性与不可能性的颠倒非但没有颠覆后者，而且还是后者的使能条件（enabling conditions）之一。

将会呈现于生命之中,并作为具有一种原型的、已分异的主观经验。它与物质状态无关;相反,它对应一种纯粹的排除了所有物质的形式,即空的时间形式。"(Deleuze 1968: 148, 1994: 112,译文有所改动)所以,他虽然悬置了意识的先验特权,但却将思想转化为特权的场所,服务于启示录式的个体化。德勒兹以惊人的笔调重写了海德格尔:未来"脱离了"过去的根基(ungrounds),死亡成了自我分裂的时间的主体。最终,对于德勒兹而言,死亡就像时间那样,不属于任何人。

《差异与重复》可以被有效地(虽然只是片面地)概括为,在柏格森《物质与记忆》(*Matter and Memory*)的指导下,对康德第一批判特别大胆的重写。[1] 但德勒兹用了一柄改良过的柏格森主义的手术刀,重新调整了康德主义的躯体。再现受到了批判——取消了概念理解在理性和感性之间的中介作用。于是,在《差异与重复》中,第一批判的三重结构表面上经历了一次内卷(involution),内卷的结果就是先验辩证法被折叠(fold)入先验美学之中。先验分析所扮演的中介角色,被时空个体化的描述所替

---

[1] H. Bergson, *Matter and Memory*, tr. N. M. Paul and W. S. Palmer, New York: Zone Books, 1991.

代，后者为理性和感性的非概念综合提供了充足的理由。随着对理解的统一作用的悬置，审美的流行（manifold）无需再服从于概念的包涵；它化身为观念繁复体（ideal multiplicity）的辩证结构。个体化的存在者是潜能的繁复体（virtual multiplicity）的现实化，而非通过包涵的再现逻辑得到说明，因为在这种逻辑中，概念对特定的客体而言总是过于"宽泛"（baggy）而无法与之相容。个体化作为现实化的最终规定性要素，保证了观念和实在的严格的契合，因此也保证了观念的起源和经验的现实的完美符合（fit）。在寻求能够生发具有现实经验的个别存在者的观念条件（而非具有可能经验的特定客体）的过程中，德勒兹的"先验经验主义"将概念（也就是，作为潜能的繁复体的观念）视为某种遭遇的对象，它不再受制于辨认的逻辑：于是德勒兹宣称，"概念就是事物本身，但这些事物处于自由且未驯化的状态，因此超出了'人类学谓词'的范围。"（Deleuze 1968: 3, 1994: xxi-ii，译文有所改动）

6.5　差异的内强特征

德勒兹所提出的内强差异理论，是调和柏拉图和康德两种哲学范式，即调和审美和辩证法或者说感性和观念性的关键。通过这一理论,德勒兹改良了柏格森物质与记忆、空间与时间的简单二分。这一二分被重新编码于其著作标题所体现的"差异""重复"的结合(conjunction)之中。至少初上看去,对差异的讨论似乎植根于概念问题之中,而对重复的解释则更多与知觉和感性的问题有关。因此,对"差异"的再现概念的批判以及对非概念差异的解释似乎主要与思想有关——似乎在该书第4章的观念理论中("差异的观念综合"[1])完成。与此类似,批判赤裸重复(bare repetition)以及说明"着装的"重复(répétition vétue)[2],似乎主要属于感性物的领域——似乎在该书第5章的个体化理论("感性的非对称综合")中完成。尽管这一粗浅的印象并非完全准确,但是我们仍然可以清晰地看到,差异和重复、观念性和物质性如何深远地(profoundly)在各个章节之中以及各个章节之间相互包含。每一对二分都居

---

[1] 奇怪的是,在保罗·帕顿(Paul Patton)的英译本中,这个术语被翻译为"观念和差异的综合"(Ideas and the Synthesis of Difference)。

[2] 蒂莫西·墨菲(Timothy Murphy)指出,德勒兹将着装的重复和赤裸的重复对立起来的做法,必须从戏剧性的隐喻的角度来理解。可以说,戏剧性的隐喻贯穿了《差异与重复》。在法文中,着装重复(répétition vétue)同时也意味着"彩排"(dress rehearsal)。参见 Timothy Murphy, 'The Theatre of (the Philosophy of) Cruelty in *Difference and Repetition*', in *Pli: The Warwick Journal of Philosophy*, Vol. 5. *Deleuze and the Transcendental Unconscious*, ed. J. Broadhurst-Dixon, Coventry: University of Warwick, 1992, 105-35.

于另外一对二分之中：物质重复结果是由被动综合所主导的，它从前者中提取出观念的差异化（微分化），而观念的差异化（微分化）被内含在（implicated）物质的重复中。在深远的意义上，时间差异与物质重复这两条轨迹的首次分离，只是在为它们的交叉做准备而已。这一交叉发生在这本著作对个体化的解释中。因此，在这本相当有野心的哲学专著中，虽然它的组织是连续的，而且这些连续的组织之间还有着错综复杂的连贯性，但清晰体系结构的缺失却掩盖了这一点。虽然各个章节交替地讨论了差异或者重复的主题，但是每一主题也都暗示或者包含了另外一个主题：在对差异的讨论中，重复的主题会复现；而在对重复的讨论中，差异的主题也会出现。对哲学思想的再现形象的延伸批判，出现在本书的核心章节（"思想的形象"），它既是这本书的平衡点又是这本书的方法论支点。通过让书中的两个部分在自身之中映射对方，这一核心的章节将二者缝合在一起，并确保二者能够互相勾连。

因此，无论是"差异"还是"重复"都具有两面性，这取决于我们是从再现的角度来审视它们，还是从自在以及自为的角度来把握它们。差异的再现特征在概念中呈现为同一，在谓词中呈现为对立，在感知中呈现为相似，在判断中呈现为类比。但自在的差异呈现在观念之中,就是拟像的、辩证的、内强的以及单义的。与之类似,在再现的视角下,重复是赤裸的、物质的、外在的和再生的。但从自为的角度看,重复是着装的(clothed)、精神性的、内在的以及生产性的。概念之中的差异标记了概念同一性的局限;外在于概念的重复标志着对概念性差异的闭锁——只有当差异的概念自在且自为的重复,再现才会被取消。因此,对德勒兹而言,至关重要的是,"重复是行动的条件,然后才是反思的概念"(Deleuze 1968: 121, 1994: 90。楷体强调为笔者所加)。通过必要的重复,思想从同一的沉思性反思转变为差异的主动生产。最终,在时间的第三次综合中,这一必要的重复表现为对永恒复归的肯定。[1]

正如我们将要看到的那样,精神的个体化最终催化了自在差异的重复。然而,上述四个方面之间的互动——概念中的差异,差异的概念,无概念的重复,差异的重复——是交错的;它不能被还原为某种摩尼教式的对立,即时间

---

[1] 尽管巴迪欧在对德勒兹的批判中,倾向于给予《差异与重复》(以及德勒兹两卷本的《电影》[Cinema])优待,而对两卷本的《资本主义与精神分裂》则大加挞伐,但是他似乎忽视了第三次综合的作用——思想从静观到作为生产场所的转换,这一点至少使巴迪欧对德勒兹哲学的描述——德勒兹的哲学本质上是静观的。参见 A. Badiou, *Deleuze: The Clamour of Being*, tr. L. Burchill, Minneapolis: University of Minnesota Press, 2002。

的异质性和空间的同质性、潜能性和现实性的对立。观念作为潜能的繁复体,既被内强的重复所表现,又被它们所包含,但与此同时,这些观念经由相同的过程成为不同的种(species)和不同的部分,由此,内强量(intensive quantity)被外展为(explicated)广延的质。德勒兹软化了柏格森生硬的二元论,即质与量的二元论立、程度上的差异和种类的差异。他认为,坚持通过生命对广延的不可还原性以及质量对数量的不可还原性来反对机械论,是无意义的。程度上的差异和种类上的差异之间的差异,不能被还原为二者之中的任何一种差异:"二者之间只是差异程度的区别,二者共享了差异的完整本性:内强。"(Deleuze 1968: 299, 1994: 232)差异的程度以及/或者本质是内强量。诸如,能量、容积或者熵等外延量的值和它们所测量的系统体量是成比例的,而且受制于部分/整体的逻辑;诸如速度、密度、压力或者温度等强度量的值是由两种量之间的比率所测得的,它受制于共变(co-variation)的逻辑。德勒兹用三种基础性质来描述强度(intensity):它是不可均等化的(unequalizable),是肯定性的,是被包含并包含的(enveloping)。接下来,我们将依次简要地对三者进行概述。

首先,强度在数量差异层面上是"不可取消的"(uncancellable),因此是量中的"不可均等化者";或者说,是专属量的质(Deleuze 1968: 299, 1994: 232)。它不是一个"数量"属的一个种(a species of the genus 'quantity'),而是根本不等性(essential inequality)的环节(moment),而后者则是各种样的构成要素。所以,每一种数类(type de nombre)都是建立在根本不等的基础之上。相较于构成它的类,也就是数类在其不等基础上被构成的那种类,它将这种不等性保留在自身之中。例如,分数表现了两个大小不同的量之间的不等性,二者无法被约为一个整数;同样,无理数表明了规定两个整数不可能拥有共同的商。但是,尽管表面上,在与商的相等关系中,分数取消了它所赖以构成自身的不等性基础,尽管在一种纯粹的几何关系的相等性中,无理数似乎也取消了为其奠定基础的不等性,但是内强的不等性仍然内含在量的外延,具体地说,即分数与无理数的外延之中——在量的外延中,内涵的不等性得到了外展。因此,在内强与内强所产生的外延之间有一种本质的不对称性,因为尽管外延排除并取消了内强,但是后者所特有的不等性仍然内含于其中。

强度的第二种特征是肯定性的。由于相等只能通过肯定不等（≠），而非规定同一（A=A）来定义，因此，两个数字 A 和 B 之间的相等关系，只能通过肯定二者与第三个数字 C 相区分的距离（≠≠）来定义：当 A ≠ C，B ≠ C 时，如果 A 与 C 之间的间距和 B 与 C 之间的间距相同，那么 A=B。（在肯定不等性的过程中所确定的）距离内在于强度中。由于强度总是至少由两个差异序列所构成（这些差异内含于强度），而且这些序列转而又由另外的差异系列构成（这些差异同样内含于这些序列中），因此，内强的综合——强度经由内强的综合被外展于离散的量和外延量——包含了对连续距离或者"深度"的肯定，后者内含于广延，但专属于不相等。肯定强度的不等性，也是就是肯定内含在其中的距离和深度。

内含于强度之中的距离表现（express）了强度的第三个基本特性，即包含和被包含。内强的差异从来不会被质的相等化所否定，因为它总是被内含以及内含，或者被包含以及包含于自身之中：强度作为包含的差异和被包含的距离，首先且内在地被内含于自身；而且只是次一级地或者外在地内含于广延的质以及广延的部分："深度上的差异由距离组成，但是'距离'不是一种外延的量，它是一种不可分割的非对称关系。这一非对称关系具有顺序和内强的性质，它建立在一系列异构项之间，而且表明了只要不改变事物的性质，那么它的性质就是不可分割的。"（Deleuze 1968: 306, 1994: 238）包含在内强差异之中的距离，使得后者不可被分割为离散的广延部分。因此，内强的量构成了一个连续体，在不改变它的状态的前提下，是无法将其分割开来的。内强的距离将自身外展为空间广延的三个维度：左右、上下、图形和背景；然而，它仍然内含于广延空间，作为内强空间（spatium）的纯粹深度。

此外，差异自身的内强性以及于外延之中的外展衍生出了这样一个幻觉：借此，物理系统（physical systems）可以被再现为一种从差异化（微分化）到非差异化（非微分化）状态的运动，或者从不平衡到平衡状态的运动。熵是一种先验的物理幻觉，当再现将强度在广延之中的外在内含与其自身之中的内在内含合并之时，它才会出现：

> 熵的悖论可以陈述如下：虽然熵是外延因素，但是和其他外延的因素不同，它自身就是内含于强度之中的外延或者"外展"；它只有以被内含方式存有，而不能独立于内含存有；这是因为它的作用就在于使一种普遍的运动成为可能，借由这种运动，被内含之物才可以被外展或者延展（extended）。因此，存在

着一个先验的幻觉，它在本质上将热量的质（qualitas）以及外延，也就是熵联系在一起。（Deleuze 1968: 295, 1994: 229，译文有所改动）

对于德勒兹来说，熵原理的设定是悖论的，因为它包含了对一种外延的因素的设定，以便能够解释强度的外展，但是强度的展开只能被视为一种被外展于强度之中的纯粹内强实存。虽然自相矛盾地将外延因素内含于强度之中的做法，是为了能够解释它的外展，但是德勒兹却坚持认为，我们有必要理解强度的本性是如何在外展自身的同时又一直内在于自身的（正如它所做的那样）："因为差异没有停止在自身之中存在，它在自身中没有停止被内含，即便它被外展于自身之外"（Deleuze 1968: 294, 1994: 228，译文有所改动）。这也就是说，"差异本质是被内含的，差异的存在就是内含"（Deleuze 1968: 293, 1994: 228，译文有所改动）。

正如我们将要看到的那样，因为强度本质上是实行个体化的（individuating）东西，所以差异才能外展自身。此外，当我们随后详细考察《差异与重复》对活力论的认可时（当我们说"活力论"的时候，仅仅意味着物理和化学原则无法解释生物学的一些功能和过程），我们还将重新审视这一将熵斥责为先验物理幻想的观点。但首先我们必须思考上述提到的观点,即"差异的存在就是内含"与强度构成了"感性物的存在"(Deleuze 1968: 305, 1994: 236)的主张之间的关联。德勒兹将观念潜能的差异化(微分化)——作为成问题的繁复体——和它们事实的分化(differenciation)之区别中的本体论差异,改写为外延的部分和质。存在不是在现实的再现中被给予的;它对应的是潜能的差异化(微分化)(differentiation)的成问题维度——潜在差异化(微分化)的分化,生发了作为(通常只是部分的)解决方案的现实。因此,存在本身就是有问题的,因为它既是完全差异化(微分化)的,又是未分化(un-differenciated)的。强度是感性之中的悖论实例,它对应于这种有问题的存在的观念性——它既是不能被感觉(sensed)的,又是只能被感觉的东西。它无法被感觉,是因为它不是被给予的,相反,被给予者通过它而产生(Deleuze 1968: 305, 1994: 236)。正如我们已经看到的,强度的外展生发了空间广延的三重维度,在这三重维度中,知觉(perception)产生了:左右是第一重维度,上下是第二重维度,图形和背景是第三重维度。但是,被内含于空间广延的三重维度之中的内强的深度是在知觉中不可知觉的，然而同时又只能被感觉到的东西。而且，强度作为无法被感觉（*sentiendum*）而只能被感觉的东西，唤起了无法追忆（*memorandum*）而只能被记住的东西的记忆，这转而强迫思想面对未被思考的（*cogitandum*）但只能被思考的东西（Deleuze 1968: 183, 1994: 140-1）。强度，作为不可感知的但又生发感觉的东西，是诸能力不协和运用（discordant exercise）的催化剂。借此，在面对定义了它的特有对象之存在的悖论实例时，每一种能力都被迫超越自身的界限："从感性存在（*sentiendum*）到思维存在（*cogitandum*），强迫我们思考之物的暴力展开了。[……] 所有这些能力并没有聚合起来为认知客体共同付出努力，我们反倒见证了离散的作用，每一种能力都在根本上关涉它的东西中直面专属于它的东西"（Deleuze 1968: 298, 1994: 231，译文有所改动）。然而，"超越"在此并不意味着这些能力指向某种超越于世界的客体，而是表明，这些能力被迫"要把握那些存在于世界之中且仅关涉它的东西，以及诞生它于这个世界的东西"（Deleuze 1968: 186, 1994: 143）。经由（与经验的协和之运用相对的）超越的不协和的运用，每种能力都通向了它自己成问题的本体论（problematic-ontological）维度：所以，感性存在标志着感性的本体论维度；

记忆存在意味着记忆的本体论维度；思维存在标志着思维的本体论维度。这些能力的超越性运用因此标志着，思想被迫进入存在以及存在于思维中被遭遇的接合处（Deleuze 1968: 252, 1994: 195）。然而，感性是我们能够原初地通向内强者的能力，它保留了这样一种特权，即作为遭遇发生的来源，它强迫我们去思考："从内强者到思想，思想总是经由强度来到我们身上。如果感性享有作为起源的特权，那是因为强迫我们去感受的东西和只能被我们所感受的东西在遭遇中是同一种东西，无论这两个实例在其他的情况中是否有所区别"（Deleuze 1968: 188, 1994: 144-5，译文有所改动）。因此，虽然熵的幻想是为了迎合良知（bon sens）以及常识（sens commun）的需求而被生发的——良知与常识主导了不同能力的经验运用，并且只有在强度已经被外展于广延的质的情况下才允许强度得到把握，但是当这些能力的协和（concordia facultatum）被"不协和的协和"（accord discordant）所中断之时，这一幻想就遭到了揭露。在"不协和的协和"中，感性存在（sentiendum）[1]产生了思维存在，随之而来的发现是，"当强度映射在外

---

[1] 布拉西耶的原文为"wherein the sentendium gives rise to the *cogitandum*"。此处疑出现笔误，应为 sentiendum。——译者注

延性以及它创造的质之时，强度仍然被内含于自身，在它被映射在它所制造的广延和质中时，它将继续包含着差异、广延与只是次一级内含强度，只要足够'展开（explain）它'就行了"（Deleuze 1968: 309, 1994: 240，译文有所改动）。

因此，如果熵被称为先验的物理幻想，那是因为强度的外展是熵能被再现的前提，它指向一种客观的实在，而不仅仅是一种主观的欺骗。然而，正如我们所看到的，强度只能在自身之外展开自身，与此同时，它作为包含的差异的东西以及被包含的距离仍然被内含于自身之中。于是问题是：为什么强度一开始被驱使着外化（externalize）自身呢？为什么它不能仅保持自我被包含与包含，而不将自身外化于广延之中呢？答案就在德勒兹的个体化理论之中。[1] 个体化解释了强度在量的广延中被外展的过程，解释了为何强度不只是存自身之中的原因。因为，不仅强度是"现实化过程中的唯一规定要素"（Deleuze 1968: 316, 1994: 245），而且个体化差异的内强本质将潜能和现实、观念者和感性者绑缚在一起，从而为现实化提供了充足理由："正是个体化保证了这两个不相似的重要一半得以

---

[1] 德勒兹的解释很大程度上受惠于吉尔伯特·西蒙东（Gilbert Simondon）的《个体和它的物理生物起源》（*L'Individu et sa genèse physico-biologique*, Paris: PUF, 1964）。

嵌合（即潜能的和现实的）。"（Deleuze 1968: 358, 1994: 280）现实化的发生伴随着三个序列：空间的序列、时间的序列以及精神的序列。（Deleuze 1968: 284, 1994: 220）因此，个体化就有空间、时间和精神的三个层面。而且，正是个体化的内强本质，规定了观念在时空"戏剧化"模式中的现实化。海德格尔对形而上学将存在规定为现成在手之物提出了质疑，并预先对关于事物之本质或"物性"（whatness）的质询做出了判断，而德勒兹则将"什么是X"这个问题，以及这个问题背后所隐含的对存在类似的分配，替换为一种"戏剧化的方法"，在其中观念不再被把握为一个再现单位，而是一种成问题的繁复体，其显著特征与"谁""如何""何时""在哪""多少"这些问题相对应（Deleuze 1968: 236, 1994: 188）。[1]但是由于个体化是潜能差异化（微分化）之现实分化的规定性要素，所以"个体化回答了谁的问题，正如观念回答了'如何'的问题那样，'有多少''谁'总是一种强度"（Deleuze 1968: 317, 1994: 246，译文有所改动）。于是，"所有的个体性都是内强的"（Deleuze 1968: 317, 1994: 246）。因此，强度作为个体化差异，成了德勒

---

[1] 参见 G. Deleuze, 'La méthode de dramatisation' in *L'île déserte et autres textes*, Paris: Minuit, 2002b, 131-62。

兹《差异与重复》中所提出的本体论单义性之恢复的关键。如果存在只是"在其诸种个体化差异或者说不同的内在样态的唯一以及相同的意义上来说的"（Deleuze 1968: 53, 1994: 36），那是因为强度将单义性的存在直接与实行客体化的差异联系在一起。德勒兹对再现的批判使得他可以绕过康德哲学认知路径的成问题者，但是他对单义性的恢复实际上使得海德格尔哲学本体论路径的成问题者也失效了，这正是因为精神的个体化——它是由诸能力的超越性运用所揭晓的，以及在第三次时间综合中所完善的——标记了一个交汇点，在这个交汇点上，观念的辩证法和强度的美学，或者说观念性和感性，最终汇聚于思想和存在的双重起源。然而，由于个体化差异恰恰是那种从再现的大网之中逃逸的东西，于是个体化的思考就使得一种思考之中的个体化，以及思考的个体化成为必需。[1]这就是第三次综合的功能，德勒兹将其和永恒复归的肯定相联结。思考通过它的本体论差异的内强重复被个体化；更准确地说，思考通过重复存在的个体化差异被个体化，这样一种重复实现了思想从

---

[1] 这一至关重要的动检应该归功于阿尔贝托·托斯卡诺（Alberto Toscano）不可或缺的研究著作 *The Theatre of Production: Philosophy and Individuation between Kant and Deleuze*, Basingstoke: Palgrave Macmillan, 2006。尤其参见第六章和结论部分，第157-201页。

静观的再现到本体论的产物的转换："在永恒复归之中，单义的存在不只是被思考了，甚至被肯定了，而且它还被充分地实在化了。"（Deleuze 1968: 60, 1994: 41-2）通过实在化单义性的存在，思考超越了再现，通向了潜在于外延现象之下的内强本体。因此，个体化的思考和思考的个体化之间互为前提的关系标记了这样一个点，在这一点上，单义性的内在和本体论的超越性被相互衔接在一起。

6.6 个体化和个体

德勒兹从时空动力（dynamismes spatio-temporels）的角度描述了个体化的内在动态本性："它们是现实化，差异化（微分化）的动原（agencies）。"（Deleuze 1968: 276, 1994: 214）强度是时空动力："强度被直接表现于基础的时空动力之中，它将观念之中'不清楚的'差异关系，在它的规定下，化身于某种清楚的质和突出的广延之中。"（Deleuze 1968: 316, 1994: 245，译文有所改动）强度是个体，但是个体不能和个体化混淆。个体化是动态的过程，它以一种内强的个体与观念所生产的前个体奇点之间的正向反馈回路为特点。于是，差异关系在观念领域的静态交错（perplication）和强度在感性领域（domaine）的动态内含之间的结合，就由个体化的场域（field）所标明了。因此，"强度只预设和表现差异关系；个体只预设观念"（Deleuze 1968: 324, 1994: 252）。观念有清楚的（distinct）和模糊的（obscure）双重特点。它们之所以是清楚的，是因为它们是完全差异化（微分化）的——通过关系的相互规定以及点的完全规定；它们之所以是模糊的，是因为它们还未被分化——由于所有的观念在潜能的交错的状态中，彼此共存。出于同样的原因，强度既是明白的（clear），也是含混的（confused）。它们之所以是明白的，是因为它们包含；而之所以是含混的，则是因为它们被包含。于是，实行包含的深度的明晰性（clarity）就和被包含的距离的含混状态是分不开的。所以，在个体化中，强度的内含（implication of intensities）表现了观念的交错。实行包含的深度明白地表现了观念之中清楚的关系和点。此外，实行包含的深度还构成了个体化差异的场域，而被包含的距离构成了个体的差异。强度之所以是个体化的，恰恰是因为它表现了观念，但是这样一种表现[1]却是思想的功能："观念统一体的清楚

---

[1] 要理解"表现"在德勒兹思想中的所发挥作用与这里所呈现的有何不同，参见 Len Lawlor, 'The End of Phenomenology: Expressionism in Deleuze and Merleau-Ponty' in *Continental Philosophy Review*, Vol. 31, No. 1, 1998, 15-34；及 Simon Duffy, 'The Logic of Expression in Deleuze's *Expressionism in Philosophy: Spinoza*: A Strategy of Engagement' in *International Journal of Philosophical Studies*, Vol. 12, No. 1, 2004, 47-60。

与模糊,对应着个体化内强的统一体的明白-含混（clear-confused）。明白-含混不是观念的特征,但却是思想者的特征,思想者思考观念,表现观念。因为思想者是个体本身。"（Deleuze 1968: 325, 1994: 253,译文有所改动）强度作为时空动力之所以蕴含（harbours）了一个个体的思想者,正是因为它是一个观念的表现。因此,德勒兹坚持认为,观念在感性者的领域找到了自己的表现,因为强度不仅思考,而且还和思想分不开；即便一种思想不再是再现意识（representational consciousness）的功能：

> 每一种时空动力都标志着一种初级意识的出现,这种初级意识描绘方向,双重化了运动和移动,它产生于与意识的身体或者对象有关的奇异性被浓缩的阈限处。说意识是对某物的意识远远不够,它是此物的复身（the double）,其中任何一个事物都是意识,因为它拥有复身,尽管这一复身离它非常遥远,且与之十分陌生。(Deleuze 1968: 316, 1994: 220,译文有所改动)

然而,产生于时空动力之中的初级意识和被意识所"双重化"的物体与对象之间的关系究竟是什么？这一神秘的"双重化"的本性又是什么呢？答案就在作为"实行表现"（expressing）的强度和"被表现"（expressed）

的观念的关联之中。现实化的运动对应了存在之中的分叉（fork）：一方面，是作为"实行表现"的内强个体明白-含混的思想；另一方面，是作为"被表现的"观念中清楚-模糊（distinct-obscure）的差异（Deleuze 1968: 326, 1994: 253）。在现实化中，单义性的存在分化为内强思考者所表现的思想——时空动力的"幼生主体"（larval subject）——以及被表现的观念。于是，思想和事物、思考和存在之间的差异就不是通向事物的超越性条件——尽管对于再现的哲学来说，这一点是成立的——而是内在于事物之中。在现实化之中，每一种事物既是观念的表现，又是观念借以被表现的思想："还原到身体和事物内强的原因，它们表现了一种观念，而这种观念的实现是由它们规定的。就此而言，每一具身体，每一个事物都在思考，而且它们自身就是一种思想。"（Deleuze 1968: 327, 1994: 254，译文有所改动）因此，事物自己规定了它们的现实化，因为它们是幼生主体所占据的时空动力的场所（loci）。幼生主体的思想明白-含混地表现了观念中清楚-模糊的差异。就时空动力的幼生主体明白地表现了观念中的一个区分而言，它就是个体化差异的思考者。所以，个体化差异就是"制造差异的"（Deleuze 1968: 43, 1994: 28）思想。

它是"差异的分化者""阴暗的预兆",通过它,观念之中的差异得以和强度之中的差异相勾连(Deleuze 1968: 154, 1994: 117)。内强个体或者幼生者是这样一种思考者,它对观念中清楚的关系和点的表现,生发了个体化差异。经由这种个体化差异,潜能者被现实化。

因此,从抽象的普遍向具体的个别的个体化,不是经由属的逐渐特殊化(specification)和不同部分的持续划分,而是通过不连续的间断以及一种亚稳定(métastable)系统之中的突然转变(abrupt transitions)而实现的。这种亚稳定系统由两个异质系列之间潜在的差异所构成,即差异关系的相互规定与(观念之中的)奇异点和特异点(singular and remarkable points)的完全规定的异质系列,以及强度外展入广延的被分化部分和质的异质系列。时空动力的幼生主体所表现的个体化差异是分化的行动者,借此,这些异质系列之间的潜在龃龉(disparité)穿过了不平衡的临界阈限(critical threshold of disequilibrium),导致了信息的突然交换,借此,观念的差异化(微分化)进入内在共振与外延分化的关系中。个体化差异将现实化规定为潜能和现实之间龃龉的解决,通过它,差异的关系被分化为一种物理的质化(qualification)或者生物的组织化,奇异点和特异点的对应分配（distribution）被化身于物理的部分化（partition）或者生物特殊化之中。个体化差异是作为差异之分化者的"龃龉之物"或者阴暗的预兆；由内强差异的"龃龉性"（disparate）所生发的"龃龉之物"（the disparity）。[1]

最终，个体化规定了现实化，个体化的展开依据的是表现的思想和被表现的观念之间的分叉。而这一分叉则是作为包含和被包含的强度本性之功能。因此，个体化与个体差异之间的区分建立在德勒兹将强度解释为本质地内含（essentially implicating）的基础上。此外，时空动力的幼生主体，不仅是个体化的催化剂，（因此）也是现实化的催化剂，因为正是他对观念之中区分的明白表现"制造了差异"。幼生主体为现实化中的分叉提供了通道（conduit），因为它既是个体化的承受者（或者说观念的表现），也是个体化的行动者（或者实行表现的思想）。但是，这一时空动力以及与之相关的幼生主体是如何产生的呢？实行表

---

[1] "我们将这个阴暗的预兆，这种使得龃龉的或者异质的系列关联在一起的差异自身，这种二阶差异称之为'龃龉'。"（Deleuze 1968:157, 1994:120，译文有所改动）"我们将这种被无限一分为二的，无限共振的差异状态，称之为龃龉。龃龉，也就是差异或者强度（强度的差异），是现象的充足理由，是事物显现的条件。[……]感性物的理由，显现物的条件不是空间与事件，而是不等本身，或者是在强度差异、作为差异的强度中被包含和被决定龃龉性（disparateness）。"（Deleuze 1968:287, 1994:222-3，译文有所改动）

现的思想和被表现的观念之间的关联的基础是什么？正如我们将要看到的那样，二者都在时空的被动综合中得到了解释。

6.7 时空的综合

强度综合了时间和空间：它是在时间的三种综合（现在、过去、未来）与空间的三种综合（外展、内含、脱根基 [ungrounding]）之间起到桎梏作用（yorking）的东西。时间的第一种综合是对习性的被动综合之中的活生生的现在的缩合。习性活生生的现在存在于两种赤裸的或者空间性的重复（部分之外还有部分的重复）之差异的缩合之中，这样一种缩合被德勒兹所谓的"被动自我"所静观：

> 被动的自我不仅仅是由接受性所定义的，也就是说，不是由经受感觉的能力所定义的，而是被缩合的静观所定义的，后者在构成有机体的感觉之前，先行构成了有机体自身。[……] 这些自我是幼生的主体；虽然被动综合的世界在有待被规定的条件下构成了自我的系统，但却是一种自我消解的系统。(Deleuze 1968: 107, 1994: 78，译文有所改动)

习性的幼生主体不只是所有有机生命的基本成分，而且还为其他精神现象,包括再现的意识的产生提供了基础(Deleuze 1968: 107, 1994: 78)。习性中活生生的现在的基本缩合构成了重复的原初呈现,后者化身于一种基本的意识之中。这种基本的意识既不是再现的,也不是被再现的,而是被再现所预设的。因此,被缩合的现在是对过去的持留(rétention),以及对未来的预期(expectancy),二者都内在于活生生的当下。它是方向的表现,时间之箭沿着这个方向从过去射向未来,从特殊射向普遍,从不平衡射向平衡。这样,综合就构成了良知,并度量了强度在外延中自我抵消的时间(Deleuze 1968: 289, 1994: 224)。[1] 因此,现在的缩合对应于空间的综合,借此,强度在广延中被外展。

然而,德勒兹强调,活生生的现在的悖论是,它用一段时间构成了现在,但是这段时间本身却是未被构成的(un-constituted)。活生生的现在是时间的经验性基础(foundation),但是,这一基础需要一个先验的根基(ground),它以一种过去的综合的形式,构成了现在可以于其中流逝(pass)的时间(Deleuze 1968: 108, 1994: 79)。因为,如果过去为了成为过去,而不得不等待一个

---

[1] "当一种分配倾向于消除被分配之物中的差异时,它就与良知相一致。"(Deleuze 1968:289, 1994:224,译文有所改动)

新的现在,那么它就会证明,新的现在永远不会到来,就像旧的过去不可能后退一样。因此,追随柏格森的脚步,德勒兹坚持认为,在过去必须被建构为过去的"同时",它也必须被建构为现在——只有当现在已经和它"将是"的过去是同时发生的情况下,现在才能流逝。这种过去和现在的同时性构成了纯粹过去的第一个悖论方面。但是如果每一个过去和它"已经"是的现在同时发生的话,那么过去作为整体就和每一个现在相共存,因为我们既不能说过去被包含在现实的现在之中——相较于现实的现在,过去在此刻才是过去的;也不能说过去跟随在它已经是的、也已流逝的现在之"后"(Deleuze 1968: 111, 1994: 81-2)。因此,每一个现实的现在都只是整体过去中缩合程度最高的一个点。与现在共存是纯粹过去的第二个悖论方面。此外,尽管纯粹的过去允许旧的过去流逝、新的过去到来,但它恰恰是不会生发也不会消亡的东西:"人不能说'它曾在'(it was)。它不再存有(exist),它不存有。然而,它持存(insists),它并存(consists),它存在(is)。"(Deleuze 1968: 111, 1994: 82,译文有所改动)结果,纯粹的过去作为所有时间的先天要素,前存于(pre-exists)正在流逝的现在。这是它的第三个悖论的方面。因此,先验记忆就是纯粹过去三个悖论方面的被动综合：与它已经是的现在同时，与现在（相对于现在，先验的记忆是过去）共存，而且前存于（pre-existence）正在流逝的现在。

然而，记忆的被动综合隐含着一种双重层面，因为它不仅为习性的被动（次再现）综合奠基，而且还为在记忆主动综合中的过去之再现提供了先决条件。追随胡塞尔，德勒兹区分了持留在活生生的现在之中的过去和在记忆中再生的过去。持留在活生生的现在之中的特殊过去属于实际现在的过去，它不仅构成了面向未来的一般性要素，而且还是对未来的预测（anticipation）。但是，在记忆中再生的过去构成了一般性要素，在其中，特定的现在——无论是已逝去的现在，还是现实的现在——被中介。于是，特殊性便居于作为"已经存在过"的已逝去的现在，而纯粹的过去构成了一般性要素，也就是"曾在者"——这种特殊性在"曾在"者中被意指（intended）。因此，纯粹的过去就是一般性要素，在其中，旧的现在可以被再现于现实的现在。但是，已逝去的现在于实际现在中的每次再现，同样也包含过去于其中存在的现在的再现。于是，再现总是再现自身（Deleuze 1968: 109, 1994: 80）。结果，已逝去的现在和现实的现在之间的关系，就不是一条时间线之上的两个连续时刻的关系。相反,现实的现在总是具有一个补充性的维度。由此,现实的现在不仅再现已逝去的现在,而且也将自己再现为现实(actual):现实的现在在对已逝去的现在的回忆中,映射(反思)了自身。于是,回忆的积极综合蕴含两个维度:对已逝去现在的再生,以及对现实的现在的映射。这两个维度被展开于所有的再现之中。[1] 然而,纯粹的过去不能被还原为(被再生于)再现中的过去;它既是再现的条件,也是次再现综合的根基——在后者的基础上,再现被建立。在现在的条件下,习性的被动综合通过瞬间(instants)的缩合构成了时间;而在纯粹过去的条件下,记忆的主动综合将时间建构为某种诸现在(presents)的相互嵌合(embeding);所以,后者不仅为活生生的现在的被动构成提供了根基,而且为(在现在之中被反映的)过去的主动再生提供了先决条件(Deleuze 1968: 110, 1994: 81)。而且,鉴于过去和现在被留存于活生生的现在的内在维度之中,因此无论是现实的现在(过去在其中被再生),还是未来的现在(反映在现实的现在

---

[1] 德勒兹在随后的所有著作中所始终强烈谴责了这一由映射所建构的并且内在于再现中的补充性维度。因此,他对"内在性"与日俱增的坚持——这是哲学思想的特有元素,以及对同时建构它和表现它的必要性的坚持,直接来自于《差异与重复》中的对反思意识次要性和衍生性的批判界定。

之中）都是纯粹过去的内在维度。这就是纯粹的过去为何不是时间的维度，而是时间整体之综合的原因。由于纯粹的过去为已逝去的现在的再生以及现实的现在的再现奠基，因此，它就是再现的时间结构的条件；但是，它自身无法被再现。记忆的积极综合依据过去的现在的复制以及实际现在的反映的双重层面再现了现在。但是，纯粹过去的要素——在其中过去和将在的现在被意指——仍然是自在的，即便它为过去和未来的现在的再现奠定了基础。

再一次效仿柏格森，德勒兹从不同程度的缩合与绵延之舒张的垂直共存的角度，描述了作为整体的过去被保留于自身之中的方式。绵延在内部被差异化（微分化）所依据的是标示着现实化不同比率的时间节奏的多样性。于是，纯粹的过去构成一种共存的潜能总体，在其中，缩合的程度和绵延的舒张在差异但重叠的层面——不同的层面表示观念中一系列不同的差异关系和奇异点——上重复彼此。因此，每一个现在都有两副面孔：就它在记忆中被奠基——在记忆中，作为潜能全体的过去，被内强地重复——而言，它是绵延中缩合程度最高的那个点；而就它被建立在习性的重复基础上——习性从赤裸的或者空间的重复中缩合了差异——而言，它又是自身最大程度的舒张。"现在总是

6 纯粹且空无的死亡 / 337

一种被缩合的差异；就前一种重复而言，它缩合了无差异的瞬间，就后一种重复而言，在趋向于极限的时刻，它缩合了一个整体的差异层面——这一差异层面自身就是一次舒张或者缩合。"（Deleuze 1968: 114, 1994: 84，译文有所改动）在习性中现在的缩合与在记忆中过去的缩合之间的接合，是理解内强差异以何种方式被外展于外延重复之中的关键。习性之中的赤裸重复的缩合与记忆中着装的重复的缩合之间的每一次接合，都被一个幼生的主体所规定。这个幼生主体的个体化差异的思想，规定了潜能的过去的现实化。现实化可变的节奏，取决于以下二者之间的相互变异：（1）包含的内在性对观念之中的关系和点的清晰表现；（2）被包含的内在性对它们模糊的交错的含混表现。现实化节奏中的变异规定了强度被内含于自身以及被外展于广延的不同程度。前者是后者在外部的包装（envelope）：广延的赤裸重复外展了着装的重复，而着装的或者说内强的重复则不断被外展于赤裸的重复之中（Deleuze 1968: 370, 1994: 289）。根据强度明白 - 含混地将观念表现为绵延潜能地共存的不同程度（virtually co-existing degrees），而它在广延中的外展则对应于习性的赤裸重复。然而，赤裸的或者空间的重复被奠基于记忆的被动综合之中，后者将内强的差异外展于广延之中。因此，空间的综合——借此，内强的深度被展开于广延之中——有赖于记忆的综合（Deleuze 1968: 296, 1994: 230）。内强的空间（spatium）就是空间对时间的记忆。记忆的缩合构成了内强差异的原初次再现的（originary sub-representational）深度，如果没有这一原初次再现的深度，那么习性在广延之中的缩合将是不可能的。此外，由于后者只是前者的包装，外延的空间就只是内强时间的去差异化（微分化）（de-differentiation），更准确地说，是内强时间实行客体化的现实化或者"个体差异/微分化"（indi-different/ciation）。因此，作为时间性强度之最大程度缩合的空间与作为空间性外延之最小程度松弛的时间的关系就完全在时间之内。如果作为绵延的时间本身从属于精神（"esprit"），那么它恰好就是幼生主体的精神，它对个体化差异的思考，规定了（作为记忆缩合的）潜能物的现实化。于是，对德勒兹而言，就像柏格森所认为的那样，物质要被理解为"精神的梦想或者精神最为松弛的过去"（Deleuze 1968: 114, 1994: 84，译文有所改动）。时空综合的幼生主体梦想着物质可以通过它的思想的个体化差异而形成，因为它明白地表现了观念之中的区别。

6.8 思考的分裂

然而，实行表现的思想和被表现的观念之间的关联是如何形成的呢？强度和思想之间的对应关系是现实化的途径，但是什么生发了这一对应关系呢？德勒兹将第一和第二种被动综合之间的关联描述为时间的经验基础和时间的先验与形而上学根基之间的关联。记忆的综合蕴含了一个先验方面，因为它构成了使现在流逝的过去之存在，但它同时也蕴含了一个形而上学方面，因为它将纯粹过去的"自在"视为现在的意识的根基（Deleuze 1968: 374, 1994: 293）。于是，习性的缩合就在有机体中为时间的身体呈现（the physical presentation）提供了基础，但是记忆的缩合为它在意识中的形而上学再现奠定了根基。这一奠基之所以是形而上学的，恰恰是因为它允许过去——对照过去，现在流逝——被呈现为后者的原初模型。再现设立（institutes）了一系列同中心的现在（concentric presents），从一个原初的、但总是已经逝去的现在开始，在不断扩大的（ever-widening）圆弧中，持续地向外扩展。这样的结果就是，先天过去与它所奠基的现在之间的关系变成了一种相似的关系，过去和现在的差异服从于概念之中的同一性（Deleuze 1968: 351, 1994: 274）。但是，现实化的发生凭借的是个体化差异，后者是观念之中差异化（微分化）的规定（determination），而不是概念中的差异的特殊化。于是，现实化是两种差异之间的差异的规定：被缩合于现在的不同瞬间的外在差异与记忆缩合的不同程度之间的内在差异。过去和现在的差异居于差异的两种缩合之间，也就是广延中的重复和强度中的重复之间。就广延而言，它是外部相联系的连续瞬间（partes extra partes，部分之外还有部分）的广延；就强度而言，它是内部相联系的（过去的）共存层面的强度。

现实化作为习性缩合与记忆缩合之差异的规定，暗含了第三种综合，正是后者设立了表现和被表现、思想和观念之间的对应关系。幼生主体被动自我中的思想之规定和观念中成问题的存在之未规定（也就是，未分化）之间，有着作为先验条件的时间纯粹和空（empty）的形式，在这一先验条件之下，非规定的变成了规定（Deleuze 1968: 220, 1994: 169）。它是"纯粹的"，因为它是内在于思考的专有的（exclusively）逻辑时间，而非思想于其中展开的序时性时间。它是"空"的，因为它既缺少经验的内容（习性的活生生的现在），也缺乏形而上学的内容（本体论记忆的缩合与松弛）。它是"先验的"，因为它保证了思想（表现)和存在(被表现)之间的先天对应。因此,它建构了思想的规定和存在的可规定性之间的关联,前者是作为内强的思考者所产生的个体化差异,后者则是作为差异化(微分化)的但却未分化的前个体领域。于是,时间的第三次综合将本体论意义的起源解释为在思想中被表现的东西[1],而且将单义的存在和其个体化差异直接联系在了一起,即将被表现者与其表现直接联系在了一起。就此而言,它和诸能力的超越性运用密不可分——观念就是通过后者才被生发出来的(Deleuze 1968: 251, 1994: 194)。第三次综合是真正的本体论综合,它将现实化规定为,后者通过过去和现在的分化生发了未来。此外,作为未来的现实化,它为包含在过去和未来中的现实化提供了条件,因为它在思想和观念之间建立起了对应关系。这一对应关系已经被预设于思想和观念之中了。因此,第三次综合不仅生发了存在于两种差异之间的特殊本体论差异——外在的差异区分了缩合于现在的诸瞬间,内在的差异分离了记忆的诸缩合——而且还将它所分离的东西聚合在一起,因为它在(被缩合于现在的)幼生思想与(化身于不同程度的本体论记忆之

---

[1] "意义就像观念一样,是从次再现的规定中发展而来的。"(Deleuze 1968: 201, 1994: 155,译文有所改动)

缩合中的）观念之间建立起了对应关系。时间纯粹且空的"分裂"将思想和存在结合在一起，即便它将过去和现在（作为被保留在观念之中的不同程度的缩合）区分了开来："因为，正如差异是对它所区分的东西的直接聚合和接合，所以这一分裂保留了它所分离的东西的，观念（Ideas）保留了它们被隔开的（sundered）诸环节。"（Deleuze 1968: 220, 1994: 170，译文有所改动）因此，思考绝不是构成意识的活动。同样，先验的综合也并未被锚定在再现之中。相反，思想和思想的主体是由时间空的形式所产生的，它分裂了应位于思想的起源的"我"（I），并将"我"和幼生意识关联在一起。这种幼生意识通过前个体奇异点（观念未被分化的"无根基性"[groundlessness]）的缩合性静观起成型（crystallize）的作用：

> 正是时间空的形式在思想之中引入并构成了差异。这一差异就是未规定者和规定之间的差异，在这一差异的基础上思想思考。正是时间空的形式将自身分化为我和被动的自我——前者被抽象的线分裂，后者产生于它所静观的无根基性之中。正是时间空的形式在思想中产生了思考，因为思考只伴随着差异，围绕着这一脱根基的点来思考差异。（Deleuze 1968: 354,

1994: 276，译文有所改动）

在被动自我的规定和被观念所分裂的我的未规定之间，存在着由思考所生发的差异，经由后者，时间的纯粹形式在实行表现的强度和被表现的观念之间建立起了关联（Deleuze 1968: 332, 1994: 259）。因此，思考所贯彻的特殊的本体论和表现了那种差异的（幼生主体的）明白–含混的思想之间的区别，才是关键的区别。然而，思考是一种行动，准确地说，是"最强的或者最具个体性的行动"（Deleuze 1968: 285, 1994: 221），因为它推翻了"我"的同一性和"自我"的相似性。

6.9 行为的休止

在与强度（思维存在 [the *cogitandum*]）和诸能力的超越性运用相遭遇之后，于思想中产生思考的行动开始了。因此可以说，思考不是被预设的行动，或者说，不是已经被个体化的精神行动者（agent），而是某种被内强的差异所激起的东西；它是诸能力运用的结果——在其中，精神被折叠回它的个体化场域，从而以这种方式，夺取了它在"我"中的特殊化和自我之中的组织化（Deleuze 1968: 330, 1994: 257）。如果思考是最强的或者最具个体性的行动，那是因为它通过将神经内含到自己的个体化过程，从而阻止了精神奇异点习惯性地分化为"我的形式"，阻止了精神强度在自我的质料中外展。德勒兹认为在思考的行动中，"与自我变得等同的东西就是不相等自身"，换句话说，就是强度或者内强的个体化本身（Deleuze 1968: 121, 1994: 90）。思考之所以是最具个体性的行动，是因为它作为规定，闪现而出（flashes forth），并且它还在个体化中将幼生意识和前个体的奇异点（或者规定的思想与未规定的观念）关联起来。个体化将后者的无意识以及前个体深度抬升，从而击碎了现实意识的表层（Deleuze 1968: 197, 1994: 151-2）。于是，精神的个体化包含了这样一种行动，在其中，漂浮于被个体化的精神现实的前个体奇异点的内强领域，夺取了我中的意识特殊化以及自我中精神的组织化。在思考的行动中，个体变得与自身的个体化相符（adequate），而要实现这一相符，则需要通过从自我中分离出我的时间之分裂，通达前个体奇异点以及被内含的强度的领域："强度中的个体发现自己的形象既不在自我的组织化中，也不在我的特殊化中，相反，是在被分裂的我以及被消解的自我之中。"（Deleuze 1968: 332, 1994: 259）思考者在变得与内强的个体化领域（作为不等同本身）相等同的过程中，成为"普遍的个体"。而这个普遍的个体肯定了永恒的复归:"思考者,毫无疑问是永恒复归的思想者,他是个体,是普遍的个体。"(Deleuze 1968: 327, 1994: 254)

对永恒复归的肯定包含了本体论的重复行动。请记住德勒兹的宣言:"重复是行动的条件,然后才是反思的概念。"显然,思考拒绝了反思的要求以及再现的束缚。而它之所以能这样做,和本体论的重复行为显然密不可分,后者在过去的精神重复以及现在的物理重复之间制造了差异(Deleuze 1968: 374, 1994: 293)。虽然习性综合所确立的现实化将神经的个体限制在现在的重复之中,虽然由记忆综合所带出的现实化将个体限制在对过去的重复之中,但第三种重复却包含了这样一种现实化:通过这种现实化,精神的个体根据过去的重复(消除了作为被重复条件的过去)与现在的重复(消除了作为实行重复的行动者的过去)制造了未来。在习性中的对过去的物理重复以及在记忆中的对现在的精神重复之间,本体论重复出现了。它以"重复之重复"(repetition of repetition)的形式制造了未来。本体论重复不仅规定了这些重复之间的差异,而且它也取消了作为重复之被重复条件的过去,以及作为重复的实行重复之行动者(the repeating agent of repetition)的现在:

> 重复不可避免地从属于重复；从属于重复的模式或者类型。因此，边界或者"差异"就被奇异地移置了（been singularly displaced）；它不再处于初次和其他次之间，不再处于被重复者和重复之间，反而处于重复的不同类型之间。它是自身也要被重复的重复。
> （Deleuze 1968: 377, 1994: 295，译文有所改动）

正是这样一种本体论的重复行动产生了思考，它是时间顺序中的一个"休止"。这个"休止"转而又将时间的分裂引入思考之中："正是这一休止以及它一劳永逸地所规定的之前与之后，构成了我的分裂（恰恰是休止产生了分裂）。"（Deleuze 1968: 120, 1994: 89，译文有所改动）休止构建了一种顺序，一个总体，一个时间的序列。相对于将时间的纯粹形式从其序时性的连续经验内容中分离出来的行动——该行动发生于静态综合的同时性之中——它完成了对时间的分类，即将时间分配为"之前""其中""之后"。而在"之前""其中""之后"的静态综合之中，存在着将时间配置为一个整体（a whole）的行动，通过为这一行动确定（fixing）一个形象或者符号，它规定了时间的总体性（永恒复归恰恰就是这样一种形象或者符号）。最后，它建立了时间的序列。其建立时间序列的方式为：

对根植于现在的重复与根植于过去的重复之间的差异做出规定。而要想做出这样的规定，就要重复这些重复，但同时消除被重复的过去以及实行重复的现在（Deleuze 1968: 379, 1994: 297）。

因此，按照德勒兹的说法，这个休止完成了一次使时间脱节的赋序（ordination）（Deleuze 1968: 119, 1994: 88）。时间的节（joint）就是那些使得时间服从于周期性运动（periodic movement）的基点（cardinal points），后者所依据的是一种相继的尺度（a measure of succession）：第一、第二、第三；过去、现在、未来。此外，相继的关系不仅存在于单个序列的各个项之间——第一个序列中的第一、第二、第三——而且还可以跨越序列——第一个序列、第二个序列、第三个序列——同样，也存在于相继序列的各个项之间——第一个序列中的第一（1_1）、第二个序列中的第一（1_2）、第三个序列中的第一（1_3）。因此，虽然时间已经被接合（jointed）在一起，并且服从于运动的数字，但它仍然按照相继的重复循环被连接（articulated），仍然按照内在的循环（2重复1，3重复2，等等），或者交互循环（1_2重复1_1，2_2重复2_1，等等）的重复关系被调节（coordinated）。序列中被重复的项之间，或者自身的重复的序列之间的关联,是根据类比与相似的限制(strictures)被规定的。于是,在被接合的时间支持下所进行的重复,无论它是内在循环的重复还是交互循环的重复,都保持着对同一性的服从,并因此外在于被重复者(Deleuze 1968: 376-7, 1994: 294-5)。但是,在脱节而涌现的时间中,休止依据一个确定的静态综合来安排时间序列,使其不再受制于再现的要求以及时间经验内容的动态规定(dynamic determinations)。它对各个项以及序列的分配,不再依赖于运动的尺度或者相继的顺序,因此也排除对它们的差异进行归摄的举动,无论这一归摄依据的是类比的判断(judgements of analogy),还是知觉的相似(perceptual resemblances)。通过将纯粹时间的分裂引入意识,思考的休止将时间建构为这样一种结构,在这一结构中,被重复的不再是同一性,而是一种自身已经蕴含着差异的重复本身。被重复的过去不再是它(在现在)的重复所依照的模型,被重复的现在也不再依赖于它所重复的对象,因而也就不再是摹本。因此,休止所构建的差异不是某种过去、现在和未来的差异,即被当作原初的"首个实例"和其相继的重复(第一、第二、第三)之间的差异——因为这种差异本身与再现之中的相继关系是一致的;而是只重复一次的重复("只此一次"的重复)和每一次都重复无限次的重复之间的差异。只重复一次的重复,被只重复(repeats)"已被重复无限次之物"的重复(repetition)所消除。

在休止"之前"的时间是这一行动的条件,但是这个条件的实存反过来被受制于它的行动所规定;同样,这一行动在"其中"发生的时间,起到了行动者的作用,但这个行动者的实存反过来被它所产生的,作为即将到来的"之后"的时间所取消:

> 之间和其中是而且保持着重复,但是它们只一劳永逸地重复一次。第三个重复按照时间的直线来分配它们,但是同时也消除了它们,规定它们只一劳永逸地进行一次,保证"所有的重复"都是为第三种时间单独留下的[……]边界不再是在第一次和假定的意义上使其可能的重复之间,而是在有条件的重复与第三次重复,或者在永恒复归中的重复之间,后者使其他两种重复的复归不再可能。[……]正如我们所见,不足的行动的条件不会复归,变形的行动者的条件不会复归;唯一复归的是产物中作为永恒复归的无条件者。(Deleuze 1968: 379-80, 1994: 297,译文有所改动)

因此，对永恒复归的肯定所消除的是同一者的重复，而它所产生的是作为"无条件者"的未来；是作为拟像或者"差异者和差异者通过差异本身相联系的系统"（Deleuze 1968: 383, 1994: 299，译文有所改动）的绝对新颖的实例，德勒兹明确地将其与艺术品联系在了一起（Deleuze 1968: 374-5, 1994: 293）。时间的休止做出了一次选择，在其中，强度中的重复和观念中的差异化（微分化）被从习性的重复和概念的差异中分离了出来。它标记了一个点，在这个点上，自在的差异被自为地重复。无条件的或者说绝对新颖的未来通过时间的分裂而涌现。它允许个体化在其特殊的形式和组织化的物质之间的缝隙中，上升到意识的表面。但正是这个休止在意识中生发了分裂，因此也产生了制造新东西的思想者的行动。于是，通过这一行动，意识似乎被时间的形式所分裂，由此，将新颖性引入存在之中。这一行动是复杂精神系统的独有特权。只有意识才能被折叠回它自己的前个体维度；只有精神的个体才能够和自身内强的个体化相等同。最终，只有思考者——这个哲学家和艺术家——才是"普遍的个体"。

6.10 死亡的两副面孔

就此而论,发生于思想的休止之中的精神个体化,因此也就和趋死(dying)的经验密不可分,但趋死无法被还原为生物物理学意义上的死亡。因为存在着两种死亡:一种是外部的和外延的死亡;另外一种是内部的和内强的死亡。前者可以被定义为"人称的消失以及我和自我所呈现的差异的取消"(Deleuze 1968: 149, 1994: 113,译文有所改动)。或者在更根本的意义上说,"生命的量与质回到无机物的状态",这种定义仅仅是"外部的、科学的和客观的"(Deleuze 1968: 147, 1994: 111,译文有所改动)。而后者则被定义为"个体差异的状态,当个体差异的状态不再承受由我或者自我强加于他们的形式,当他们在排除了我自身的一致性,排除了任何同一性的一致性的形态中展开"(Deleuze 1968: 149, 1994: 113,译文有所改动)。这种死亡绝不是"我的"死亡,而是一种匿名的趋死经验,在这一经验中"人们在死"(on meurt)。这种死亡不属于任何人,因为它通过精神之内的时间分裂与观念中的前个体奇异点的浮现以及强度非人称的个体化相契合。在此,德勒兹心怀赞许地提及了布朗肖对海德格尔的反转:死亡保留了人称的可能性,但趋死则意味着这一人称之可能性的不可能性，因为在趋死中，自我被分解入匿名的前个体领域（Deleuze 1968: 148-9, 1994: 112-13）。[1] 不过，与布朗肖不同的是，对德勒兹而言，恰恰是在这一前个体领域的范围内，存留着个体化的真正场所。个体化在精神中的涌现与精神最大程度的个体化相契合。就此而言，趋死就是"个体化，是个体的一次反抗，他从未在自我或者我的范围之内认识到自己，即便这些范畴是普遍的"（Deleuze 1968: 333, 1994: 259，译文有所改动）。在分裂的我以及被动的自我的断裂之间死亡的"那个人"，就是作为普遍个体的思考者。

于是，德勒兹对立了以下这两种死亡：通过时间的分裂从精神之内涌现的、作为差异最大化的死亡；通过在广延之中的外展，从物理域到来的、作为差异最小化的死亡。前者体现了内强个体化的至高点，后者代表了外延性非差异化（非微分化）的至低点。因此，"每一次死亡都双重化了，因为死亡既取消了它于外延之中所再现的巨大差异，也麇集和解放了强度之中所内含的微小差异"[2]（Deleuze

---

[1] Keith Ansell-Pearson, 'Dead or Alive' in *Viroid Life: Perspectives on Nietzsche and the Transhuman Condition*, London: Routledge, 1997, 57-83.

[2] 布拉西耶的原文为"through the swarming and the liberation of the little differences that it implicates in extensity"，而法文版为"par le fourmillement et la libération des petites différences qu'elle implique en intensité"，保罗·索顿的译本为"as well as the liberation and swarming of little differences in intensity"。布拉西耶似乎在此出现了引用错误。——译者注

1968: 333, 1994: 259, 译文有所改动）。但正是内强的死亡蕴含了真正意义上的"死亡本能"——这一点与弗洛伊德不同——因而不能从返回无机状态的冲动的角度来理解死亡，而只能被理解为内强的差异化（微分化）和外延的去差异化（去微分化），或者心灵与物质之间差异最大程度的潜在化。对德勒兹而言，死亡远非返回无机状态之冲动的表现，死亡本能为所有那些使精神"生命"无法还原为它的物理包装的东西做出了证明。死亡本能不是无机冲动的作用，而是在强度中的重复与外延中的重复之间，"制造差异"的思考行动的作用，借此，死亡本能使得着装的精神性重复绝对无法被还原为赤裸的物质性重复。它不可避免地和对复归的确认联系在一起，因为它"一劳永逸地许诺并内含了所有为一之物的死亡"（Deleuze 1968: 152, 1994: 115, 译文有所改动）。因此，死亡本能在对永恒复归的确认中表现了自身，它正是一种负熵时间的作用；这是一种纯粹的时间，在其中只有差异被重复："空且脱节的时间及其严格的形式，它的静态的顺序、支离破碎的总体性、不可逆的序列，恰恰就是死亡本能。"（Deleuze 1968: 147, 1994: 111, 译文有所改动）

最终，通过思考的休止、时间的分裂、对复归的确认以及死亡的经验,精神的个体再次被内含入个体化之中,这一切指向了一种根本的本体论反转,在其中,意识从再现的束缚之中解脱出来,成为自在差异之永恒重复的催化剂。因为通过思考的休止,强度的内含最终摆脱了它在广延之中的外展,内强的差异终于从外延的重复中解脱了出来。此外,在思考的行动之中以及通过思考的行动做出的本体论的选择,不能被限制在精神的生命中,因为考虑到德勒兹认为"所有的事物都在思考,所有的事物也都是思想",以及德勒兹对第三次综合在规定表现的思想和被表现的观念之间的关联中所扮演的关键角色的解释,毫无疑问,休止必须对现实化的所有三个维度都产生影响——物质、时间和精神——由此,它不仅内含了精神个体生命之中的转换,而且内含了自然本身之中的变形。

6.11 心灵和自然的混合

我们已经见识到德勒兹如何小心翼翼地区分现实化的物理、时间以及精神层面。但是他也依据它们在自己所化身的观念中差异化(微分化)的不同秩序,它们自身个体化的不同比率——"突然地,而且只在物理的边界处,而生物系统则接纳了奇异点相继的汇入,同时使生物系统的整个内部环境参与到在外部界限处被展开的行动之中。"（Deleuze 1968: 328, 1994: 255，译文有所改动）——与不同的形态（通过不同的形态，分化发生于它们之中），区分了物理、生物以及精神的系统：物质系统中的质化和部分化，生物和精神系统中的特殊化和组织化（Deleuze 1968: 328, 1994: 255）。所有的现实化都需要对差异做出双重的取消：首先在强度外展中，其次在现实的物理或者生物系统的分解或死亡中。第一种取消对应于作为生产性差异的差异化（微分化）的取消，第二种取消对应于被生产的差异的分化的取消。因此，现实证明了外展的支配性地位，它作为熵原理，指引着这一对生产性的和被产生的差异的取消。然而，德勒兹坚持认为，作为熵原理的展开既不能说明现实物的生产条件，也不能说明它所展现的分化。尽管它解释了一切（explain everything），但是什么也没说明（accounts for nothing）。当然，它仍然享有经验的有效性，因为它主导了质化的外延领域的运作；然而正是内强差异创造了这一领域，说明了外展占据支配地位的事实。外展是经验性的原则，在这一原则的基础之上，现实的广延被建立了起来；但是内强差异是先验原则，就它创造了外延领域，并且为经验性原则支配外延领域制造了可以依照的条件而言，它为广延的建立提供了根基（Deleuze 1968: 310, 1994: 241）。作为先验原则的内强差异，并不支配任何领域，它仍被内含于自身且超越了经验原则的权界（purview）。它为后者奠定了基础，且产生了经验原则的适用领域。因此，在由自然科学所编录的自然法则之下（beneath），是作为先验空间（*spatium*）、具有内强差异的深度。因此，"在自然法则支配世界表面的同时，永恒复归不停地在其他维度隆隆作响，这个维度就是先验的或者火山式的空间（*spatium*）的维度"（Deleuze 1968: 311, 1994: 241，译文有所改动）。结果，永恒复归远非一种自然法则，"它在纵深之中展开，或者在一种原初自然居于其混沌之中的无深度中展开，它超越了构成第二自然的辖域（jurisdictions）和法则"（Deleuze 1968: 312, 1994: 242-3，译文有所改动）。因此，永恒复归所释放的"普遍的脱根基"就不能作为意识的变形而被限制在精神的领域——在其中，心灵挣脱了再现的枷锁；它指向的是自然中的根本变形，借此，内强的深度升腾起来，吞没了广延的表面，消解了所有经验的法则和辖域。然而，这个观点似乎蕴含着某种幻想性的内含（fantastic implication），好像物质的质化和部分化，生物上的特别化和组织化，轻而易举地就可以通过思考的行

动而被消除。为了避免这一不必要的内含,德勒兹区分了质和广延的两种状态:

> 在第一种状态中,质作为一个符号,闪现于强度中的差异的距离或者间隙中;在第二种状态中,质是一个结果,它已经反作用于它的原因,并倾向于取消差异。在第一种状态中,广延仍然被内含于差异的实行包含的秩序(enveloping order)中;在第二种状态中,外延展开(explains)了差异,并在质化系统中取消了差异。这一不能在经验中被实现的区分,从永恒复归的思考的视角来看,便成了可能的。(Deleuze 1968: 314, 1994: 243-4,译文有所改动)

此外,通过将质变形为"纯粹的符号",以及仅保留只被内含在空间(*spatium*)的原初深度之中的外延,永恒复归承诺带来

> 更为美丽的质,更为明亮的颜色,更加珍贵的宝石,更具活力的广延;因为一旦质被还原为它们自己的创生理由,一旦挣脱了与否定之间的关联,它们就将永远被固着于实定差异(positive differences)的内强空间之上(onto)——于是,柏拉图在《裴多篇》

的最终预言将会实现；在这个预言中，从经验性运用中解脱出来的感性，被许给了它们所未曾见过的寺庙、星辰和众神，得到了它们所未曾听闻的肯定。（Deleuze 1968: 314, 1994: 244，译文有所改动）

美丽、明亮、珍贵及活力是审美的性质，而非认知的质化。这里所设想的变形暴露出一种先验唯美主义的视角。思想的休止在永恒复归中所做的选择，推翻了再现之中的同一性的支配，瓦解了现实中外展的辖域，以便对观念辩证法和内强美学之间的汇聚点做出肯定，以便再度将净化过的思想和改善过的感性统一在一起。德勒兹上述所提到的"符号"，既不是认知的客体，也不是客体的个别属性，而是内强本体（intensive noumenon）。它作为感性存在（sentendium）在诸能力的超越性运用中，产生了思维存在（*cogitandum*）。[1] 同样，只要广延仍然被内含于包含它的强度之中，那么要把握外延就意味着，要越过被给予者，到达内强的差异——经由内强的差异，被给予之物才能被

---

[1] "任何现象都在一个信号 - 符号系统中闪烁。我们将至少有两个异质系列；两个能够交流的龃龉秩序构成或界定的系统，称之为'信号。现象是一个符号，当龃龉进入到交流时，它在系统中闪现'。"（Deleuze 1968: 286-7, 1994: 222，译文有所改动）参见 Daniel W. Smith, 'Deleuze's Theory of Sensation: Overcoming the Kantian Duality' in *Deleuze: A Critical Reader*, ed. P. Patton, Oxford: Blackwell, 1995, 34。

产生出来。再一次,只有通过诸能力的超越性运用,这才是可能的。于是,德勒兹自己承认,质与广延两种状态的区分——质作为被分化的属性,以及质作为内强的符号;广延作为被外展的差异,强度被内含于差异中——取决于由思考行动所产生的诸能力的超越性运用。但是,这些区分似乎旨在避免这样一种暗示,即颠覆再现之中的同一性会引发现实中分化的崩溃。因此,这些区分表明,只有通过一种净化过的思想和改善过的感性,内强的自然才能从外展的经验原则所实施的差异的双重取消中获得解放。这会使得分化在现实中明确的本体论地位——无论是物理的部分和质的本体论地位,还是生物的种和器官的本体论地位——变得十分模糊。一方面,德勒兹的文本强烈地暗示,这些是客观"实在的"物理现象,在经验的层面,它的根据是外展的原则;在先验的层面,它的根基是强度中的差异。然而,与此同时,德勒兹区分质与外延的两种状态的举动则意味着,支配这些现象的外展的经验法则,对那些已通过诸能力的超越性运用被净化过的思想和感性,不再起到绑缚的作用。于是,可以说,正是诸能力的超越性运用,保证了以下二者之间的一致性:(1)对精神之中再现的颠覆;(2)内强的自然摆脱外展的桎梏的脱根基（ungrounding）。但是，如果是诸能力的超越性运用保证了精神个体化与内强的自然的接合，那么与以上对分化的"实在论"说明相反，这似乎意味着：经验实在只是再现的功能；因此，它为实际经验提供根据的作用（founding role）连同再现之中的同一性的颠覆一并瓦解了。事实上，正是由于德勒兹在经验主义的立场之上对经验的优先性的强调，导致了诸能力的超越性运用必须在观念性和感性之间扮演一种中介的角色。这一中介的角色将精神之中的转化（transformation）和自然之中的变形（metamorphosis）联系在了一起。于是，德勒兹就将实在的"抽象（认识论）"条件，替换为经验的"具体（次再现）"条件。而这一替换为如下二者的聚合提供了潜在的前提：（1）对再现之中同一性的颠覆；（2）对自然之中外展之特权的夺取。德勒兹称赞了经验主义，认为它是从"中间地带"（in the middle）出发，且存留于具体者之中，并没有为了解释具体事物而征用抽象原则之间的概念对立。[1] 此外，恰恰是因为实际经验的边界是可渗透的和变形的——它从有机体的习性一直延伸到精神的行动——所以，经验拒绝去遵从再现的范畴结构或者现象学的意向性模式。因此，《差异与

---

[1] D. Deleuze and C. Parnet, *Dialogues*, Paris: Flammarion, 1977, 68-72.

重复》的材料主要来自经验场域，这一经验的场域既不被归于认知对象的形式之下，也不受到认知主体的协调。德勒兹投身于经验的次再现维度之中——后者持存于认知者和被认知者、主体和客体的抽象化之下——的目的在于发掘一种被动综合。这一被动综合生发了感性的接受、意识的活动，以及现实的分化和再现的范畴的经验一致性。同时，他超越了现实经验中那些只是被给予的差异，并在（将观念内含入感性的）先验综合的维度探索了差异的起源。由此，正是因为经验是观念辩证法和内强审美之间的中介项，即精神和物质之间的中介项，所以，外展原则——在思想与感性中的变形消除了这样一种外展的原则——就不是生物-物理现实的"客观"方面，而是经验的一个经验维度。因为后者是由先验综合生发的，它可以被先验综合所重构。

结果，德勒兹说明了物理-生物的广延，但不能从实在论的角度去解读它，因为德勒兹的经验主义已经排除了这种实在论的解读。不过，这也使得他对本体论选择——这一选择在永恒复归中被完成——之范围的说明，在先验观念论和绝对观念论之间飘忽不定。可以从先验的角度把本体论的选择解释为，它适用于我们关于事物的经验，而不是事物本身。根据这个解释，这一选择只消除了经验之中的物理部分和质的再现，以及生物的种和器官的再现，而不是物理系统的现实部分和质，或者生物系统的现实的种和器官。然而，这也就意味着，自然科学所描述的物理-生物的广延以及外展的原则，其实是一种为了掩盖内强空间的混沌状态而由再现所生发的先验幻想。此外，这似乎也引出了一种相关主义的结论，即诸如生于地球吸积时期的物理的质化和部分化的现象，或者产生于胚胎形成之中的生物的特殊化或者机体组织化的现象，一旦离开再现，就不具有任何实在性。然而，尽管德勒兹的文本并没有排除这样一种解释，不过，诸能力的超越性运用，在思想从再现到生产的转变中，被赋予了决定性的角色。这一决定性的角色似乎指向了一种对选择范围的绝对论解释（absolutist construal of the scope of selection）。因此，如果从某种绝对的（而不只是相对的）角度解释选择范围，那么它就必须被理解为，在现实中（而不是在再现中）对分化实行了一次消除，这恰恰是因为思考的休止将内强的思想和本体的自然熔合在了一起。凭借这一熔合，内强的符号可以明确地从广延的质中被分离出来，被内含的广延最终可以脱离外展的强度。但是，如果这就是第三次综合真正的本体论范围，那么它只有在强度和观念的关联以及（因此）使存在与其个体化差异相联系的诸条件之间的关联最终被第三次综合之中的思考的休止所规定的情况下，才是可能的。在这一点上，在绝对化观念性和感性之关联的过程中，思考被赋予了规定性的角色，而这个规定性的角色就是绝对观念的一个特征。

再现中的同一性与现实经验中的分化在经验层面存在着对应关系。而在这一关系之下，是（在诸能力的超越性运用中的）内强的思考和本体的自然的绝对关联。[1] 第一次综合为现实的次再现经验建立了条件，第二次综合为意识中现实的再现建立了条件，但第三次综合则将经验从再现的桎梏里解脱了出来——再现的桎梏位于思考的休止与广延的脱根基之接合中。因此，第三次综合带来了精神和物理的熔合，越过了再现的裁定（adjudications）和外展的立法（legislatures）。通过精神之中的时间分裂，个体化差异被再度内含回前个体领域，借此，第三次综合将内强的生发（generation）从物理的退化（degeneration）的枷锁中解脱出来。精神的生命通过趋死的经验，从物理死亡的熵域

---

[1] "成问题的观念同时是自然的终极元素和细微知觉的阈下对象。学习总是要经历潜意识；它总是发生在潜意识之中，借此，建立自然与精神之间的深刻共谋关系。"（Deleuze 1968: 214, 1994: 165，译文有所改动）

中逃逸，借此，它成了观念中前个体奇异点和强度中非人称个体化之间的中介：

> 这样一个"人"(ONE)的世界或者"它们"的世界；这个世界不能被归结为日常平庸的世界，相反，在这个世界中，遭遇和共振展开了；狄俄尼索斯最终的面容、深度和无根基性的真正本性溢出了再现的范畴，并带来了拟像。(Deleuze 1968: 355, 1994: 277，译文有所改动)

6.12 复杂性的表现

物理、生物以及精神的系统不只是被化身于它们之中的观念秩序、它们的个体化比率及它们的现实化形态所区分。它们也被自身所展现出的不断增加的复杂程度所区分。德勒兹将后者定义为呈现于系统之中的"内含价值"（values of implication）或"包含中心"（centres of envelopment），它经历了个体化和现实化（Deleuze 1968: 329, 1994: 255）。这些包含中心"不是内强个体化的因素本身，而是在内在于（处于外展过程中的）复杂系统中的个体化因素的代表"（Deleuze 1968: 329, 1994: 256，译文有所改动)。它们有三个特征:首先,它们是符号(signs),闪烁于强度中的两组差异序列之间,后者构成了(生发符号的)"信号系统"(Deleuze 1968: 286-7, 1994: 222);其次,它们表现了化身于系统之中的观念的意义;最后,就它们包含了强度但不外展强度而言,这些中心证明了负熵中的局部增长,以此反抗了熵外展开的经验法则。因此,真正将复杂系统区分开来的是系统对个体化差异的体内化(incorporation),尽管后者从来不被直接表现在它们的广延(它的现实化由个体化差异所规定)之中,它们只是部分地被外展于广延之中,但是只要它们在信号-符号系统中以一种内含状态持存,那么它们就被包含于外延之中。这些系统为内在于外延系统中的内强差异构建了包含的中心,或者按照德勒兹的说法,为最近接的内强本体的现象构建了包含的中心(Deleuze 1968: 329, 1994: 256)。

因此,广延之中的系统的复杂性,可以通过个体化的因素离散地从前个体连续体分离出来并作为信号-符号系统融入其中的程度来衡量。个体化物理广延的内强因素外在于后者(信号-符号系统),所以系统中物理的质化和部分化是"只(一劳永逸地)发生一次",而且只发生在它的边界处,而那些个体化生物系统的内强因素,则被包含在有机体之中（比如遗传因素），所以后者的特殊化和组织化通过（包含了有机体内部环境与外部环境动态交互的）奇异点的汇聚，发生于相继的阶段。[1] 因此，德勒兹总结道："生命见证了另外一种秩序；这种秩序是异质的，是另外一个维度的秩序——仿佛它的个体化因素或者原子是凭借它们互相传递和流动的不稳定强力而被分别考量的，仿佛它们在其中享有一种更高级的表现程度。"（Deleuze 1968: 329, 1994: 255，译文有所改动）对于德勒兹而言，包含在活的有机体之中的内强因素之所以享有"更高级的表现"，是因为它们的生物的体内化将它们内含于广延之中，但又不彻底地外展它们。包含的中心蕴含了被内含强

---

[1] "不像物理－化学领域，在其中，作为形式和质的基础的'密码'，总是通过结构的三维性被分配的，而在有机的领域，这个密码则被拆分成为独立的一维结构：核酸的线性序列构成了遗传的密码。" Manuel De Landa, *Intensive Science and Virtual Philosophy*, London: Continuum, 2002, 163-4. 虽然这在很多方面都是一条非常有用的注解，但个体化因素构成了一种"密码"的说法仍然在两方面是成问题的。首先，它似乎忽略了德勒兹所区分的非个体化和非个体差异，也就是包含的强度（作为观念中清楚差异的明白表现）与被包含强度（作为模糊交错的含混表现）之间的区别："就它们明白表现了某种东西而言，两种个体化强度可以被抽象地视为相同的东西；但考虑到它们包含的强度秩序或含混地表现的关系，它们就永远不能被视为相同者。"（Deleuze 1968: 326, 1994: 253，译文有所改动）个体化差异与前个体奇异点关联中的不可还原的可变性，似乎意指一种复杂的秩序——这一秩序很难在信息－理论的语域中被编码。其次，似乎还不清楚个体化因素如何在自身不被个体化的情况下，被拆分为"独立的一维结构"。内强的个体化应该为现实化提供一部分的"充足理由"（Deleuze 1968: 285, 1994: 221），而不是它在广延中的原因。如果为了解释现实化而求助自身已被个体化的个体化要素，那么潜能－现实的区分就崩溃了，一种无限的回退就逼近了。

度的未被外展的剩余。结果就是,德勒兹之所以认为生命体所展现的复杂性和无机物在根本上是"异质的",恰恰是因为相较于后者,前者将强度"表现"在一个更高的程度之上。纵观《差异与重复》整本书,德勒兹是在一种特殊的意义上使用"表现"这个术语的。"表现"被明确地定义为"本质上包含了表现者和被表现者之间扭曲的关系,这样被表现者无法离开表现者存有,即便后者作为完全异己的东西与前者相关联"(Deleuze 1968: 334, 1994: 260,译文有所改动)。正如我们所看到的,表现者和被表现者之间表现性的扭曲,被清晰地表达于个体化的强度与(由分裂时间所生发的)前个体的观念的关联之中。更准确地说,单义的存在和其个体化差异之间有着本体论意义上的"表现性"(expressive)联系,而这一联系又取决于感觉强度与意义之间的关联:前者位于感觉之中,而后者位于经由思考的休止而实现的理念化之中。于是,内强差异的"表现"便与其"外展"相对立:后者对应于它在物质空间之中的松弛度,而前者则对应于它在精神之中的缩合度。因此,只有在精神的维度中,感性的重复和观念的差异之间的表现性关联,才能被完美地实现。正是在精神之中,尤其是在精神的个体化之中,内强的差异实现了其最完整的表现。相较于生命体的领域，精神的领域之所以再现了复杂性的指数级增长以及内强差异明确的潜在化，是因为在精神的个体化之中——以思考的休止和第三次综合为例——实行表现者和被表现者是可通约的（commensurate）。我们知道，德勒兹明确地将思考的行为与内强的死亡或趋死经验等同了起来。在趋死的状态中，精神个体化的因素被包含入他者（autrui）的结构之中。正是这一先天的他者，这一精神的个体，不可被再现为一个类比于我（me）的我（I），或者另一个和我的自我（mine）相似的自我（self），而是在分裂的我和被动的自我的分离（split）中，作为精神强度的包含中心出现（Deleuze 1968: 335, 1994: 261）。这个先天他者被它的表现性价值单独定义为实行包含的强度："这就是为什么，为了把握他者本身，我们需要一些特殊的经验条件，无论这种条件有怎样的人为性；也就是说，需要这样一个环节，在其中被表现者还未有任何独立于表现它的东西的实存——这就是作为可能世界之表现的他者。"（Deleuze 1968: 335, 楷体强调为德勒兹所加，1994: 260-1, 译文有所改动）他者包含了前个体的奇异点，精神在趋死的经验中对他者的表现标记出了一个点：在这个点上，表现者与被表现者完全相符;在这个点上,被表现者被包含在这样一种表现之中,即它的外展方面已被净化了。他者所表现的"可能世界"远非从再现中的现实抽象而来的,而是一种纯粹的潜能性;作为内含的符号,它纯粹地存于内含的状态或者包含于他者的状态之中。[1] 趋死表现出被他者所包含的潜能性,而没有外展它。我之中的死亡被他者所指示,因此,这一死亡不再被呈现为我的或者自我的消亡,相反,它被经验为在内强个体精神中的涌现(emergence),即"无人"(no-one)。通过趋死的匿名性,表现最终变得与被表现者可通约。在他者所穿过的趋死中,被表现的观念被包含在表现性的思想之中,而与此同时,思想又再次被内含到观念的前个体领域。于是,思想和观念之间的关联就不再服从于物理的或者生物的外展,而是被折叠回一开始生发这一关联的精神维度之中。感性者和观念者通过思考的行动,即规定物理生物现实化的思考行动,被外在地关联在了一起,它们作为表现的内涵和被表现观念的符合,被互相包含在思考的表现之中。趋死的经验并未用信号传递精神的衰退,或者证实物理熵的支配性,相反,它反抗了支

---

[1] "可能"在这里不能被理解为一种暗含的相似性,而应该被理解为被内含的或者被包含在它(与包含了它的东西)的异质性中。

配物理生物广延的熵外展的法则，标记了作为负熵复杂化向量的精神生命的至高点。[1]

6.13 心灵的生命

于是，对德勒兹来说，"死亡本能"在精神之中的显现（manifestation），证实了思考行动是被诸能力的超越性运用所生发的。死亡本能产生了本体论的重复行为（作为对复归之肯定的掷骰子），借此，差异的精神性表现就彻底从其生物-物理的外展中解放了出来。与海德格尔类似，德勒兹也从一种死亡的经验中看到了时间和本体论差异相联系的根本场所（fundamental locus）。海德格尔将此在的本体论超越性，规定为通向世界中的存在者的条件，但是呈现于此在超越性之中的纯粹能在（Seinkönnen），只有通过向死而在的果决先行，才能完全地潜在化：此在将死亡据为己有，导致了时间的被时间化（temporalized）。与之类似，对德勒兹而言，时间作为本体论的差异化（微分化），通过思考的行动——思考的行动产生了对内强死亡

---

[1] 人们已经注意到，在关于"他者之死"这一主题上，列维纳斯和布朗肖是很接近的。但德勒兹与二者的解释明显不同，德勒兹很少提及"彻底的被动型"，这是布朗肖和列维纳斯所经常援引的修辞，尤其是在讨论死亡和他异性的关系时。相反，对于德勒兹而言，趋死更像是思考的行为(*the act*)的功能。

的肯定——同样被潜在化了。然而，与海德格尔不同的是，在德勒兹看来，作为诸能力超越性运用之结果的思考行动，似乎是从一个更初级的物理－生物的重复层面之中涌现出来的。然而，尽管内强差异的表现（伴随着本体论重复），作为（具有被充分特殊化的经验功能的）认知能力超越性运用的结果，从生物物理的重复之中涌现出来，但是，在某种意义上说，这一差异的最大程度的精神重复已经潜在于由幼生主体的被动综合所实施的习性重复之中。因此，虽然本体论的重复发生于生物－物理的重复之中，但是，通过在生物－物理的外展和差异的精神表现之间做出明确区分，它最终还是消除了它自己的生物－物理基础。再说一次，正是德勒兹的经验主义对"经验"优先性的诉求，为第三次综合之中熵的外展和负熵的表现的分离提供了理论基础。

我们已经看到德勒兹如何将意识原子化为幼生主体的繁复体，而不是将其预设为经验的统一性场所。在这一过程中，他不仅使得意识的初级形式于本体论意义上普遍存在——因此也是在为一种泛心论背书——而且通过把差异的精神缩合变成空间重复的前提，他将内强的绵延注入物理的广延。尽管强度被内含在空间之中，但它的本性从根本上来说仍然是时间的——那种在不改变本性的前提下，无法被切分的繁复体。[1] 因此，德勒兹巧妙地处理了柏格森时间异质性和空间同质性的二元对立：以基本精神综合的形式，将前者内含在后者的中心地带。而这样一种基本的精神综合不仅先于已被建构的个别有机体，也早于已被个体化的意识主体。"内强差异起源于精神缩合的基本形式"的主张，是德勒兹经验主义至关重要的前提（来自于德勒兹对休谟的阅读）。在这一前提下，德勒兹就可以把一种先验功能归于时间，而时间就可以被理解为内强的差异。同时，这一前提也允许德勒兹将内强的差异解释为空间——被解释为外延的重复的先决条件：

> 在每一种实例中，物质的重复都是更为深远的重复的结果，后者在深度之中展开 (unfolds) 并产生了作为结果的物质重复。物质重复就像是一个外部的包装或者一个可拆卸的外壳一样。但是如果物质重复不再被它的原因或者其他的重复所激活，那么它就会失去所有的意义，失去自我再生的能力。因此着装的

---

[1] "个体的不可分割性完全取决于强度的那种必须在被划分的同时又改变本性的性质。"（Deleuze 1968: 327, 1994: 254，译文有所改动）后者正是柏格森所定义的，作为量的质的繁复体的绵延。他将其与空间专属的量的繁复体对照了起来。

重复位于赤裸重复之下，前者不仅制造了后者，而且也将后者作为分泌的效果排出。（Deleuze 1968: 370, 1994: 289，译文有所改动）

在深度之中展开的重复就是一种内强的重复，后者位于（本体论记忆中的）差异的（潜在共存的）不同程度中。于是，绵延着装的或者内强的重复，便居于赤裸的或者物理重复之中，并作为它的使能条件（enabling condition）。因此，正是经验主义——时间意味着精神对差异的记录，（因此）时间的差异取决于精神缩合——为一种先验论断提供了前提，根据这一先验论断，内强的本体为外延现象提供了充足理由。这样的结果就是，至少在一开始的时候，德勒兹悄然而又明确支持的活力论——在《差异与重复》临近结束之时，他说道："生命见证了另外一种秩序，见证了一种异质的秩序，见证了另外一种维度。"——来自一种泛心论（panpsychism），而泛心论则植根于激进的经验主义形式。

然而，在《差异与重复》之中，有机体和精神之间的关系存在着根本性的歧义。一方面，德勒兹似乎把幼生主体和思想本身置于根本性的位置上，他将前者视为"普遍的"内强个体，将后者当作终极的个体化的因素："还原到身体和事物内强的原因，它们表达了一种观念，而这种观念的实现是由它们规定的。就此而言，每一具身体，每一个事物都在思考，而且它们自身就是一种思想。"（Deleuze 1968: 327, 1994: 254，译文有所改动）将某物还原为它的"内强理由"就是将其还原为它的构成性的时空动力。幼生的主体既是时空动力的承受者，又是时空动力的行动者，它的实行个体化的思想催化了观念的现实化（Deleuze 1968: 156, 1994: 118-19）。假设身体和事物不一定都是有机的，那么这也就意味着幼生的主体性是绝对无处不在的，无机领域所特有的被动综合也是实存的。不过，事实并非如此，因为所有文本上的证据都表明，幼生主体性所实行的被动综合是有机领域所特有的。请参考如下三段话：

> 在构成性的被动秩序中，知觉综合要归于有机综合，正如要归于诸感官之感性，归于我们所是的原初感性。我们是由被缩合的水、土、光所构成的——不仅早于对这些元素的认识或者再现，而且也早于对它们的感知。无论是就重复性与知觉性的元素而言，还是就其内脏而言，任何有机体都是缩合、持留与期望的总体。（Deleuze 1968: 99, 1994: 73，译文有所改动）

> 什么样的有机体不是由重复的元素和具体情形所

构成的呢？不是由被静观的以及被缩合的水、氮、碳、氯以及硫酸盐所构成的？因此不是将构成它的所有习惯交织缠绕在一起的？有机体逐渐领会到了《九章集》(Ennead) 第三篇中那壮丽的语句：一切都是静观！(Deleuze 1968: 102, 1994: 75)

灵魂必须归于心脏、肌肉、神经和细胞，它必然也是一个静观的灵魂，它的全部目的在于缩合习惯。这里没有神秘的和原始的假设。相反，习惯在此现实了它所有普遍性：它不仅涉及我们所拥有的（心理上的）感觉的运动习惯，而且关涉在此之前的我们所是的原初习惯；那些组成我们的成千上万次的被动综合。[……]

在行动的自我之下是渺小的自我，它静观，它让行动和能动的主体成为可能。我们之所以能谈论我们自己的"自我"，只是因为有成千上万个渺小的见证者在我们之内静观：说"我"的总是第三者。这些沉思的灵魂甚至必须被分配给迷宫中的老鼠，分配给老鼠的每一块肌肉。(Deleuze 1968: 101-3, 1994: 74-5, 译文有所改动)

这些段落以及其他类似的段落，不断地重申着幼生主体性和有机领域之间紧密的关联。同时它们也强烈地暗示道，德勒兹关于"被动综合在现在（the present）构成中的必要作用"以及"幼生主体性在个体化中的必要作用"的主张，并不意味着它们的普遍存在贯穿了有机和无机领域，而是说它们指向了更为强大的活力论论点，即就所有事物在一种适当扩展的意义上，都是有机的或者"有生命的"，那么在同样被扩展的意义上，一切事物也就都是可以"思考"的。尽管一开始有这些迹象，但德勒兹并没有将自己对活力论的支持锚定于泛心论中；他对泛心论的肯定，其实植根于他所委身的活力论中。与人们可能的期望相反，德勒兹的观点并不是在说，意识的最小形式被均衡地内含在无机领域，并为有机体感知力的出现提供先决条件，后者被理解为这一更为原初的无机"摄入"（prehension）——类似于怀特海（Whitehead）或者最近的大卫·查莫斯（David Chalmers）这样的泛心论者的设想——的复杂化。[1] 相反，德勒兹似乎认为：（1）有机体的时间感知力被理解为时间差异的精神表现，并被实现于思想和观念的关联之中。它为被个体化广延的现实经验提供了先决条件，而"现实经验"则被理解为同时包含了无意识或者次再现层面

---

[1] 参见 Alfred North Whitehead, *Process and Reality*, London and New York: The Free Press, 1978; David Chalmers, 'Is Experience Ubiquitous?' in Chalmers's *The Conscious Mind*, Oxford: Oxford University Press, 1996。

和意识或者再现层面,"被个体化的广延"则从强度的物理-生物外展的角度得到了解释;(2)与时间-感知力相伴的时间差异的精神表现,只有在个体化的具体精神维度中,才能获得其终极的本体论高位(ultimate ontological dignity)。在从次再现层面上升至再现层面的精神连续体中,有机体的缩合为前个体的潜能维度和被构成的个体的现实领域提供了原初的接合。因此,习性的缩合产生了原初的有机体综合。两种离散的经验连续体——观念性和感性——从原初的有机体综合中派生了出来。更准确地说,考虑到《差异与重复》是围绕着两条对角轴——"观念的—感性的"对称轴与"潜能的—现实的"对称轴——被建构起来的,那么有机体的缩合实际上就标记了经验中差异的起始点(the point of inception of difference),从这一点开始,这两条对角线开始分散,并最终在本体论的重复中再度交汇。通过将精神表现从物理的展开中分离出来,本体论的重复生发了分离经验的先验差异。

然而,德勒兹坚持将精神表现当作物质展开的充足理由的做法,将其推向了这样一个位置:在这个位置之上,连他自己也不清楚,他究竟是在说明现实经验的起源,还是只在说明现实的起源。二者并不是同延的。德勒兹声称现在的综合(有机体的缩合)构成了现实经验中的广延,差异的精神表现规定了观念的物理以及生物的现实化。为了回应德勒兹的观点，我们有必要指出，虽然德勒兹对经验次再现和无意识维度的挖掘经常被吹捧为一种大胆的创新，但还是留下了大量现实的实在（actual reality）尚未被解释。因为，即便有机体是由缩合的水、氮、碳、氯化物以及硫酸盐所构成，但是这些元素本身却不是由有机体的缩合构成的——因此，如果中微子、光子、胶子、玻色子、μ（介）子这些构成了物理时空的元素，也被解释为有机体习性的缩合，那么显然是无法让人信服的。更不用说星系、重力场和暗物质这些东西了。无论它们最终的本体论地位是什么——无论它们被视为有用的观念化之物，还是被视为现实所不可或缺的组成部分——它们肯定是那种会被德勒兹所忽视的物理存在者，因为德勒兹对时空构成的说明包含了经验主义偏见。虽然有人可能会反对说，这些或者其他"理论上"的存在者，在德勒兹那里确实享有实在的可生性（real generative）的地位，它们是潜能繁复体的观念性的构成部分。[1] 但是，把它们限制在观念

---

[1] 由此，比如德兰达（2002）提出一种对德勒兹的解读。在其中，潜能变成了理论上的存在者的存留区域，比如拓扑空间（phase spaces）和动力吸子（dynamic attractors）。但是如阿尔贝托·托斯卡诺所指出的那样，他这样做，无疑会以牺牲德勒兹在潜能和可能性之间所做的基本区分为代价。参见 Toscano (2006), 184-7。

领域的唯一原因——这些东西不像作为被动综合场所的心脏、肌肉、神经和细胞那样,德勒兹没有赋予它们优先性——是经验主义的偏见,因为经验主义始终坚持让经验假定的具体化和认知再现的抽象化形成对照。德勒兹激进化了经验主义,扩展了现实经验的范围,将次再现和无意识的深度包含于其中;然而,正是这一假设——相较于在认知层面被再现的东西,经验总是包含着更多的东西——以及随后产生的概念的抽象化和知觉的具体化之间的对立,促使德勒兹将肌肉和水分包含在现实经验的范围之内,而非星系和电子之中。也正是因为现实广延(德勒兹将现实广延的起源归于被动综合的运作)被限制在经验的领域,因此必然被束缚于有机体之上,所以在德勒兹看来,将老鼠的肌肉当作时空动力的幼生主体的场所显然比电子更为合适。德勒兹对(被构成于经验之中的)现实之起源的偏见,解释了他为何将被动综合的范围限制在差异之中(因为差异可以在机体的层面被记录)。在这一点上,需要注意的是,德勒兹赋予观念性领域——作为前个体奇异点的存储场(reservoir)——的自主性,如何被锚定在如下的经验主义主张之中:时间的差异以精神的缩合为前提;缩合则需要有机基质(organic substrate)。因为由幼生的主体所实现的有机体的缩合是观念得以表现的原因:"幼体在其肉身中承载了观念,而我们却仍然处于概念再现的阶段。"(Deleuze 1968: 283, 1994: 219,译文有所改动)尽管德勒兹在对潜能的观念性做出辩护时,展现出了一定的思辨创新性,但是我们仍不能忽视这种经验主义奇怪的保守性。

最终,德勒兹在《差异与重复》结尾处表现出了对活力论的支持,这与他从一开始就拥抱经验主义是密不可分的。尽管德勒兹在追求活力论的本体论分支的过程中,显示出了非比寻常的概念独创性,但经验主义的认识论缺陷非但没有得到改善,反倒进一步恶化了。活力论是否和物理学相契合尚未可知,但活力论者应该至少尝试调和二者。然而,尽管《差异与重复》详细地讨论了生物学——尤其是发生生物学(developmental biology)——不过物理学明显还是被德勒兹所忽视了。当德勒兹利用物理学——尽管是在转喻的意义上以热力学的形式——时,他只是为了严厉地批判物理学对熵的神圣化的做法。而且,德勒兹将熵描述为一种先验幻想的做法,预设了他通过记忆综合所说明的内强差异的内含。正是记忆的综合将时间这一不可取消的差异内含在了现实的广延中。所有这一切都建立在将时间解释为一种绵延的基础上,但是绵延的时间却仍被如下经验主义的前提所破坏：经验主义坚持将时空的构成性综合置于有机领域和精神领域的接合处。

如果没有物理主义来纠正活力论的傲慢，那么生物中心主义将必然导向意识中心主义（noocentrism，词根 noo 源于希腊语 noein，意为精神的）。物理质化和部分化是由强度和观念的关联，以及幼生思想和本体论的记忆所规定的。因此，德勒兹对时空综合的解释开始于第一次的现在之综合，持续于第二次的过去之综合，最终结束于第三次的未来之综合。具体地说，在第一次综合中，德勒兹把特权的角色分配给了有机体的缩合；在第二次综合中，德勒兹把记忆先验化为宇宙的无意识；在第三次综合中，德勒兹把精神个体化的形式（至今仍然是智人的专属特权）转换为本体论新颖性（ontological novelty）的根本生发者。物质被时间差异——时间差异生发了作为物质之阻断的无生命广延——降格为"心灵的一个梦"，后者在广延中的再现，以物质的激活（animation）为前提。只要物质是经验的，那么思想的生命就必定已经被内含于无生命的物质之中，这一经验主义的前提构成了德勒兹活力论观点的基础：物理时空蕴含一种趋向复杂化的冲力，这一点证明现实中熵的统治是虚假的。德勒兹呈现给我们两种现实的对照，第一种现实就像熵的废物堆积场，它被束缚在再现的铁质项圈之中，第二种现实实际上相当于物质观念化的一个结果，它被转变成本体论新颖性取之不尽的存储场，且将继续假定时间的经验无法还原为空间实行客体化的再现。正如我们在第1章中所看到的那样，这个假设似乎基于一种信念，即第一人称的经验，无论是意识中的还是无意识层面的经验，从原则上讲，是无法被整饬入科学客体化的第三人称视角中的。这是持续为相关主义提供燃料的诸多直觉之一。这一假设中的时间差异本体论化，与相关主义拒绝绝对时间的自主性之间存在着共谋的关系。不过，后者并不能通过假定一种时空的综合而被归入绵延，因为时空综合会继续将纯粹的特权归于时间的经验。

德勒兹缓和了柏格森主义的时间与空间、质与量的生硬的二分，但付出的代价则是将前者重新吸纳入后者。最终的结果只能是一种观念论的一元论。思考行动中的精神个体化定义了这样一个点，在这一点上，经验被观念中的前个体奇异点以及感性中的非人称个体化所拦腰切断。因此，在对海德格尔的特殊回应中，趋死的精神经验标记了这样一个环节，在其中，时间，也就是存在，被折叠回自身之中。通达存在之意义的先验路径，通过诸能力的超越性运用，被内化于经验之中（尽管"意义"与无意义是不可分割的）；诸能力的超越性运用，也生发了作为幼生思想之意向性关联项的观念。[1] 此外，个体化强度是思想所特有的不可思考者。与个体化强度的遭遇，唤起了诸能力的超越性运用。正如我们所看到的那样，正是诸能力的超越性运用产生了思考的行为，通过思考的行为，观念被生发了：

> 然而，观念和纯粹的思想之间确实有一种特殊的关系，[……] 这一悖识（para-sense）或者按照顺序从一种能力被传递到另外一种能力的暴力，为思想确定了一个特别的地位：思想是如此被规定的，以至于，它只有在从一个观念到另一个观念暴力线——它首先使得感性及感觉对象运动起来——的末端，才能把握它自己的思维对象。这一末端也可以被看作观念的最终起源。然而，在何种意义上，我们可以理解这个"最终起源"？在相同的意义上，观念必须被称为思想的"微分"（differentials），或者纯粹思想的"无意识"。

---

[1] "意义是真实者（the true）的起源和产生，真理不过是意义的经验结果 [……] 然而，遍历所有能力的观念并不能被还原为意义。因为观念本身无意义；调和这一双方面也不困难：通过调和，观念被结构性的因（自身没有意义）所构成；观念构成它所产生的所有事物（结构和起源）的意义。"（Deleuze 1968: 200, 1994: 154，译文有所改动）

在此，思想前所未有地强烈地对立于常识。因此，观念不和我思相联系，因为我思作为根基或者意识命题起作用。相反，观念和分裂的我以及消解的自我相联系；换句话说，它和一种普遍的脱根基相联系，后者将思想描述为一种处于超越性运用中的能力。(Deleuze 1968: 251, 1994: 195，译文有所改动)

因此，观念就是纯粹思想的无意识：存在的意义被表现在观念中，纯粹思想被理解为本体论记忆。在与（引发了思考行动的）强度的遭遇中，思想和存在的双重起源根据不同的意义——思想在这些意义中表现了存在——于实在中产生了现实化的不同离散线（divergent lines）："属性作为质的不同意义有效地运作，它回过头与实体相联系，就像和单一的被意指之物产生了关联一样。实体本身——相较于那些作为实行个体化的因素或者内在强度，持存于实体之中并表现了它的样态而言——在一种本体论的统一的意义上运作。"（Deleuze 1968: 59, 1994: 40，译文有所改动）于是，观念就有了一个被表现于现实化的属性状态，然而观念的意义却是由思考的行为所生发的。德勒兹利用柏格森的观点调和了由康德所发现的时间先验状态与斯宾诺莎的一元论：斯宾诺莎无法演绎出实体中根本差异的数目与本性，也就是他所谓的"属性"，而康德则通过去实体化这些差异并且将其绑缚于再现之上，演绎出了这些差异，他将其称为"范畴"。然而，柏格森主义的直观方法为德勒兹提供了一种辨别本体论差异之源泉的方式，即用现实化的离散系列来描述本质上的差异。此外，这些现实化中的离散，并不仅仅是在经验层面被给予的，因为它们作为"存在被表现的意义"，于思考中并通过思考被产生。存在是在一切存在事物单一的意义上被言说的，然而所有存在的事物都各不相同，所有存在的事物中的这种样态差异取决于现实化的离散。现实化中的不同离散，对应着不同意义——在这些意义里，存在被表现于思想之中，即观念（Ideas）。因此，对德勒兹而言，要把握本体论的差异化（微分化），或者要把握存在中的实在差异，关键在于把握现实化中的差异。但是这反过来要取决于，我们是否把握了时空动力的幼生主体如何成为个体化差异、观念中明白地实行包含的清楚差异（clearly enveloping distinct differences）以及个体差异的承受者——后者含混地包含了观念的模糊交错。然而，存在的个体化表现，是在思想之中并且作为思想而发生的：从幼生主体的思想萌芽，到分裂的我的被完全潜在化的思考。于是，对德勒兹而言，存在抛开它思想中的表现就什么也不是；的确，存在只是（*is*）这一表现。

德勒兹的活力论可以被归结为如下这一基本信念：时间制造了无法被抹除的差异。然而，在德勒兹的解释中，时间所制造的唯一差异就是在思想之中并且作为思想的差异，这一差异和思考密不可分。作为替代的方案，我们可以说，时间制造差异，但是时间不应该享有相较于空间的特权。时间和空间都不应该被还原为任何让自身的表现依赖于思考的差异。正如在前面一章所提到的那样，我们的任务是以一种客观性形式揭示时空的同一性。这一客观性形式既为思想做出规定，又不能被还原为思考；这样一种客观性不再被还原为熵的消融的轨迹，也不再被还原为创造性的差异化（微分化）的轨迹。时空不能被假定为一种本体论原则，无论作为熵的溶解者，还是负熵的分异者（differentiator）；它只能被预设为一个同一体，但是这一同一体不是本体论意义上的实体，因此可以和作为存在-无的实在通约。拒绝活力论不是赞成非差异的停滞状态且反对差异的运动状态，而是肯定物理死亡不可还原的实在性，以及作为差异和非差异、生命和死亡同一性的绝对时空的自主性（尽管我们已经在第 5 章中讨论过了，但是这一同一性仍然需要从非辩证的意义上来理解）。客体的实在性可以被用来产生哲学思想的最终规定因素，但是必须体现为一种同一的形式。这个同一的形式解缚了思想和存在的关联性综合，正如它区分了物理死亡不可拒绝的实在性与死亡的活力论理想化那样。在下一章中，我们将表明这种同一性实例化了主体形式之下的绝对时空的历时性，它带来了一种对存在的"空无化"（voiding）。通过用宇宙论来改写弗洛伊德所理解的死亡驱力，我们便可以解释这一空无化。最终，时间先验特权的废止需要时间综合的解缚，借此，思想成为绝对客观性和非人称死亡之同一性的场所。

7 灭尽的真相

很久以前,在那个由无数星光闪烁的太阳系所构成的宇宙中,有一个偏僻的角落。在这个偏僻的角落里的某个星球上,一群智慧生物发明了认识。这是"世界历史"最为傲慢和最不诚恳的时刻。不过,这一刻转瞬而逝。在自然的几次呼吸之后,星球开始冷却并冻结,于是聪明的动物不得不走向死亡。——即便人们可以编造这样一个寓言,但他们却并未充分地说明自然之中的人类的智力是多么的可怜、虚幻和倏然,是多么的漫无目的和毫无根据。在人类的智力诞生之前,是永恒。在人类的智力消亡之后,仍是永恒。就像是什么都没有发生过一样。(Nietzsche 1873)[1]

我们不要再说死亡是生命的对立面了;活的物种本身就是所有死亡物种的其中一种,而且是非常罕有一种。(Nietzsche 1882)[2]

---

1 F. Nietzsche, 'On Truth and Lies in a Nonmoral Sense' in *Philosophy and Truth: Selections from Nietzsche's Notebooks of the Early 1870s*, ed. and tr. D. Breazeale, Atlantic Highlands, New Jersey: Humanities Press, 1979a, 79.

2 F. Nietzsche, *The Gay Science*, tr. W. Kaufman, New York: Vintage, 1974, §109.

7.1 尼采的寓言

就像什么也没有发生过一样——尼采的"寓言"准确概括出了虚无主义最令人不安的提议：从有机体原初的感知现象的出现到人类智慧走向最终的灭亡，"就像什么也没有发生过一样"。认识（knowing）与感受、生存与死亡之间的区别，并不会产生什么影响——"生成没有目的，也并不实现什么。"（becoming aims at *nothing* and achieves *nothing*）[1] 不过，尼采的整个哲学生涯都致力于克服这一虚无主义的猜想。那种被理解为"不确定的否定"（indeterminate negation）终将取得胜利的虚无主义，也就是主张存在和生成、真理和谎言、实在和表象具有无差异性或者可转换性的虚无主义，才是尼采意欲通过肯定存在（同一）和生成（差异）之间的契合（coincidence）所要克服的虚无主义。此外，尼采在克服上述那种虚无主义的同时，也一并推翻了存在与生成在形而上学层面的区别，以及在虚无主义层面的无区别。作为尼采的"思想中的思想"（thought of thoughts）[2]，永恒复归（poised at）位于（西

---

[1] F. Nietzsche, *The Will to Power*, ed. W. Kaufman, New York: Vintage, 1968, §12.

[2] *Grossoktavausgabe*, Leipzig, 1905, XII, 64; cited in Heidegger, *Nietzsche. Vol. II: The Eternal Recurrence of the Same*, ed. D. F. Krell, New York: Harper San Francisco, 1990, 23.

方)历史的"中央"(mid-point)[1],它不仅意味着欧洲虚无主义的巅峰,而且预示了虚无主义之克服的可能性。更为重要的是,永恒复归不仅为尼采的颠覆行动提供了工具,而且为尼采的肯定提供了焦点(focus)。

根据尼采所说,当真理这一迄今为止的最高价值开始反对自身之时,虚无主义就在这一关键的时刻达到了巅峰——由于"真诚"(truthfulness)本身质疑了"真理"的价值,进而颠覆了所有已知的和可知的价值,尤其是那些胜过表象的实在的价值和胜过生命的知识的价值。[2]但是,真理作为价值的古老担保人,同时也是信仰的守护者,因为对尼采而言,所有形式的信仰都"秉信某物为真"[3]。结果,自我动摇的真理就质疑了信仰的可能性:"最极端的虚无主义形式认为任何一种信仰,所有秉信某物为真的信仰都必然是错误的,因为根本就不存在一个真实的世界。"(1968: §15)然而,如尼采所认识到的那样,对真实世界的信仰的崩塌也引起了对虚假世界的信仰的消融,因为后

---

[1] Nietzsche, *Will to Power*, § 1057.

[2] Nietzsche, *Will to Power*, § 5.

[3] Nietzsche, *The Will to Power*, § 15; Heidegger, *Nietzsche. Vol. II: The Eternal Recurrence of the Same*, 121-32.

者被定义为前者的对立面。[1] 不相信超越表象的实在,并不等于相信表象自身的实在。由于实在—表象之区分的瓦解破坏了信仰和真理的内在关联,所以,表象自身的实在性就不是某种可以直接拥戴或者"相信"的东西。因此,虚无主义似乎会自我动摇,因为它与任何信仰都不相容——似乎它是无能于相信的,因为没有什么是真实的,那么"没有什么是真实的"论断也就是虚假的。自称"完全的虚无主义者"[2] 的尼采拒绝回避这一难题,并坚持要经受虚无主义,因为虚无主义只能从内部克服。对于尼采而言,"没有什么是真实的"这一不可思议的思想隐现于虚无主义的最低点。我们该如何理解这一思想中仍然蕴含着虚无主义之克服的关键呢?

在尼采看来,虚无主义的难题既在永恒复归的思想中成型,也同时在这一思想之中遭到了消解。[3] 复归的思想既

---

[1] "我们已经废除了真正的世界:剩下的是什么世界?也许那个虚假的世界?……但是不!连同那真正的世界,我们也把那虚假的世界废除了!(正午;阴影最短的时刻;最长久的谬误的终结;人类的巅峰;查拉图斯特拉开始。)" *Twilight of the Idols*, tr. R. J. Hollingdale, Harmondsworth: Penguin, 1990, 'How the "Real World" at Last Became a Myth', 51.

[2] Nietzsche, *The Will to Power*, Preface, 3.

[3] 众所周知,尼采在已出版的著作中只三次明确地提及了"永恒复归":《快乐的科学》(第四部,§341,"最沉重的负担");《查拉图斯特拉如是说》(第三部,"幻觉与谜团"与"痊愈者");《超越善恶》(第三部,§56)。然而,然而,它对尼采的重要

是最极端的虚无主义猜想——"如其所是地实存着,没有意义和目的,然而却不可避免地不断复归着,无法抵达任何虚无的结局。"[1]——也是克服虚无主义的手段,即通过将瞬间的短暂转变为无条件肯定的对象,进而将其转换为绝对价值的场所:

> 一定不能依赖最终意图来解释生成;生成在任何时刻都显得合理(或者无法被估值的,二者是一样的)。不应该参照未来为现在辩护,或者不能参照现在为过去辩护。[……]生成在每个瞬间都是等值的;生成的总价值保持不变;换句话说,生成本就无价值可言,因为找不到任何可以衡量它以及与之产生关联的赋予"价值"一词以意义的对应物。世界的总值不能被衡量。[……](1968: §708)

因此,肯定复归就与重估一切现有的价值相契合。价值重估不应被理解为一种倒转工作,即用价值最低和最少的东西替换价值最高和最多的东西,反之亦然。相反,

---

性,却只能通过在尼采未出版的笔记本中引用它的频率这一点看出。因此《权力意志》中不仅包含了大量的参照性内容,而且也包含了一些对这一观念的明确讨论。比如,第 617、708、1057、1058、1059、1060、1062、1066 节。抛开那些有争议的解释,至少海德格尔与德勒兹对尼采的强势解读还是可圈可点的:他们都将永恒复归的学说(以及权力意志的概念)置于尼采哲学的核心地带。

[1] Nietzsche, 1968: §54,又参见 §708 and §1062。

正如德勒兹在他富有创造性(尽管有争议)的著作《尼采和哲学》(*Nietzsche and Philosophy*)中所指出的那样[1],

---

[1] *Nietzsche and Philosophy*. Translated by Hugh Tomlinson, London: Athlone, 1983。德勒兹在这本书中对永恒复归的著名(说不上臭名昭著)解释强调:不是同一性——世界被再现的铁枷锁所桎梏——回归了,而是差异——作为前个体奇异点与非人称个体化的动态流动的世界——复归了。这一大胆提议的麻烦在于,它与尼采自己对永恒反复本质的理解背道而驰。尼采坚持认为,正是从被个体化的自我的角度理解的那个时刻将被永远重复,而不是德勒兹的匿名的、内强的个体所经历的世界,后者不能被我的形式或自我的质料所限制(参见第 6 章)。查拉图斯特拉说得再明确不过了:"我将与这太阳,与这大地,与这只鹰,与这条蛇,一起复归——并非向着一种新的生命,或者一种更好的生命,或者一种类似的生命:我永恒地向着这种相似和同一的生命复归,无论在最伟大的还是在最渺小的事物中,我将再一次传授万物之永远轮回。"(*Thus Spake Zarathustra*, tr. R. J. Hollingdale, Harmondsworth: Penguin, 1969, 237-8)在其他地方,尼采明确提到了"同一情况的无限复归"(1968:§1066)——就像他坚持认为,这个假设是按照如下这个假设来进行的,即这个世界包含"有限数量的力,包含了有限数量的力的中心"(同上)——换句话说,权力意志的个体化场所(loci),并不是德勒兹在《差异与重复》中所强调的内强个体化的过程。在此,我们可以发现德勒兹依据力的定量提出的权力意志的反机械论观点(本质上是不平衡的,因此超越了科学量化所能达到的范围),与尼采自己显明的观点——它希望调和机械论和柏拉图主义(参见 1968:§1061)——之间的张力。这恰恰是德勒兹所应该反对的同一性思维的原初代表(arch-representatives)。此外,对尼采而言,正是在与无限时间的接合中,有限的力使得永恒复归的假设成为必然(参见 1968:§1066)。因此,在《权力意志》第 1062 节中,尼采告诫人们,不要试图从目的论的去质化中得出如下的结论,即生成"在其形式和状态中蕴藏着无限新颖的神奇力量"。尼采写道:"[这]仍然是陈旧的宗教式的思考和欲望的方式,一种渴望相信世界在某种程度上就像以往人们所热爱的、无限的、有无限创造力的上帝——旧的上帝在某种程度上仍然活着——这也是斯宾诺莎的渴望,这种渴望通过"神或自然"(deus sive natura)一词表达了出来"(他甚至感到"自然或神")。这一点实际上相当于,尼采预先批评了德勒兹随后试图将权力意志的概念与斯宾诺莎的能生的自然(natura naturans)和柏格森的生命力(élan vital)相结合的做法。凯斯·安塞尔 – 皮尔逊(Keith Ansell-Pearson)在他的《类病毒生活:尼采和超人类境况的视角》(*Viroid Life: Perspectives on Nietzsche and the Transhuman Condition*. London: Routledge, 1997, esp. 42-7)中,对德勒兹的尼采进行了细致入微的评价,特别是关于永恒复归的主题。然而,在同一本书的其他地方,安塞尔 – 皮尔逊似乎支持德勒兹对复归的解释:"在永恒复归中被向

价值重估意味着在权力意志中展开的质的转换——产生了价值的"微分的遗传因素"。由于犹太-基督教文化所供奉的已知（可知）价值是否定虚无的意志（negative will to nothingness）所激活的反动力量的体现——真理标准主导了这些价值的估值——所以肯定永恒复归不仅消除了所有的已知价值，而且消除了未知价值的创造。它消灭了所有已知的价值，因为它主张绝对永恒的无差异，甚至不存在任何"虚无的结局"可以中断复归的连续发生，或者区分复归的开端和结束。就此而言，永恒复归之所以是"恶魔般的"（demonic）假设，正是因为它蕴含了一切价值的毁灭和生存目的失却，因此只得承认它的终极无价值性。[1] 然而与此同时，它也意味着尼采发现了以前未被理解的价值种类,因为它坚决肯定了生存本身的每一刻都具有绝对的、不可估量的价值——再也不能将一个时刻与另一个时刻区分开来，或者使正在消失的现实的价值服从于珍贵的过去的价值，或渴望已久的未来的价值。瞬间的暂时性在过去

含的重复，不是对原初样态的重复，因为没有可以服从重复定律的原初时刻。永恒的回归已经在差异和拟像的元素中发生了。"(Ansell-Pearson 1997: 62) 德勒兹将永恒的反复描述为差异的重复而不是同一性。我们认为这与尼采对自己学说的理解是不相容的。

[1] 毫无疑问,这就是为什么魔鬼会在"最沉重的负担"的标题之下提出这一观点。(*The Gay Science*, IV, §341)

的评价机制中被认为是无价值的,因为相较于永恒存在的超越性价值,生成被认为是有缺陷的。然而,瞬间的暂时性在新的评价机制中却成为终极价值的焦点——超越性被取消了,一并取消的还有从外部的有利位置来评价生存是否有价值的可能性。

因此,虚无主义就被价值重估克服了,借此,我们就可以在超越生成的无目标与真实存在假定的目的性相对对立的层面上——无目的自在且自为地被肯定,不需要借助任何外在的理由——拥抱生成的无意义了。于是,肯定永恒复归就意味着"正午和午夜"的契合[1]:它既是肯定性的巅峰——瞬间的永恒化,又是否定性的低谷——对所有目的性的否定。然而,尽管德勒兹和海德格尔的解释在其他地方与尼采有所抵牾,但他们都强调,这是一次对立双方的结合,它拒绝了辩证否定性的调解中介:准确地说,它肯定了绝对价值和无价值、肯定和否定、内在和超越之间的无中介的、不可调和的契合性。此外,对立双方的不协调的结合,在"尝试去相信"或者"信以为真"的内在矛盾中得到了体现。因为复归的主张宣称,这个世界除了永

---

[1] "这个世界刚变得圆满,午夜也是正午,痛苦也是快乐,诅咒也是祝福,黑夜也是一种阳光。"(*Thus Spake Zarathustra*, IV, 'The Intoxicated Song' [1969: 331])

恒不息的生成之外什么也不是，没有停歇的时候，也没有固定性，因此没有任何可辨识的存在潜藏于生成之下，没有作为信仰可以安全落脚的真理。由于尼采将真理等同为永恒，将永恒等同为存在，因此，追随他相信这个世界除了生成之外什么也没有，且没有生成的目的，也就是相信没有真理，于是，就会把没有什么是真实的"信以为真"。事实上，矛盾的信仰，即自我取消的信仰本身就等同于一种非信仰，它拒绝视任何东西为真。这就是为什么永恒复归的思想体现了尼采所谓的"最极端的虚无主义形式"。永恒复归的信仰明确地表现了虚无主义的信仰，即没有什么是真实的；更准确地说，这是唯一把没有什么是真实的"信以为真"的方式。这种体现于"对信仰之不可能性的信仰"中的矛盾结构，暴露了常识心理学对合理性的解释中存在着一个断层（fault-line），它已经预示了我们在第1章中所遇到的取消主义的悖论。我们在已经看到"没有信仰存在"的信仰本身所具有的明显矛盾是如何消失的——只要我们不把信仰理解为这一主张的基质或者媒介就可以了。而且，恰恰是因为对常识心理学的批判，将实在—表象的区分引入现象领域，从而区分了现象学的信仰经验和它的心理实在。就此而言，尽管尼采已经前所未有地预料到明显图像危机的严重程度,但十九世纪心理学所能提供的资源实在乏善可陈,于是,他不得不将自己所正确辨认出的常识心理学的(合理性概念之中的)困境,转置到形而上学的语域。但形而上学也只是在重复它本应取代的心理学的可疑范畴罢了。因此,虽然尼采尖锐地批判了伪心理学范畴,例如"意图"[1],并且预示了后人对常识心理学的批判,然而他对"实证主义"的厌恶(加之他受到了叔本华的影响)驱使他用一种形而上学的替代品替换了它。这个替代品就是权力意志。可以说,权力意志非但没有改善心理学语域的贫乏,反倒加剧了它的贫乏。结果,常识心理学真理概念崩溃所导致的认知困境就被尼采转码为价值论的困境,这样一种转换需要对意志的性质进行一次形而上学变形——信仰本应该是意志的征候。在意愿永恒复归的过程中,意志摆脱了真理的桎梏——真理将意志束缚在使生成贬值的超验价值之上——并被转化成一种能够接受幻觉的意志:"谎言——而非真理——是神圣的。"[2]

德勒兹在《尼采和哲学》中十分巧妙地描述了这一转换。在德勒兹的解读中,复归的思想是权力意志变形的焦

---

1 Nietzsche 1968: § 664-7.

2 Nietzsche 1968: § 1011.

点。德勒兹区分了意志的两个层面：根据第一个层面，即意志的认知理由（ratio cognoscendi），意志是可知的；经由第二个层面，即意志的存在理由（ratio essendi），意志将会作为"存在最深刻的本质"而存有（Nietzsche 1968: §693）。权力的否定意志是虚无意志的基础，它的征候表现为禁欲的理想；它只是意志的认知理由，属于意志的可知方面，所有迄今为止的已知价值都来源于它。虚无主义——包括尼采自己的积极的虚无主义，只要继续揭露现存价值，那么就会更充分地暴露产生了这些价值的权力意志——使得权力意志对我们而言是可知的，但也仅仅在它作为虚无意志的否定层面之上。这就是为什么对德勒兹眼中的尼采而言，人类意识的历史（更必不说哲学的历史）就是虚无主义的历史，即被理解为怨恨、忏悔和禁欲的理想取得胜利的历史。但是，当虚无的否定意志（也就是哲学的真理意志）转而反对真理自身，并迫使思想退出它和认识的同盟——更不必说，与那些强化知识准则与真理规范的反动力量的同盟——历史中的决定性转折就出现了。在复归的思想中，激活认知意志不再依据自身的可知部分，而是依据是其所是的部分来面对自身。尼采将这个世界解释为互相冲突的力量的混乱繁复体，但是由于"权力意志"

是这样一个世界的同义词——"这个世界就是权力的意志,除此之外别无其他。"[1]——这就是说,它是"生成"的同义词,于是,在意志的存在中重新思考意志,就意味着在本质的非模拟(dissimulatory)之中,以及在生成固有的自我微分化"本质"之中(即永恒转变的涌动之中)思考生成的存在。于是,对复归的肯定就标志着意志逐渐明白它不能在自身之中了解自己,因为它可知的方面必然对应于无——由于"自在的"意志没有东西,没有任何方面可以让意志去对应或充分地再现。[2] 这就是德勒兹所提出的方案,它试图巧妙地解决潜在的二分对概念最低程度一致性的破坏,即便是尼采谴责了合理性,他也离不开最低程度的概念一致性。这一二分是意志的现象方面和本体方面的二分:前者被视为生成的可估值、可解释维度;后者被视为"自在"生成的混乱状态,它超越了估值和解释,尼采经常(但不连贯地)会提及它。[3] 德勒兹认为,我们其实可

---

1 Nietzsche 1968: § 1067.

2 Deleuze, *Nietzsche and Philosophy*, 171-5.

3 "'现象'的世界是我们所适应的世界,我们感觉它是实在的。'实在性'位于同一的、熟悉的以及与我们相关的事物的持续复归中。这些事物在它们被逻辑化的特征中,在我们能够衡量和计算这些事物的信念中与我们相关。[……] 现象世界的对立面不是'真实的世界',而是感官的混沌世界,它是无形式的、不可公式化的世界——另外一种现象的世界,一种对我们而言'不可知的'世界;[……] 那些远离我们感觉的接受性以及理解的能动性的问题,比如,事物本身可能是什么样的,必

以避免这一二分,只要我们明白肯定的复归意志,并不肯定作为"自在"且独立于那种肯定而持存的生成;相反,在对无目标或者无目的生成的肯定中,意志自我肯定。

因为,如果不是这样的权力意志,还有谁会意愿消灭超越的意义和目的性呢?有谁会赋予转瞬即逝的瞬间(以自身为目的的)绝对价值呢?尼采宣称能够独自肯定永恒复归的超人,不再是"人"属的一种(a species of the genus 'man'),而是不断的自我克服的占位符。这一自我克服是权力意志的特征。因此——与尼采自己通常的观点不同——永恒复归的考验所做的筛选,并不发生在不同类型的人类个体之间,无论他们是高贵的还是低下的,也不管他们是强壮的还是羸弱的,而是发生在服从于外在目的的意志和只以自身为目的的意志之间。唯有意志本身才能摆脱利益和目的的诱惑——要满足利益和目的就需要让现有

须被如下的问题所反驳:我们是如何知道它们存在的?'物性'最初是由我们所创造的。"(Nietzsche 1968: §569)这些言论会引起显而易见的反驳:就像尼采所一直坚持的那样,如果脱离我们与这个世界的关系——因此也是以一种把事物抽象化(借此,我们可以用感官和智性来衡量和测算)的方式来谈论世界是怎样的——是没有意义的话,那么为何在同一的、熟悉的、相关的、逻辑化的事物之外,还要假设存在着"无形式的、不可被公式化的",因此也不是不可知的世界超越于前者之上呢?为什么要假设一种先于事物的逻辑化,且作为事物而存有的感官的"混沌"呢?此外,如下的前提,即这种"混沌"必须被假定为我们有秩序的、逻辑的感觉的原因,与尼采自己对因果性的批判,与他将原因的观念限制在逻辑化感觉的范围内的做法,是相违背的。

的手段功利地服务于未来的目的。对现在无条件的肯定不仅与人类的意识格格不入,而且与有机体的运转方式不相符——后者与愉悦和疼痛、满足和生存的功利性交换是分不开的。只有权力意志除了自己之外别无所求,这也就是说,它只需要自我扩张、自我强化和自我克服。只有这种永远只需要自己的意志才能不顾疼痛和快乐的多少,并意愿一切存在的事物得以永恒地复归:

> 你们曾经肯定过一种快乐吗?哦,我的朋友们,那你们也肯定了所有的痛苦。所有事物都相互联系和交织在一起,所有事物都陷入了热恋之中;如果你们曾经想要再现这个时刻,如果你们说道"幸福、刹那、瞬间,你让我喜欢",那么你们希望所有的一切都回来![……] 因为所有的快乐都想要永恒! (Nietzsche 1969: 332)

因此,肯定复归需要价值重估,而价值重估的范围既十分深远又毫不退让:它需要一种意志,对它来说,即便是片刻的纯粹的快乐,无论多么短暂,都值得千万年的折磨,无论这种折磨有多痛苦。但是,这里出现了两个困难:首先,我们不清楚是否可以用这种方式来使快乐和痛苦相通约,即无论前者多么短暂,后者多么漫长,但是前者总是比后者更有价值；其次，似乎在这一规范性的主张中——能够肯定"所有痛苦"的意志要比不能肯定痛苦的意志更加高贵——有着潜在的不确定性。

就第一个困难来说，尼采似乎忽略了快乐和痛苦的关系中的一种基本不对称性。因为，无论快乐的经验对于我们来说呈现出怎样的多面性，受限于明显图像所能提供的相当贫乏的描述性资源，我们生理愉悦（pleasure）以及心理享乐（enjoyment）的可能性，都是可以被一系列生理的和心理的限制性条件的边界所界定的。无论神经生理动态和心理动态的相互作用多么复杂，我们都不能假设它们是无边界的。然而，与我们相对有限的感受生理以及（或者）心理"快乐"的能力相比，我们感受"痛苦"的能力的绝对广度和深度——就我们遭受生理疼痛时所表现出的易受性（vulnerability）以及我们遭受心理痛苦时所表现出的易感性（susceptibility）而言——似乎接近于无限。亚苏斯·伊格纳西奥·奥达布尔塔（Jesús Ignacio Aldapuerta）针对这一矛盾提出了十分引人注目的阐述：

> 想一下人类身体获得愉悦的能力。吃、喝、看、触、听和交媾间或地带来快乐。嘴、眼睛、指尖、鼻子、耳朵和生殖器。我们享受快感的能力（voluptific，

请原谅我生造了这个词汇)并不只集中在这几个地方，虽然不可否认它们确实集中于这些地方。整个身体都对愉悦很敏感，但是在愉悦源泉所在的几个地方，我们获得了更多的愉悦。但也不是无穷无尽的。愉悦的体验大概持续多久呢？富裕的罗马人吃饱了，然后清理了他们饱胀的肚皮继续吃。但是他们不能永远吃下去。玫瑰是馥郁的，但是鼻子会习惯它的芬芳。最强烈的快乐性所带来的人格尽失的狂喜又是怎样的呢？[……]就算我是一名女性，可以接连地高潮，就像项链中成串的珠子那样，可不用了多久我也会感到厌烦。[……]想好了之后，我们再想一下疼痛。从你身上切下一立方分米的肉给我，我可以还给你足以吞噬掉你的疼痛，就像大海吞噬掉一把盐那样。从你出生之前到你死亡的那一刻，你总是会做好疼痛的准备。我们总是处于接受疼痛的时节。经验疼痛不需要天分、成熟、智慧，不需要体内的荷尔蒙在潮湿的午夜中缓慢的运作。我们总是做好了疼痛的准备。我们的一生都在为其做准备。总是这样的。[……]思考一下我们获得疼痛的方式。一个接一个就像日月交替那样。

(Aldapuerta 1995: 52-3)

我们对快乐的易感性和我们对疼痛的易受性之间的根

本不对等，使得任何想要通约二者的尝试化为了泡影。事实上，假定人们可以对生理愉悦保持无限的敏感，或者人们拥有无穷无尽的获取心理享乐的能力，都只是一种毫无根据的唯灵论虚妄。就此而言，尼采所强调的"愉悦要比内心的痛苦更为深远"（1969: 331）暗示了在对快乐时刻的复归的肯定中，有限的人类机体超越了自己确定的精神物理学构造。因此，对复归的肯定就是有限的，以月亮为标志的快乐，遮蔽了无边无际的以太阳为标志的疼痛。然而，尼采没有揭示为什么这一超越是可能的，只是说这是某种"力量"（strength）以及/或者"强力"（power）的体现。此外，除了将二者归于意志特性之中固有的优越性之外，尼采完全没有对"力量"或者"强力"的来源做出规定。但是考虑到承受、超越疼痛的能力是尼采所定义的"意志优越性"的一部分——这种"意志"的精神物理学基础仍旧十分模糊——那么我们很难看到这一优越性如何与高贵的精神优越性的定义区别开来，尤其是当前者体现为刚毅、坚韧和智慧等这些非常传统的美德之时："痛苦的磨炼、巨大痛苦的磨炼——难道你们不知道正是因为这一磨炼，迄今为止，人类才获得了一次又一次的提升？"（1990b: §225）这只是在为痛苦的精神化背书，而非破坏它；的确，很难看到它与我们熟悉的（犹太-基督教所颂扬的）苦难的精神教化价值有何区别。要么把救赎的功能归于苦难所有，就像基督教禁欲主义（Christian dolorism）所做的那样，要么再次引入依赖手段和目的的精神经济，用过去的记忆和对未来美好生活的期望来补偿痛苦的经验。但是，没有一个选项和尼采价值重估所规定的目标相一致，因为尼采的价值重估是要一并推翻犹太-基督教的评价机制的。

而且，坚持人类有机体总能在原则上超越痛苦——即便在现实中做不到这样——就是在指定一种道德规范，它暗含了"对灵魂的迷信"，即人们被赋予了一个无限的精神能量存储场所（reservoir），它能够为人们的身体提供不竭的恢复能力。最终，我们很难将尼采对痛苦的积极评价与痛苦是有意义的看法分离开来。这与明显图像所强加给我们的——对意义的理解的——限制是一致的。但是将痛苦和各种伴随着明显图像的"意义"结合，就是自动地将痛苦置入精神的计算，因为精神的计算会使现在的痛苦服从于回忆的或者渴望已久的幸福。与之相反，承认痛苦的无意义就已经是在挑战明显图像的权威了，因为正是它的无意义性，使痛苦抗拒被赋予救赎的价值。[1] 一旦痛苦的无意义被承认了,那么坚持"痛苦比内心的狂喜更为深远"会更恰当。毫无疑问,这会与尼采的价值重估所明确规定的目标——痛苦不再被视为对生命的反对——相左。然而,不像它的肯定性对立面——我们接下来将会看到,与痛苦相对,尼采将救赎的功能赋予了这一肯定性的对立面——正是拒绝肯定或者补偿痛苦,才真正挑战了明显图像的权威。

在尼采重估快乐与痛苦的价值的尝试中,紧随第一个困难出现了第二个困难。无论是痛苦被快乐所掩盖,还是快乐远比痛苦更重要,这里的问题仍然是:谁的快乐?谁的痛苦?我的还是他人的?尼采将永恒复归解释为一个考验,其目是在高贵的和低下的个体意志种类中做出筛选。然而,永恒复归的假设却注定是未被充分证明的。如果这一筛选被限定于个体的层面,那么必须承认任何身体健全的、在物质层面拥有特权的享乐主义者,肯定会拥抱永恒

---

[1] 尼采自己似乎也完全意识到了这一点:"真正激起对痛苦的愤怒的东西,不是痛苦本身,而是痛苦的无意义(senseless);但是对于基督徒——他们在痛苦中看到了完全隐藏起来的救赎的机制,或者对于古代天真的人——他们认为所有的痛苦都和旁观者或者痛苦的制造者有关,其实是没有无意义的痛苦的[……]。'如果上帝能从邪恶中取乐,那么所有的邪恶就都是正当的':这就是感情的原始逻辑——这种逻辑真的仅限于原始时代吗?——这个原始的概念对我们的欧洲文明影响是何其深远呀!"(Nietzsche 1994: 48)

复归。即便是"下等人"[1],只要在他的生存中,"痛苦的缓解"保证了愉悦胜过不快,那么他也可能像超人那样倾向于选择永恒复归。他对痛苦与快乐交织的肯定,从表面上看,确实也是一种自我克服的行为。尼采似乎没有想到,并不只是高贵的个体才会欢迎"恶魔般的"复归之假设;他也没有预料到,复归的假设对像牛一样的享乐主义者也有吸引力,它的粗鄙有效地帮助他/她适应了这一思想恶魔般的一面。因此,只有当个体接受了由肯定复归所产生的并分配给他/她的痛苦(而不是他人的痛苦)之时,在伦理-心理学意义上将复归解释为筛选性的假设才是可行的,否则施虐狂和反社会者也会像尼采所设想的高贵者那样渴望接受它。即便我们明确地指出,只有个体才有资格肯定他/她的痛苦,模糊性仍然会存在。因为,为了区分高贵者和卑下者,我们就需要一个可以衡量慷慨与勇气的尺度,然而,谁又能说一个人一生中所肯定的快乐与痛苦的多少就是合适尺度呢?除去敌意和怨恨,一个人需要承受多少痛苦以及何种的痛苦,才能符合勇敢(而不是坚毅)的标准呢?一个人需要经验多少快乐以及在怎样的条件下,他/她实际所有的欣喜才能被视为精神慷慨的标志,而不

---

[1] 参见 Nietzsche 1969: 45-7。

是放纵玩乐的症状呢？只要复归思想所实施的筛选仍然在伦理和/或心理学层面得到解释，只要它仍囿于个人的层面，那么它的选择性就会被不确定性所弱化。最终，复归思想所要求的肯定范围就不能与（和欢乐以及痛苦的分配伴随的）人类个体生存领域通约。因为，即便将其解释为重构后的绝对命令（categorical imperative），正如德勒兹所理解的那样——无论你意愿什么，只要你如此意愿了，那么你也就意愿它的永恒复归[1]——复归的学说也不会提供任何标准。也就是说，我们无法区分有特权的浪荡子的卑下意志与精神贵族的高贵意志——前者对"所有痛苦"的肯定是冷漠的征候，后者对"所有痛苦"的肯定是慷慨的标志。

这也就解释了为什么德勒兹和海德格尔所坚持的看法是对的——他们一致认为肯定复归所施行的差异化是属于认识论和本体论的，而非心理学和人类学。它没有在人类高贵和卑下的意志（will）之间做出选择，而是在另外两种意愿（willing）之间做出了选择，即被降格为用于实现目的的手段的意愿与避免成为经济的手段和目的且除了自身之外没有任何对象的意愿。意愿瞬间复归的意志就是意愿

---

[1] 参见 Deleuze 1983: 68。

所有一切复归的意志。但是在意愿所有一切复归的过程中,意志只意愿它自身:"有什么是快乐不想要的啊!它比一切痛苦更焦渴、更诚挚、更饥饿、更可怕、更隐秘,它想要自身,它咬住自身,圆环的意志位处(nestles)其中。"(Nietzsche 1969: 332)[1]

因此,如果按尼采所说:"在生成的世界中,知识是不可能的"(1968: §617),那么在永恒复归的思想中,评价和解释生成的意志就不再是依靠真理和知识而展开的评价和解释,而是肯定自身存在之理由的内在虚伪性——它没有可认知的本质这一事实——并通过克服自己的求知意志而创造自身。如果这样做,那么意志的性质就经历了从否定到肯定的转换——通过意愿作为创造性的生成[2],意志意愿自身,并由此变成了能动的。它篡夺了真理的位置,成为自主的东西或者自因。意志(生成)之存在唯一可以依据的东西就是肯定。因此,对德勒兹眼中的尼采而言,这不是肯定存在之物(以查拉图斯特的不听叫唤的驴子的方式)[3]的问题,而是创造被肯定之物的问题。或者按照德

---

[1] 关于权力意志就是"求意志的意志"(will to will),参见 Heidegger (1990c) *Nietzsche. Vol. III: The Will to Power as Knowledge and as Metaphysics*, ed. D. F. Krell, Harper San Francisco, 1990, 196。

[2] 参见 Nietzsche 1968, §617, 330-1。

[3] 参见 *Thus Spoke Zarathustra*, IV, 'The Ass-Festival', 321-6。

勒兹所说，不是存在通过永恒复归被肯定了，而是永恒复归的肯定构成了存在。[1]

7.2 转折点

最终，虚无主义在永恒复归的肯定中达到了顶峰。由此，虚无主义废除了传统意义上认识所承载的特权，转而重视创造性肯定。因为，只有肯定无差异的意志（复归作为"徒劳"的无意义重复）才可以通过产生存在去制造差异，因此它不是再现的对象，而是值得肯定的创造性力量。[2] 但是正如我们所看到的，肯定存在的意志，即作为创造性原则而非只是认识对象的意志，就是意愿自身的意志。因此，在这样一个奇怪的黑格尔式的结局中，虚无主义自我克服的嬗变点对应于这样一个时刻，在其中，通过肯定生成的存在，权力意志从"自在"的存在转变成"自在且自为"的存在。通过肯定自身以及经历从否定到肯定的变形，生成驱逐了虚无的否定意志，后者的征候表现为助长虚无主义逻辑的"认识"。借此，生成最终破坏了认识本身的自

---

[1] 参见 Deleuze 1983: 186。

[2] 对于尼采-德勒兹这一脉络的尖锐批判，可以参见 Peter Hallward's *Out of This World: Deleuze and the Philosophy of Creation*, London: Verso, 2006。

主性。因此，对尼采而言，意志的自我肯定产生了如下的差异：差异和无差异、肯定和否定、强化（intensification）和去强化（disintensification）；上述的差异通过产生（区别于反动的死亡的）能动的生命，确认了肯定的创造力量。由于尼采旗帜鲜明地坚持如下的观点，即恰恰因为生命是所有评价的前提，所以生命本身的价值是无法被评估的。[1] 一旦我们意识到不存在超越性的认知标准可以让我们发现生命有缺陷，那么我们就必须承认只有生命本身才可以评价生命。或者更准确地说，每次对生命的评价都是那种可以做出评价的生命的征候；无论健康或疾病，无论强壮或羸弱。因此，在尼采看来，一旦对生命的肯定变成自因，那么虚无主义连同各种各样对生命的否定性判断就会被克服：导致生命贬值的知识的否定意志，最终会转而反对自身，而且会被转换为一种肯定的意志。通过肯定无意义生命的无价值以自身为目的，肯定的意志产生了自己。因此，

---

[1] "关于生命的判断或者价值判断，赞成或反对，最终都不可能是真的：它们只有作为征兆的价值，它们仅作为征兆而受到考察——这类判断本身是愚蠢行为。人们一定得费心尽力，尝试去触及这种无与伦比的精妙（finesse），即生命的价值不能被评估。不能被一个活人所评估，因为一个这样的人是当事人，甚至是诉讼对象，而不是法官；也不能被一个死人评估，出于另一个原因。对于哲学家而言，在生命的价值中看到一个问题，这种情况甚至构成了对他自身的反对，对其智慧的质疑，这是一种不明智的现象。"（'The Problem of Socrates', *Twilight of the Idols*, tr. R. J. Hollingdale, Harmondsworth: Penguin, 1990, 40）

肯定存在的生命自身就是存在的场所。对自我差异化的生命的肯定,在一种实际相当于有活力的差异的自我催化中,驱逐了一切限制生命的东西(反动、怨恨和内疚)。[1]

但是,如尼采所认识到的那样,虚无主义之所以被认为是一种使人衰弱的东西,恰恰是因为它极有可能摧毁我们借以理解生存之含义的各种区分与范畴;不只是意义和无意义之间的差异,而且是(也许更险恶的)生命和死亡之间的差异。保守派试图以那些所谓的无可争辩的价值的名义,从外部斥责虚无主义。与这些保守派不同,尼采大胆的哲学策略表明,毒药同时也是解药,不受束缚的否定性蕴含了一个萌芽。这个萌芽预示着否定性自身将会变形成前所未有的肯定和创造性力量:当被推至极限时,虚无意志所释放的差异的破坏力(the destruction of difference),转而会反对自身,并产生出一种迄今为止最不可思议的差异。因此,尼采所谓的虚无主义的"克服",取决于是否已从内部耗尽了无差异化的逻辑,是否已将其转换为一种差异化的生产性逻辑。这一生产性逻辑不会恢复传统意义上那种被神圣化(或者"形而上学")的差异。接下来的问题就是,尼采(以及德勒兹,他可以说是尼采

---

[1] 参见 Deleuze 1983: 171-94。

门下最有影响力的哲学家）所欢庆的创造性的肯定力量，究竟是一种新的差异，还是一种换上了新伪装的旧差异。究竟在何种意义上，尼采肯定和拥抱的生成无意义，等同于真正能够制造差异的差异？

尼采所描述的克服虚无主义的核心观点是：肯定的时刻产生了一个"将人类历史一分为二"[1]的关键点。因此，尼采将救赎（redeeming）过去的力量赋予它，因为，通过意愿此在之物（what is）和将在之物（shall be）的复归，意志同样意愿所有曾在之物能够复归，所以也意愿那为肯定时刻立条件的整个时间序列都能够复归。在这样做的过程中，它实际上也意愿着返回，将朝向过去之"曾在"的怨恨，转化为一种积极的"我曾如是意愿它"。因此，救赎不再被投射到未来，而是逆射（retrojected）回过去：它打消了意志的复仇——意志向已经存在之物不可根除的持留性复仇。[2] 我们不能撤销过去，我们只能接受它。但是，在通过接受过去来救赎过去的过程中，现在已经救赎了自身，也救赎了它的未来。因此，救赎就是无条件肯定力量的体现。只要肯定是有条件的，即"我愿意复归，如果……"

1　F. Nietzsche, *Ecce Homo*, tr. R. J. Hollingdale, Harmondsworth: Penguin 1979b XV, § 8.
2　"救赎过去，将每一个'曾在'转换为'我曾如是意愿它'——我唯独将此称之为救赎！"（Nietzsche 1969: 161）

那么持续驱动意志的就是复仇精神。面对着永恒复归的前景，否定的意志会力图肯定快乐而非痛苦，肯定善良而非邪恶——它的肯定是有选择性的，它将快乐从痛苦中分离出来，将善良从邪恶中分离出来。它认为可以自己将生成分裂为善良的和邪恶的。但是如果这样做，那么它就会在考验中败下阵来，因为它暴露出自己不能无条件地肯定生成，或者揭示出自己其实是不可分割的整体。否定意志有条件的肯定，在利益的基础上力图做出善与恶的抉择，如此一来，生成就被再度纳入依赖手段和目的经济结构之中："我愿意复归，如果……"它之所以不是由对复归的肯定选择的，恰恰是因为它意愿一种有条件的选择。与之相对，凭借无条件肯定生成的一切，肯定性的意志能成功地将能动力从反动力之中分离开来。通过拒绝以痛苦为代价的方式选择快乐，它只在能动和反动、差异和无差异之间进行选择。

然而,如果将这一关键的救赎作用归于对复归的肯定，那么我们就面临着一个根本性的困难。因为，如果后者标记了生成的焦点，即能动难能可贵地摆脱了反动，肯定摆脱了否定的时刻，那么我们该如何调和以下两点：（1）特定的生成时刻被赋予了轴心的作用；（2）这个时刻也是驱散历史的意义、目的和方向的时刻。肯定本应使所有生成的时刻都绝对地相互等同,可是这个特定的生成时刻为何同时被赋予能将历史一分为二以及转变所有过去时刻和所有将来时刻之间关系的救赎能力?对复归的肯定,本应是肯定意志的避雷针(lightning rod),借此,所有其他的时刻都可以被救赎,正如我们之前所看到的那样,只有意志自身才能无条件地肯定生成。不过,由于尼采取消了自在之物(an sich)的假设,因此"自在的生成"的想法显然就是空洞的,对于"意志本身"这一观念而言也是如此——直到意志的"存在理由"(ratio essendi)在获得肯定的过程中实现了自身为止。因为"意志自身"的实现,如果不依赖于肯定它的行动,那么它就什么也不是。但是,由于权力意志是生成的同义词,那么这就意味着生成只有通过肯定行动被反射(reflected)在自身之中时,才存在(于其存在理由之中)——我们已经注意到,这个观点出乎意料地让人想起了黑格尔的论点,根据黑格尔的论点,本质存在和存在的自反的自我设定行动同延。[1] 然而,如果生成只有被置于这个行动的范围内才存在的话,那么生成的整体就会被浓缩于这一肯定的瞬间——的确,这就是为什么恰

---

[1] 参见 Hegel 1989: 390-408。

恰是这一行为永恒化（eternalizes）了生成。因此，作为整体的时间或者永恒本身，就经由肯定性的瞬间，被反射到了自身之中。但是，如果永恒被压缩了，如果它的存在被表现（expressed）在这一肯定之中，并通过这一肯定被表现（和第6章中我们讨论过的德勒兹的表现逻辑是一致的），那么这就意味着生成的整体是被思想所救赎的。因此，尽管尼采承认"在自然之中，人类的智慧看起来是多么的漫无目的和毫无根据"，但他实际上仍使生成的存在依赖于可以对它做出评价的生物之实存。的确，将存在解释为肯定的作用而非再现的对象，只是另外一种使世界依赖于思想的途径。由于尼采无法承认自在生成的实在性，所以他只能让生成环绕在肯定的周围，也就是说，环绕在评价的周围。（反过来，如果要让肯定环绕在生成的周围，那尼采肯定不会同意这一点，因为这需要一种被尼采所拒绝的形而上学的实在论。）[1]

尼采坚持认为，生成不是知识的对象，而是评价的

---

[1] 任何形式的实在论对尼采来说都不是一个元素的选择，即便在他与叔本华决裂后。正如他在1872年的一则评论中所说的那样："时间本身是没有意义的：时间只为可感知的生物而存有。对于空间来说，情况也是这样。所有的结构都和主体有关"（Nietzsche 1995: 46）。在许多方面，尼采的视角主义只是他导师的先验唯心主义的强化：正如生命意志对叔本华来说是认知主体和被认知客体之间的关系，权力意志对尼采来说是评价的行动者和承受者。

欲望原动力（libidinal motor）。正是这一点促使尼采将由真理的明显图像的缺陷所产生的认识论难题——尼采正确地看到，这一难题是启蒙的真理意志的结果——转化为由价值论危机所引发的**价值重估**。通过这一价值重估，真理遭到了废除，启蒙对客观知识的偏爱被诊断为虚无意志的征候，进而被（废除知识特权的）力量的征候学（symptomatology of forces）以价值谱系学的名义所代替——因为知识诉诸无涉价值判断的自在世界。谱系学的展开依靠的是将权力意志设定为评价和世界之间关联的保证者，后者只有在其得到评价的情况下才存在：意志既是评价者也是被评价者，既是评价的行动者也是评价的承受者。因此，对尼采而言，虚无主义历史的关键时刻发生于这个节骨眼，即意志竭力消除来自被冠以真理之名的世界的价值，从而将揭示出真理无非只是另外一种价值而已。这也是否定性的真理意志将自身转变为肯定的、评价性的谎言意志（the affirmative and evaluative will to lie）的节点；转变为意愿伪造价值——意志赋予生成的价值——的意志：

> 我们的"新世界"：我们必须意识到，在何种程度上我们是自身价值感的创造者——因此能够把"意义"投射到历史之中。这种真理的信仰在我们之中走

向了其最终的结果——你们知道这种结果是什么：如果有需要顶礼膜拜的东西，那么被膜拜的只能是它的假象，也就是说谎言——而不是真理——才是神圣的！(Nietzsche 1968: § 1011)

于是，尼采最终用价值论转码了认知的危机——后者是由真理意志不受限制的潜能所生发的——而且接着表明价值重估是从虚无主义之中扭动而出（Herausdrehen）的关键。但以上这些都建立在一种普遍的非理性主义的基础之上。非理性主义不仅拒绝生成的自主性，也拒绝存在的自主性。因此，尼采对虚无意志的消除就依赖于关于生成的非理性主义：由于生成就是自在之无，因此，一次评价行动足以将无转换为某种值得肯定之物。但是，为什么生成没有目的也不达到什么这一思想，应该在其所肯定的生成中制造差异，将生成分裂为"之前"和"之后"呢？尼采的回应是：因为通过这一肯定，生成被反射入自身之中——由于权力意志既是评价者又是被评价者，生成因此就通过（肯定其复归并赋予其存在的）行动评价了自身。这就为如下的观点提供了概念的支持，即消灭与真理意志相伴的价值，可以被转换为一种能够创造新价值的意志。

然而，无论是被解释为对同一性的肯定，还是对差异的肯定,当尼采试图将"对复归的肯定"描述为生成之焦点时,就必然会面临无法逾越的困难。首先,尼采关于生成的非实在论,极有可能把永恒复归——被理解为相同者的重复——限制在当下的重复,因为如果生成的存在围绕着对它的肯定运行,那么诉诸生成过去或者未来的维度就是毫无意义的,因为生成过去和未来的维度是自在的,二者独立于对它进行肯定的时刻而持存。生成的过去和未来复归的唯一意义在于,它是停顿的现在(nunc stans)、不朽的现在及肯定的固定关联项。结果,复归的肯定将会使得所有的生成时刻变成相等的时刻,只因为它将所有的时刻还原为这一永远持存的肯定时刻。其次,永恒复归的思想暗示了生成从未开始或者结束;它总是按照已被重复了无数次的样子在重复着自身。如果每一个时刻,因此也包括这个时刻——在其中,我们需要肯定整个序列的时刻的重复——已经无数次地复归,而且已经无数次地重复自身,那么历史中如何还能蕴含着一个决定性的时刻将历史分为"之前"和"之后"呢?如果肯定已经复归了无数次,那么它还可能制造出什么样的差异呢?毫无疑问,伴随这一对相同者复归之解释而来的这样或者那样的困难,促使德勒兹将永恒复归的学说解释为差异的重复。然而,抛开尼采自己的著作中鲜有观点可以支持德勒兹的解读的事实不谈，德勒兹自己所暴露出的概念的不连贯也会使他的解释无效——不连贯性不仅仅是德勒兹笔下的尼采所特有的，所有独尊生成贬抑静止、独尊创造性的肯定贬抑再现的哲学都会有这样的不连贯性存在。因此，第三点也是最后一点，如果复归被理解为差异的重复，那么存在自身就是自我差异的。但是如果存在本质上是能动的、肯定的、创造性和生产性的，那么为什么它会将自己异化为反动、否定、贫乏和再现呢？认为虚无主义的历史围绕着"真理的自我反对"而转动的观点，会招致一种显而易见的反驳：为什么肯定的幻觉意志（the affirmative will to illusion）必然需要否定的真理意志来形成它自身，并达到它最大程度的潜在化呢？此外，如果存在本身只是差异化的话，那么为什么肯定需要在同一和差异之间做出区分？正如我们已经表明的那样，尼采非实在论的直接推论可以作为这两个问题的答案：生成需要肯定，因为直到通过肯定行动的中介，进而被反射入自身之前，它什么也不是。就此而言，德勒兹对尼采克服虚无主义的描述等同于一种倒置的黑格尔主义，即肯定的力量和否定的力量相互斗争的目的只是将自在的差异转化为自为的差异。即便这样，还存在着一个根本性的困难，因为尽管肯定将自身同否定区分开来，将差异和无差异区分开来，它也仍然是能动和反动的杂交物（*hybridization*），毕竟只有这样它才能够为以上这些区分的必要性提供先决条件。然而，一旦肯定成功地将自己和否定分离开来、将能动和反动分离开来，那么它不仅无法解释这些区分先前相互交错（intrication）的必要性，而且由它所实施的区分也取消了自己的先决条件。因为永恒复归对生成之统一体的肯定所借助的差异，同时阻止了这个统一体的复归。于是，对复归的肯定反过来否定了生成的不可分割性——后者本应该成为肯定的推动力。因为，正是善良和邪恶、高贵和卑下、能动和反动的不可分割性，为生成肯定性的救赎提供了前提条件。

最终，"对复归的肯定标记了虚无主义的历史转折点"的观点所产生的困难远比它解决的困难要多。我们在此可以得出如下的结论：我们既没有理由选择肯定带来的差异化，也没有理由选择否定带来的同一化。自在的存在——我们在第5章中已经用存在的零度（存在–无）描述过它了——不能被解释为再现的对象，但是也没有理由将其解释为肯定的力量。一旦我们抛弃了尼采的非实在论假设，即存在作为肯定行动的关联项，那么显然"没有目的，也不达到什么"的生成就既是对肯定的漫不经心（heedless），也是对否定的漫不经心。恰恰是实在论对自在真理的承诺，加上科学认知将表象-实在区分延伸至现象的领域（参见第1章），取消了价值论语域的正当性——尼采可能会用价值论来消除虚无的意志。在这一点上，尼采认为生命必然优于知识的看法低估了摆在生命面前的来自真理意志的挑战。因为，正如尼采所承认的那样，生命和死亡之间所谓的绝对差异只是诸多被不受限制的真理意志所动摇的形而上学绝对之一。然而，尼采在力求将死亡纳入生命的过程中走向了活力论，他甚至肯定了生命和存在的同一："存在——我们除了'生命'的观念之外，对其一无所知——死去的东西怎么会'存在'呢？"（Nietzsche 1968: §582）

然而，如果认识削弱了生与死的差异，那么削弱的方式就不是将前者还原为后者，或者使熵优于负熵——这是一种形而上学的姿态，和它的对手活力论一样是毫无依据且武断的——而是将差异和无差异、生命和死亡同一化。但这一同一化不是在本体论的层面上通过综合而实现的——因此，也就与海德格尔和德勒兹分别以有限的超越性和精神的个体化所实现的综合不同。正如我们在第5章中所看到的那样，由认识对象所规定的认识，可以被描述为一种符合而不对应（*adequation without correspondence*）的结构；认识不会在生成中寻求制造差异的机会——就像尼采希望通过肯定所达到的那样，而是会辨认出客观的有序和无序矩阵，与此同时解除本体论综合的束缚，因为本体论会将后者还原为思想的关联项。因此，存在着一种实在者的认知（宾格所有格），它不仅拒绝让知识服从于生命／有机体的利益，而且也回绝了如下这一要求，即为了使实在性符合所谓的理性或者"合理性"的利益，而去救赎它或者证明它的正当性——就像人们在明显图像的范围内解释实在性时所做的那样。

我们在前面的章节中已经看到，活力论——尤其是德勒兹的活力论——如何把死亡和时间的关联描述为时间性差异之产物的场所：死亡不是对有活力的差异的取消，而是其表现的增强。对于德勒兹而言，内强的死亡是进入通向创造性个体化之潜在领域的大门，这个领域充满了前个体奇异点。因此，活力论最终让创造性时间的不可消除之差异，对立于毁灭性空间的物理消除（physical erasure of annihilating space），正如我们在第 2 章和第 6 章中看到的那样，空间被认为是对心灵生命的威胁。就此而言，时间超越于空间之上的特权和死亡的精神化——

作为一种更为纯粹的生命形式,活力论扬弃了物理死亡,要反对这一点,就必须坚持时空的不可分割性以及物理毁灭的不可根除性——二者为思想的客体化提供了思辨的标识。思想的客体化可以被视为一种死亡的样态。在此,死亡不是差异的取消,而是差异与无差异、熵与逆熵的非辩证同一。我们可以从如下问题开始来讨论后者:思想如何思考一个没有思想的世界?或者更迫切地说:思想如何思考思维的死亡?

7.3 太阳的灾难:利奥塔

利奥塔在 1991 年出版了论文集《非人》(*The Inhuman*)。[1] 这本书的第 1 章是"没有身体的话思想还能维系吗?",而上面所提到的第二个问题便位于这一章的核心。利奥塔在这一章中邀请我们仔细思考哲学和地球视域(terrestrial horizon)的关系。在被称为"上帝"的形而上学范围崩溃之后——"上帝"的死亡催生了尼采的戒律,"对地球保持忠诚!"(Nietzsche 1969: 42),地球视域就被赋予了准先验的地位——无论是作为胡塞尔意义上的

---

[1] J-F. Lyotard, *The Inhuman: Reflections on Time*, tr. G. Bennington and R. Bowlby, Stanford, CA: Stanford University Press, 1991.

"起源的方舟"（originary ark），海德格尔意义上的"自行闭锁者"，或者德勒兹意义上的"被解域化者"。[1] 但是，正如利奥塔所指出的那样，大概到45亿年后，当太阳熄灭（extinguished），地球同样也会被抹去：（它会）焚毁"起源的方舟"，清除"自行闭锁者"，气化（vaporizing）"被解域化者"。太阳的灭尽（extinction）是一次灾难（catastrophe），一次误转（mis-turning）或者说倒转（over-turning [kata-strophe]），因为迄今为止，人类的生存，因此也包括哲学的求索，都是对照着地球视域的未来可能性来定位自身的。而太阳的灭尽则完全消除了这一可能性。或者按照利奥塔的说法："一切都已经死亡了，如果你们从中汲取能量并借此推迟作答的无限供给，如果简单地说，作为求索的思想，和太阳一起消失的话。"（Lyotard 1991: 9）一切都已经死亡了。太阳的死亡是一次灾难，因为它破坏了本体论时间性，而本体论时间性则是在哲学探寻与未来的构成性的、视域性的关联中形成的。但是，太

---

[1] Edmund Husserl, 'The Originary Ark: The Earth Does Not Move' in *Husserl at the Limits of Phenomenology*, ed. L. Lawlor with B. Bergo, Evanston, IL: Northwestern University Press, 2002; Martin Heidegger, 'The Origin of the Work of Art' in *Basic Writings*, ed. D. F. Krell, HarperSanFrancisco, 1977b; Gilles Deleuze and Felix Guattari, *A Thousand Plateaus*, tr. B. Massumi, London: Athlone, 1988.

阳的灭尽并没有在遥远的未来等着我们，在地球视域的另外一端（kata [side]），它需要被理解为某种已经发生的事情，即一开始就存在的创伤，它驱使地球生命的历史，从恒星的死亡开始，沿着一条精心策划的迂回路线绕行。地球的历史位于死亡的两次同步转变（simultaneous strophes）之间，后者既早于第一个单细胞生物的诞生，又晚于最后一个多细胞动物的灭绝。套用一句弗洛伊德在《超越快乐原则》中的话，我们可以说："最后，能在思想发展历程中留下痕迹的肯定是我们曾经居住过的地球的历史，以及思想和太阳的关系。"[1] 思想和太阳的关系在思想之中刻下了印记，这一印记就是恒星死亡的痕迹，它既先在于又后继于、既开启又终结了哲学家所思考的生命与死亡。

太阳的灭尽的前景引发了两种对思想与具身化关系的不同看法，利奥塔将这两种对立的观点并置在了一起：首先，对于第一种观点而言，思想及其物质基质之间的不可分离性（inseparability），需要将思想从其一般有机生命的根源之中分离（separating）出来，尤其是要从人类有机体

---

[1] S. Freud, 'Beyond the Pleasure Principle' in *The Penguin Freud Library Vol. 11: On Metapsychology*, Harmondsworth, Middlesex: Penguin, 1991: 310.

中分离出来；其次，根据第二种观点，正是不可化约的性别分化（separation）使得思想无法与有机体的具身化，尤其是人类的具身化相分离（inseparable）。太阳灭亡的前景，在某种意义上不过是利奥塔巧妙地以戏剧化的方式处理歧见（the differend）的托辞，即第一种观点所支持的逆熵（extropian）功能主义和第二种观点所支持的现象学女性主义之间的歧见。尽管利奥塔拒绝裁定这一分歧，但是从我们的角度来看，前者显然更重要，因为它表明太阳的灭尽挑战了哲学对死亡的理解。更具体地说，它破坏了海德格尔生存论的死亡概念——后者被编码于海德格尔对"趋死"（dying）的现象学分析中。这样一来，就不能通过特权化死亡与未来的关系，将死亡视为凸显人类的生存的东西。如果太阳的灭尽不能从（与人类和死亡的关系相伴的）生存可能性的角度来解释，那么这不并是因为太阳是一个会死的存在者——这样做的结果就是，说它"死了"会构成一种不正当的拟人论。相反，这是因为人类不能再被描述为如此这般的存在者，即不能被描述为他和自己的非实存之间的联系赋予了他特权的那种存在者：太阳的正在消亡（dying），在同样的范围内，人类的生存以灭尽（extinction）为边界。在此，灭尽不能被理解为生物物种的终结，而只能被理解为这样一种终结：它拉平了（levels）被归于人类的所有超越性——无论是意识的超越性还是此在的超越性，剥夺了后者作为关联之场所的特权（参见第3章）。因此，如果说太阳的灭尽是灾难性的，这是因为它使关联脱节（disarticulates）了。至少从黑格尔开始，死亡就作为哲学思辨动机起作用。与这样一种死亡模式不同，灭尽不构成思想的内在限制，且为思想跨越自身的边界提供必要的刺激（spur），因此也将本应外在于思想的东西包含在思想之中。思想完全能够超越它为自己设下的限制。但是，太阳的灭尽不是思想的（of）限制或者对（for）思想的限制。就此而言，它取消了哲学思想所赖以维系的与死亡的关联。或者按照利奥塔所说：

> 随着地球的消失，思想也会停止——留下了绝对不可思考的消失。正是视域自身遭到了废止，随着它的消失，[现象学家的]内在超越性也会消失。如果，死亡作为一种限制，的确从一开始就逃匿了，被推迟了，而且是思想必须关涉的一个结果——这种死亡就只是我们心灵的生命。但是太阳的死亡是心灵的死亡，因为它是作为心灵生命之死亡的死亡。(Lyotard 1991: 10)

唯一能够让这种死亡可被想象，因此也就是让这一死亡的死亡变成像其他东西的死亡那样的方式，就是将思想的未来从（它属于）人类躯体的命运之中分离出来：

> 无躯体的思想是思考死亡的先决条件，包括所有身体的死亡，太阳或者地球的死亡，以及与这些躯体不可分离的思想的死亡。但是"无躯体"的准确含义是：没有所谓的人类躯体这种复杂的而且鲜活的地球生物。当然不是说没有硬件。（Lyotard 1991: 14）

因此，思想必须与它的有机体居所相断绝（weaned），并被移植到某种替代性的供给系统之中，这样就可以保证它在地球的庇护所被毁坏之后，仍然能够继续存活下来。利奥塔的追随者认为，这一断绝（weaning）过程从生命在地球诞生之初就已经展开了。它为认知软件提供了可以不依赖于地球生命而继续运行的硬件——通过替换形态的物质基底，它确保形态复杂性（morphological complexity）的存活。因此，这里的论点就是，技术史与被理解为技艺（*techné*）和自然（*physis*）之原初综合的生命史相重叠。与技术手段对立的不是"自然"的领域，因为无论是有机的还是无机的物质，本身就有自我组织化的内在的倾向。"技术"命名了一组进化策略,这些策略致力于确保地球上最近几十亿年的负熵动量,不会被即将到来的熵的灭尽浪潮所消灭。

用与日俱增的复杂化的轨迹来描述地球的历史,是现在为人所熟知的活力末世论的修辞。史蒂芬·杰伊·古尔德(Stephen Jay Gould)对"具体化变异的谬误"的批判,对活力末世论仍然是有效的:以整个系统当中所发生的全面变异为代价,赋予理想化的平均状态以特权。用流行的"进步主义"来解释进化历史就难免会产生这种谬误。在尝试衡量进化变异的潜在趋势时,我们必须区分变异的平均值(mean)、中值(median)以及众数(modal)。平均值是通过所有数值相加再除以个数得到的。中值是数值的变量数列的中间点。但众数则是最常见的数值。在对称分布(以理想化的"贝尔曲线"[正态分布曲线]的样子为例)中,三个值是契合的。但是许多现实的分布——进化复杂性的分布就是其中之一——是不对称的,因为它们在某一方向上的潜在延展范围会受到一些基本的约束条件或者"壁垒"(wall)的限制,在另外的方向上会保持更为自由的发展趋势,这在自然中是合乎逻辑或者合乎经验的。在生命案例中,这个壁垒取决于一些物理和化学基本的约束条件：生命只能从物理和化学的运作方式所规定的某种最小程度的复杂性开始。变异会受到左右偏斜的影响，而左右的偏斜则取决于在哪一个方向上发展受到的限制更少。但是，在偏态分布中，平均值、中值和众数就不再是契合的。因此，进化历史过程中的复杂性分布示意图可以根据衡量复杂度与其对应的发生频率来绘制：给定一个竖轴来度量发生的频率，给定横轴来度量复杂性的程度，以原点为代表的最小程度复杂性的左侧壁垒，意味着生命发展的唯一方向是向右，即沿着横轴不断增加复杂性。尽管生命复杂性的频率分布随着时间向右偏斜的程度不断增加——随着生命的复杂性变得愈发突出，正如由分布的右尾的持续扩展在平均值的变化中所体现的那样——但是众数值却仍然是几乎不变的，它非常接近最小复杂性的左侧壁垒。因此，古尔德指出，尽管生命的平均复杂性可能提高了——就像不断增加的复杂多细胞有机体的发展所表现出的那样，但是它的众数的复杂性（以细菌为例）却是没有什么变化的。然而，后者不只是在发生频率上超过了前者——细菌生物体在总数上继续超过其他所有生命之和——而且在变异层面上也超过了前者。因此，在三种最基本的进化域，即细菌域（*Bacteria*）、古生菌域（*Archea*）、真核生物域

(*Eucarya*)之中，前两种都是完全由原核细胞（prokaryotes）所构成的，这些是最简单的单细胞有机体，它们没有细胞核、没有线粒体，也没有叶绿体。此外，第三个域，也就是真核生物域（的确 [do] 有细胞核、染色体等部分的细胞）构成了 13 个生物界（kingdom），其中有三个生物界包含了所有多细胞生命——真菌、植物和动物。更重要的是，展现在单细胞生物域中的遗产多样性程度，简直让多细胞生物域相形见绌。因此，前者构成了总共 23 个生物界，而后者仅仅包含 3 个[1]；而且，蓝细菌和黄杆菌之间的遗传距离，就像胡萝卜和斑马的遗传距离一样遥远。

"进步主义"对进化历史的解释假定，持续扩展的"右尾"所体现的不断增加的复杂性，可以被理解为变异连续体（作为一个大的整体）的代表性趋势。但这是一个谬误，不仅是因为右尾只代表了生物总数当中的极小一部分，而且也因为这些占据尾尖的生物甚至都没有构成一条连续进化的谱系；因此，三叶虫、恐龙和晚期智人是完全不同的物种，它们偶然地一个接一个地占据了这个位置，而且由于没有遗传连续性可以把这些占据尾尖的生物联系在一起，所以它们占

---

[1] 至今为止生物学家最多划分出了 7 个生物界（Kingdom），11 个亚界（Subkingdom），8 个下界（Infrakingdom），2 个总界（Superkingdom），可参见 *A Higher Level Classification of All Living Organisms*（2015）中的相关论述。——译者注

据尾尖的事实就不能被归因于任何特殊的适应能力，而是应该被理解为盲目的、变幻莫测的进化历史的结果。最终，就像古尔德所说的那样："自我吹嘘的生命进化其实是偶然的、从简单起点开始的随机运动，而不是促进内在驱利的复杂性的定向动力。"（Gould 1996: 173）[1]

因此，就像它的主要对手辩证末世论一样——即便后者将其最终和解的视域编码为"否定的"，因此也是必然不可能实现的、永远被推迟的"希望"（参见第 2 章）——活力末世论不断逃避灭尽的抹平力量。因为，如果后者意味着"一切都已经死亡了"，那么这不仅是因为灭尽摧毁了地球，那个被解释为生成之不竭的存储场的地球，而且也因为，就像尼采极具煽动性的言论所表明的那样，认知意志（the will to know）在和所谓的生存意志的对抗中被虚无意志所驱动。这种被虚无意志所驱动的认知意志被理解为一种内疚感——因为它似乎变成了与自在者相对等的东西。活力论想要和虚无意志断绝关系。它坚信可以实现这一点，但却把希望寄托于创造性的进化，而且坚持认为太阳的灭尽只是局部的和暂时的挫折，生命最终可以通过转换它的具身化条件来克服这个挫折：无论是从碳基转向硅

---

[1] Stephen Jay Gould, *Life's Grandeur: The Spread of Excellence from Plato to Darwin*, London: Jonathan Cape, 1996, 173.

基基质,还是通过其他还未被预见的策略。但这也只是推迟了最终审判日的到来而已,因为生命和心灵迟早都要面对终极视域的瓦解:大概在 10^{1728} 年后,那时宇宙的加速膨胀将会瓦解物质本身的构造,终结具身化的可能性。宇宙之中每一颗星辰都会熄灭,整个宇宙都将陷入绝对黑暗之中,剩下的只是那些已坍缩物质的废旧外壳。无论是在行星表面,还是在星际空间之中,所有游离的物质都将已经腐烂,它们消除了以质子和化学为基础的生命残骸,抹去了所有感性现象的残余——无论它们的物理基础是什么。最终,在宇宙学家所谓的"仙境区"(asymptopia)中,散布在空旷宇宙中的恒星尸体将蒸发成一场短暂的基本粒子雹暴(hailstorm)。原子本身将不复存有。受到目前无法解释的被称为"暗能量"的力的驱使,只有无情的引力的扩张仍在继续,它会将灾难后的宇宙持续推向一种永恒且深不可测的黑暗之中。[1]

活力论会将(助力哲学质询的)无限的视域供给从局部的、地球的范围迁移到全球乃至宇宙的范围,并以此来

---

[1] S. Odenwald, *Patterns in the Void: Why Nothing is Important*, S. F. Odenwald, Boulder, Colorado: Westview Press, 2002, 163; and L. Krauss and G. Starkman, 'Life, The Universe, and Nothing: Life and Death in an Ever Expanding Universe' in *The Astrophysical Journal* Vol. 531, No. 1 (2000), 22-30.

限制灭尽的范围。但是,鉴于上文中提到的将要发生的普遍毁灭(annihilation),那么通过将创造性的生成视域从陆地扩展至宇宙的居所,来试图回避灭尽的抹平力量——被理解为"一切都已经死亡了"这一观点的必然推论——的做法,就暴露出活力论否定物理灭尽之可能性背后的唯灵论理论基础(spiritualist rationale)。因为,认为物理实存本身的终结不会对生命的持续进化造成影响的观点,如果不是一种唯灵论的宣言,那还是什么呢?由于宇宙的灭尽对哲学和生物的死亡而言,都是不能拒绝的事实——然而奇怪的是,哲学家们似乎认为后者与自己更相关,就好像亲近性(familiarity)是哲学相关性的一个标准一样——所以,具身化思想用来为自己的求索提供动力的视域供给必然会是有限的。那为何思想要继续投入其中呢?尤其是,它不断减少的供给(dwindling reserves)要受到具身化暂时性因素的限制。为什么要不断拖延时间(playing for time)呢?改变身体只是推迟思想与死亡不可避免的遭遇的一种方式而已——死亡会以认知意志的方式驱动着思想。视域的改变之所以只是阻闭灭尽的先验范围(scope)的手段而已,恰恰是因为灭尽抹平了生命和死亡、时间和空间的差异,撤销了被归于(实行时间化的)思想的本体论潜能——这种本体论潜能体现在思想对物理死亡的"抗毁性"（invulnerability，即思想不会受到物理死亡的影响）之中。

灭尽预设了物理的毁灭，它拒绝承认心灵和世界之间的差异，但是也不能把它理解为心灵超越性的内部限制——一种内化的外在性，就如死亡之于精神或者此在那样——因为它暗含了一种外在性，这一外在性展开了或者外化了与意识及其替代者（精神或者此在）相伴的外在性的内化。灭尽将思想彻底置于外部，客体化为一种有朽的（perishable）东西，就像世界中其他的东西一样（不再是死亡 [perishing] 的不朽状况 [the imperishable condition]）。这种外化不能被思想据为己有——不是因为它蕴含某种理性所无法理解的超越性，相反，是因为它标志着客体的自主性有将思想本身转化为物的能力。

就此而言，灭尽是后在性（*posteriority*）的征候，它直接对应于我们在第 3 章中所讨论的源始性。但是，在第 3 章中，我们看到了源始性的假设不足以取消相关主义借口的原因。由于在源始时间和人化时间之间存在着所谓的不可通约性，因此梅亚苏继续采用了序时的框架，但这一框架是可以被相关主义者所挪用的。因此，源始的先在性很容易被转换为"为我"（for us）的先在性。通过比较，我们可以得知,灭尽的先在性标志着物理毁灭,无论对序时进行如何调整,也无法将灭尽转换为"为我"的关联项,因为在时空中无论灭尽所在的位置有多远(或有多近),它都已然取消了关联的充足性。真正让关联不再可能的是这样一种思想,即"在太阳死亡后,就没有思想得以留下来知道太阳死亡的发生"(Lyotard 1991: 9)。因此,灭尽的思想拆解了关联,而且避免了一切对智性直观的诉求,因为它将关联的缺席——而不是源始的实在——转化为思想的对象,而且也将思想本身转化为一个客体。没有后在的智性直观,因为灭尽并不指向后在的实在——如果它这样做了,那么就有必要解释这一指示性的关联,但这将再次引入关联和直观的二分,后者可能仍然难以解决,就像我们在第 3 章中所看到的那样。相反,灭尽标志着关于思想之缺席的思想。这就是为什么它代表了一种思想的客体化,在其中,客体的思想被客体本身反转了,而不是被客体的思想反转了。由于客体的思想和客体本身的差异不再取决于思想,也就是说,不再取决于超越性,而是取决于被理解为内在同一的客体,正如我们在第 5 章中所看到的,这一内在同一的客体必须被理解为关系和非关系区分的非辩证同一。因此,客体和其概念的差异就以如此的方式被给予（"而无被给予性"，这也就是说，没有关联）。由此，就无需解释这一差异的本质和起源。与之相对，直观论和再现论如果不去追寻这一差异的本质和起源，它们就无法将这一差异变成一种思想的体现。

所以，先在性和后在性之间有一种基本的不对称：源始时间和人化时间的分离被解释为一种序时的作用——在经验假设的基础上，前者先在于而且也将接续后者；在相关的时间和灭尽的时间之间存在着一个绝对的分裂，这是因为后者不仅是一种可定域（localizable）的时空现象，（因此）也不只是序时中可被控制的东西（尽管它确实也是这样的），毋宁说它是时－空的灭尽（the extinction of space-time）。所以，与其说灭尽将要终结关联，不如说它总是已经以逆动的方式终结了它。灭尽褫夺（seize）了总是已经存在的未来和永远尚未存在的过去之间具有关联性的现在。因此，没有灭尽"之后"，因为它已经破坏了投射（projection）的效力——通过投射，关联性的综合会将它的实在性同化为依赖显示条件的现象的实在性。灭尽之所以有先验的效力，恰恰是因为它代表了一种毁灭。毁灭既不是现实的实存可以朝向它定位自身的可能性，也不是未来的实存可以由之出发的基准点。它以逆动的方式禁止了投射，正如它抢先废止了存留（retention）。就此而言，灭尽展开于"先在的后在性"（anterior posteriority），后者篡夺了人类生存的"未来先在性"（future anteriority）。

7.4 现象学的褫夺：列维纳斯

先在的后在性毫无疑问是列维纳斯绝对他异性的现象学中的关键性修辞。在绝对他异性的现象学中；与"我之中的他者"不可追忆的踪迹相联系是一种彻底的被动性。这一彻底的被动性又与一种"可能之不可能"（impossibility of possibility）密切相关，后者使意向性的领会和绽出的筹划失去了效用。事实上，利奥塔的"太阳的灾难"可以有效地将列维纳斯经由神学改造后的"可能之不可能"移置到自然-科学的语域中，以至于不再是他者的死亡而是太阳的灭尽夺取了意识的主导权。值得注意的是，在科学图像的元素开始渗透入哲学话语，也就是说，在前者开始渗透进后康德的大陆哲学话语的历史契机中，上述移置发生了。可以说，科学图像的元素已经探索到明显图像的极限，并在后者之中产生了越来越多的与后者不协调的复杂模型。因为死亡现象指向了明显图像的概念构造中那个异常的区域。在这一异常区域中，我们的日常概念和范畴开始瓦解，这就是为什么对明显图像的外部界限的探索，仍然是哲学家优先考虑的主题。出于同样的原因，对现象学话语而言，灭尽的概念代表了一种异常状态，而现象学之所以要先验化明显图像的基础结构，恰恰是为了捍卫后者不受实证主义和自然主义概念的入侵。然而也正是因为灭尽的概念表现了由明显图像与科学图像的冲突所导致的不协调，所以它不可能是从科学图像之中产生的；它是由现象学自我理解的行动——运用明显图像最为复杂的概念资源，并结合了科学话语的要素来反对图像自身的行动——所产生的。在这一特殊的历史契机中，哲学应该拒绝将自身安置（install）在两种相互竞争的图像之中的诱惑。正如它应该拒绝在明显的规范主义（manifest normativism）和科学自然主义之间不得已做出选择那样：前者代表了一种反动权威主义（reactionary authoritarianism），后者代表了一种形而上学的保留立场。更确切地说，它应该利用去流动性的优势（抽象概念难得的优点之一）在不同的图像之间来回穿梭。也应该在（被抛入现象学显明化秩序中的）思辨的异常现象和（由科学挑战明显秩序所导致的）形而上学困境之间建立起移置的条件，而不是综合的条件。就此而言，灭尽的概念之所以必然是模棱两可的，恰恰是因为它集中体现了两种话语之间的冲突。因此，生存论－现象学对死亡的描述和灭尽的自然－科学现象之间的对等性，就在创伤的现象学与现象学的灭尽之间的可逆性中得到了重申。于是，灭尽的灾难性以及它对起点和终点、经验和先验的颠覆，就直接来自它的双重特质：它既是末世论的自然化（naturalization of eschatology）又是宇宙论的神学化（theologization of cosmology）。确切地说，现象学话语才最适合记录这一预示着明显图像瓦解的创伤。

在这一点上，列维纳斯夸张的现象学（hyperbolic phenomenology）为我们提供了一个完美的词汇，借此，我们可以将灭尽描述为一种对现象学的创伤性褫夺。列维纳斯的夸张强调（hyperbolic emphasis）是他试图发掘（超越存在的）超越性的元本体论以及元范畴意义的结果。列维纳斯建议通过一系列象征修辞来破译后者，他认为此举激活了海德格尔早期所寻找的对存在的前本体论理解：

> 强调既是一种修辞手法，一种自我夸张，又是一条自我展示的途径。这个词很好，就像"夸张"一样：夸张修辞中，概念形变了自身。描述这一形变也是现象学的研究方式。激化（exasperation）其实是哲学方

法！（Levinas 1992: 142）[1]

因此，列维纳斯的现象学方法就是一种强调的激化（emphatic exasperation），他坚持认为"强调的激化"本身就足以解释神秘的、附现象性的（epiphenomenal）"意义之意义"，后者被蕴含于彻底的非本体论超越性之中。列维纳斯将这一超越性归于"整全的他者"所有。但是，唯一和这一无限超越者惩罚性的他异相对应的、属于现象学意义语域的，就是侵害（violation）的语域。更准确地说，列维纳斯致力于现象学强调的激化，其目的在于更好地描述创伤现象所特有的原初的伦理意义。因此，无限他异性就被描述为主体性的"受伤"和"流血"，正如伦理主体被描述为被他者所"创伤"和"迫害"的"人质"一样（的确，对列维纳斯而言，酷刑似乎就是典型的伦理修辞）。[2] 作为列维纳斯著作中整全他者显著特征的"可能之不可能"，既是存在的不可能性（impossibility *of* being），也是存在中的不可能性（an impossibility *in* being）。作为死亡之不可

---

[1] E. Levinas, *De Dieu qui vient a l'idée*, Paris: Vrin, 1992.

[2] 参见 E. Levinas, *Autrement qu'être ou au-dela de l'essence*, Folio/Livre de Poche, 1990; *Otherwise than Being or Beyond Essence*, tr. A. Lingis, Pittsburg, PA: Duquesne University Press, 1998。

能性的趋死（dying）也是存在的不可能性，因为后者被认为是无止境的、匿名的"il y a"的低语——列维纳斯故意歪曲了海德格尔的 Es gibt（[那里]有）——而我们无法从中逃离。[1] 但它也同时是存在中的不可能性，因为它指向了过度的、无法忍受的被动痛苦。由此，自我有责任受到无限他者的指控。正是这一创伤性的指控阻止自我固执于自己的存在中。对于列维纳斯而言，不可能性的两种意义——停止存在的不可能性和开始存在的不可能性——绝对不同但又不可分割。因此，绝对的他异性之所以是创伤性的，恰恰是因为它结合了有意义的恐怖和无意义的恐怖：它既意味着存在之中永恒持存的无意义恐怖，没有逃离它的可能性（il y a）；又意味着被视为存在的无限伦理中断的有意义恐怖，无限期地推迟了我们去存在（to be）的能力（他性 [illeity] 实行伤害的超越性）。结果，与可能之不可能相伴的"先在的后在性"便产生了一种创伤性的双重约束：我们既不能开始存在，也不能停止存在。主体性被他异性所麻痹（paralysed）。他异性"总是已经"剥夺了主体的实体，他异性"嵌入了它（主体性的）皮肤"，但也因此，使主体性"对自己的皮肤感到不自在"：

---

[1] 参见 E. Levinas, *De l'existence à l'existant*, Paris: Vrin, 1993。

> 尽管被它自己所阻塞,在它自己之下感到无法呼吸,不够开放,迫使自己为自己减轻负担,迫使自己更深入地吸气,直到呼吸的极限为止;迫使它不占有(dis-possess)它自己,直到完全失去自己。这样一种失却会以空无、零度以及坟墓的死寂作为终点吗——就像主体的主体性意指无(nothing)? (1990: 175)

列维纳斯所提出的问题是为了凸显他异性含义的神秘特点。如果我们拥有一种标准,能够让我们区分我们"为了他者"的空置(dispossession)的伦理意义,和我们"为了无"(for nothing)的空置的本体论的无意义(non-sense)——因为我们仍然被 il y a 的匿名的持存所困,那么被列维纳斯归于伦理意义的"无政府状态"(anarchy)——踪迹之谜——就会被暴露出来。"为了他者"的伦理意义之所以保持开放,恰恰是因为它在本体论层面不能区别于"为了无":存在的无意义。如果没有这种模糊性,列维纳斯归于伦理意义的,相较于意义的本体论经济性而言的过度(excess),就会遭到取消,它的他异性就会被重新纳入逻各斯的神义论之中。所以,为了保证伦理意义和本体论无意义的差异,不会"复归于相同者"(return to the Same),而是指向超越存在的可能性,或者列维纳斯所谓的"机遇",那么"为了他者"和"为了无"之间的差异,或者说他者与相同者之间的差异,必须在存在中"归于同一"(come to the same [revenir au même])。

然而,鉴于列维纳斯整个计划是从无限他者(意味着"超越于存在的善")的超越性这一预先的规定着手,我们很难看出这一所谓的模糊性除了假象之外,还会是什么。列维纳斯已经从反面回答了他自己的问题:主体性不会将零度和坟墓的死寂作为它的终点,这正是因为主体的主体性的确(does)意味着什么东西(something),而这里的"东西"(something)就是"超越于存在的善"。因此,要反对列维纳斯,就必须坚持认为创伤的现象学同时也导致了现象学的创伤:后者所理解的那种主体性已经终结了,它已经没有任何意义了。列维纳斯强调的创伤所固有的模棱两可的意义必然有一个对立面,这个对立面就是创伤自身就导致了现象学意义的灭尽的主张(更不必说理论意义,因为列维纳斯使现象学意义服从于伦理意义)。正是在这一点上,灭尽才是一种先验的创伤:它是物理现象的概念移置,它破坏了明显图像用于理解物理现象的现象学资源。此外,通过颠覆经验和先天的等级秩序,以及意义和无意义之间的现象学意义上的共谋关系,灭尽的灾难重申了位于生命起源之初的创伤。弗洛伊德在《超越快乐原则》中则将这一创伤解释为有机和无机的分离。

7.5 生命的创伤：弗洛伊德

创伤性的神经官能症是弗洛伊德《超越快乐原则》的主要研究对象。"强迫性重复"就是这一神经官能症的体现，患有这种疾病的人会强迫性地在他/她的梦中复现创伤性的事件。如果梦的作用主要是满足愿望，而且与快乐原则相一致，也就是说尽可能地最大化快乐的体验——快乐被定义为刺激的减轻——以及最小化不快乐的体验的话——不快乐被定义为刺激的增强——那么创伤性的神经官能症就为精神分析提出了一个问题，因为它不能从快乐原则的角度来解释：为什么病人要强迫自己复现一种具有破坏性的不愉悦的经验呢？弗洛伊德的答案是：通过这种重复，精神努力聚集它所需要的焦虑，从而成功地实现对过度刺激的束缚（binding [Besetzung]）。在弗洛伊德看来，过度刺激是由创伤对防御机制的突破所释放的。这一束缚超越于快乐原则之上（"超越快乐原则"）。强迫性重复是无意识在焦虑参与的条件下，对创伤性事件的再度体验。这使它能够缓冲震惊，从而对有机体无力应付的恐惧做出补偿,并阻止由巨大的精神创伤所带来的刺激的过度涌入。

此外,就强迫性重复的临床表现"看起来就像某种'魔力'在起作用"(Freud 1991: 307)而言,这是由于它们内在"本能"(Triebhaft)的特点。由此,弗洛伊德说道,强迫性重复蕴含着理解"内驱力"本身本质的关键:

> 内驱力是一种有机生命的内在冲动,它要求返回一种早期状态中,但人们在外部干扰力量的压力下不得不抛弃它;也就是说,它是一种有机弹性,或者换句话说,它是有机生命固有惯性的表现。[……]有机体力求实现的最终目标是可以得到说明的。如果生命的目标是那些还未曾达到的事物状态,那么它就会和本能的保守性相矛盾。因此,相反,它必须是一种事物的古老的状态,是一种初始的状态,生命体曾经由此出发,并通过一条迂回的发展道路又回到了这个起点。如果我们把它视为一个真理,而且明白一切活的事物无非因为内在的原因而死去——再次成为无机物——那我们就不得不说:"生命的目的在于死亡",在于回首过去,"无生命之物先于有生命之物存在"。
> (Freud 1991: 309-11)

因此,"内驱力"或者"本能"的基本趋向是回到最初的无机状态。尽管生命总是曲折迂回地和无机物分道扬镳,但这些只不过是后者暂时性的扩张而已,生命最终还是会回缩到原初的无机状态之中,我们可以将其理解为缩合的零度状态或者反缩合(decontraction)。但是,如果死亡构成了"生命的目标",而且根据弗洛伊德所说,这一目标在某种意义上如果内在于活的有机体之中,那么我们就不能简单地用亚里士多的术语"telos"(目的)来理解它。目的离开存在者就没有实在性——它支配着存在者的实存;因此,如果有机体唯一的目的(在传统意义上)是无机物的话,那么无机物就不可能在有机体之前存有。然而,弗洛伊德坚持了实在论的观点,因此他才说"无生命之物先于有生命之物存在"(楷体强调为笔者所加)。他用这一实在论的观点来保证死亡-驱力的实在性。所以,无论是作为生命曾是的本质,还是生命将是的目的,无机物作为生命的"初始状态"和"目标"不能只被理解为生命发展的内部条件。就像无机物的实在性并不仅仅取决于有机体的实存,因此死亡的实在性就不仅仅取决于生命的过去或者未来。作为驱使着生命缩合的反缩合(decontraction)原则的死亡,不只是生命所趋向的过去或者未来的状态,而是作为一种原初无目的性（*purposelessness*），它迫使目的性产生，无论这一目的性是有机体的，还是心理学的。

借助于"生命的目的在于死亡"这一论点，弗洛伊德破坏了尼采的意志形而上学：渴求力量的生命只是无所欲求的死亡的缩合而已。虚无意志不只是权力意志的替身；相反，权力意志只是虚无意志的一副面具。但是这一"虚无"不能被掷回到过去或者投射到未来；唯一和虚无相通约的时间性，就是物理死亡所特有的"先在的后在性"，它褫夺了有机体的时间性，但是却不能被后者所褫夺。因此，由死亡所驱动的重复并不重复死亡，否则死亡仿佛就是一种生命或者意识所经验的较早的事态。这是因为驱动重复的创伤，恰恰不能从生命或者意识的角度去理解。尽管创伤是真实的，但它的实在性不能通过有机体的生命来测定，就像它无法和意识的材料相通约那样。它只能被显示为有机的机能障碍或者意识的中断，正是这一障碍和中断不断地被重复。因此，正是因为"原初的"创伤时间只被记录于无意识之中，而无法被经验，因此才会有去（再）经验它的冲动。但是，它也只能被再经验为某种既没存活过也未被经验过的东西，因为创伤标志了生命和经验的消亡。然而，经验不能抹杀自身的事实指向了创伤的实在性，这不能仅仅被解释为经验的作用。

创伤的实在性被显示为一种无意识的创伤,它将继续作为一种未解决的干扰,未被抑制的刺激过度回响于心灵经济(psychic economy)。也正是因为它标志着一种远超弗洛伊德所谓的"感知-意识系统"所履行的约束力的大量刺激之流,以至于创伤将永久的印记留在了无意识之中:因为涌现出的是意识而非记忆的痕迹。[1] 因此,并非创伤性的经验(它从未发生),而是这一无意识的踪迹(它的需求需要被重新商定)产生了强迫性重复。创伤是由无意识所构成的:它只作为痕迹存在。然而,这一创伤性的痕迹持续存在于无意识中,作为永恒的、不可消除的印记,因为它证实了感知-意识系统的过滤装置仍然无法应付那些难以处理的东西:精神的大出血。

弗洛伊德提出了一个非凡的思辨假设,将这一过滤装置的起源和有机体个体化的创生联系在了一起。通过牺牲自己的一部分,原始的有机泡囊(一个小的囊、细胞、气泡或者空心结构)可以过滤持续的、具有潜在危害的大量外部刺激,从而建立起一个防护罩,用于对抗过度的刺激。

---

[1] 参见 S. Freud, 'Beyond the Pleasure Principle' in *The Penguin Freud Library. Vol. 11: On Metapsychology*, Harmondsworth. Middlesex: Penguin, 1991, 296, and 'The "Mystic Writing-Pad"', op. cit., 430。

在这样的情况下,它完成了有机内在性和无机外在性的决定性分离:

> [泡囊]以这种方式获得了护盾:它的外在表面不再有生命物质所特有的结构,它变成了某种程度的无机物,从那之后,作为一个特殊的外壳或者薄膜起着抵挡刺激的作用。因此,外界的能量就可以传递到接下来位于下面的具有生命的层之中,但是这些能量只剩下它们原始强度的一部分。[……]外层的死亡从一种相同的命运中拯救了更深的层,也就是说,除非,接触它的刺激过于强大以至于刺激穿破这一保护性的遮罩。防卫刺激对有生命的有机体而言几乎是比刺激的重复更重要的功能。[……]在高度进化的有机体中,泡囊曾经所具有的接受性皮质层一直在不断地回退到身体内部的深处,但还有一部分留在了表面,紧贴在抵抗刺激的遮罩之下。 (Freud 1991: 299)

因此,以牺牲部分的原初有机体为代价,有机内在性和无机外在性完成了分离。有机体部分的死亡产生了防护性的盾牌,用于滤除大量具有潜在致命性的外部能量。所以,个体化的有机生命就以这一原始的死亡的代价,借此,有机体第一次可以将自身和无机的外在区分开来(参见第

2章)。产生了有机体之个体化的死亡,为有机体种系的产生以及有性繁殖的产生提供了条件。结果,死亡不仅先于有机体,而且是有机体能够再生和死亡的前提。如果说作为强迫性重复的死亡冲动是驱动有机生命的原初和原始的动力,那是因为重复的原动力——实行重复的实例(the repeating instance)——是有机个体化的原始创伤的痕迹。被理解为无机重复的死亡-驱力,就是产生有机体的死亡重复——这种死亡不能被圆满地重复,不仅是因为带有它的痕迹的有机体,还未能在生存中经验它,而且还因为这一痕迹是超逾的死亡(exorbitant death)的标记,即便在趋死的状态下,有机体也不能完全重复它。因此,原始死亡的痕迹包涵了一种对有机生命的不可能的要求:正是创伤的痕迹要求被整合到有机体的精神结构之中,不过有机体是办不到这一点的,因为原始死亡表现了有机和无机的原初的创伤性分离。无法活现(live)死亡的有机体产生了生命与死亡的差异。死亡-驱力就是这一分离的痕迹:这一分离永远不会被圆满地绑定在一起(bound),或被覆盖住(invested),因为它仍然是一种无法被束缚的(unbindable)过度,因此它使得绑缚(binding)不再可能。作为这一分离和过度承受者的物质死亡,既不能被定位在生命的起源,也不能被安置在生命的终点。反缩合不是可以返回的负熵起点,或者加速抵达的熵的终点。它的实在性是"存在-无"的实在性,后者前在的后在性表现了熵的无差异和负熵的差异之间的同一,这一作为客观实在性的同一性被给予了已然由它所规定的思想。此规定发生于哲学对灭尽创伤的约束中,后者将继续作为现象意识的一种无意识的和无约束的干扰,以此推动认知意志。

7.6 绑缚灭尽

灭尽是实在的但是却不是经验的,因为它不属于经验的序列。它是先验的又不是观念的,因为它和思想的外在客体化相契合——后者展开于一个特定的历史性时刻,即可理解性的资源(因此也就是观念性词汇)被重新商定的时刻。意义、意图、可能性的取消标志着这样一个时刻,与存在和不存在之不可能性相伴的"恐怖"变得可以理解了。因此,如果说一切都已经死亡了,那不只是因为灭尽使所有这些可能性——这些被认为构成了生命以及生存的可能性——变得不可能,而且还因为认知意志被灭尽的创伤实在性所驱使,它力图要和自在者的创伤(它携带了创伤的踪迹)相等同。在变得和灭尽相等同的过程中,哲学实现了与对灭尽的绑定,借此,认知意志最终实现了与自在之物的通约。这一绑定与思想的客体化相一致,它被理解为灭尽的客观实在性和创伤的主观知识——这一绑定产生了这种主观的知识——之间符合而不对应(*adequation without correspondence*)的关系。正是这一符合构成了灭尽的真理。但是如果要承认这一真理,那么哲学的主体不仅要意识到他/她已经死了,而且还要明白哲学既不是肯定的手段,也不是正当性的源泉,而是一套研究灭尽的原则。

参考文献

Adorno, T. (1973) *Negative Dialectics*, tr. E.B. Ashton (London: Routledge).

Adorno, T. and Horkheimer, M. (2002) *Dialectic of Enlightenment*, tr. E. Jephcott(Stanford, CA: Stanford University Press).

Aldapuerta, J.I. (1995) *The Eyes*, ed. and tr. L. Teodora (Stockport: Critical Vision).

Allison, H. (1983) *Kant's Transcendental Idealism* (New Haven: Yale University Press).

Ansell-Pearson, K. (1997) *Viroid Life: Perspectives on Nietzsche and the Transhuman Condition* (London: Routledge).

Badiou, A. (1969) *Le Concept de modèle. Introduction a une épistémologie matérialiste des mathématiques* (Paris: Maspero).

Badiou, A. (1988) *L'être et l'événement* (Paris: Seuil).

Badiou, A. (1989) *Manifeste pour la philosophie* (Paris: Seuil).

Badiou, A. (1999) *Manifesto for Philosophy*, tr. N. Madarasz (Albany, NY: SUNY).

Badiou, A. (2002) *Deleuze: The Clamour of Being*, tr. L. Burchill (Minneapolis: University of Minnesota Press).

Badiou, A. (2004) *Theoretical Writings*, ed. R. Brassier and A. Toscano (London and New York: Continuum).

Badiou, A. (2004a) 'Philosophy and Mathematics: Infinity and the End of Romanticism' in *Theoretical Writings* (London and New York: Continuum).

Badiou, A. (2004b) 'On Subtraction' in *Theoretical Writings* (London and New York: Continuum).

Badiou, A. (2004c) 'Truth: Forcing and the Unnameable' in *Theoretical Writings*(London and New York: Continuum).

Badiou, A. (2006a) *Being and Event*, tr. O. Feltham (London and New York: Continuum).

Badiou, A. (2006b) *Logiques des mondes. L'être et l'événement, 2* (Paris: Seuil).

Bergson, H. (1991) *Matter and Memory*, tr. N.M. Paul and W.S. Palmer (New York: Zone Books).

Bernstein, J. (2001) *Adorno: Disenchantment and Ethics* (Cambridge: Cambridge University Press).

Blanchot, M. (1982) *The Space of Literature*, tr. A. Smock (Nebraska: University of Nebraska Press).

Blanchot, M. (1997) *Friendship*, tr. E. Rottenberg (Stanford: Stanford University Press).

Blanchot, M. (2002) *The Book to Come*, tr. C. Mandell (Stanford: Stanford University Press).

Brassier, R. (2003) 'Axiomatic Heresy: The Non-Philosophy of François Laruelle' in *Radical Philosophy* 121, September/October, 24–35.

Brassier, R. (2005) 'Badiou's Materialist Epistemology of Mathematics' in *Angelaki: Journal of the Theoretical Humanities*, Vol. 10, No. 2, 135-49.

Caillois, R. (1988) *L'Homme et le sacré* (La Flèche: Folio/Éssais).

Chalmers, D. (1996) *The Conscious Mind* (Oxford: Oxford University Press).

Churchland, P.M. (1981) 'Eliminative Materialism and the Propositional Attitudes', Journal of Philosophy, Vol. 78, No. 2, 76–90. Reprinted in *The Philosophy of Science* eds R. Boyd, P. Gaspar, J. D. Trout (Cambridge, MA: MIT Press, 1991) 615-30.

Churchland, P.M. (1989) *A Neurocomputational Perspective: The Nature of Mind and the Structure of Science* (London: MIT Press).

Churchland, P.M. (1996a) 'Fodor and Lepore: State Space Semantics and Meaning Holism' in R.N. McCauley ed. *The Churchlands and Their Critics* (Oxford: Blackwell) 273-7.

Churchland, P.M. (1996b) 'Second Reply to Fodor and Lepore' in R.N. McCauley ed. *The Churchlands and Their Critics* (Oxford: Blackwell) 278-83.

Churchland, P.M. (1998a) 'Conceptual Similarity across Sensory and Neural Diversity: The Fodor-Lepore Challenge Answered' in P.M. Churchland and P.S. Churchland *On the Contrary: Critical Essays 1987–1997* (Cambridge, MA: MIT Press) 81-112.

Churchland, P.M. (1998b) 'Folk Psychology' in P.M. Churchland

and P.S. Churchland *On the Contrary: Critical Essays 1987–1997*. (Cambridge, MA: MIT Press) 3-15.

Churchland, P.M. (1998c) 'Reply to Glymour' in P.M. Churchland and P.S. Churchland *On the Contrary: Critical Essays 1987–1997* (Cambridge, MA: MIT Press) 281-7.

Churchland P.M. and Churchland P.S. (1998) *On the Contrary: Critical Essays 1987–1997* (Cambridge, MA: MIT Press).

Churchland, P.M. (1999) 'Densmore and Dennett on Virtual Machines and Consciousness' in *Philosophy and Phenomenological Research*, Vol. LIX, No. 3.

Churchland, P.S. (1981) 'Is Determinism Self-Refuting?' in *Mind*, Vol. 90, 99-101.

Churchland, P.S. (1986) *Neurophilosophy: Toward a Unified Science of the Mind-Brain* (Cambridge, MA: MIT Press).

Churchland, P.S. and Sejnowski, T. (1992) *The Computational Brain* (Cambridge, MA: MIT Press).

Clark, A. (1996) 'Dealing in Futures: Folk Psychology and the Role of Representation in Cognitive Science' in R.N. McCauley ed. *The Churchlands and Their Critics* (Oxford: Blackwell) 86-101.

Cohen, H. (2001) *La théorie Kantienne de l'expérience*, tr. E. Dufour and J. Servois (Paris: Cerf).

Cooke, N. (2004) 'The Language of Insects' in *Sandwich 1* (London: SecMoCo Publishing).

Critchley, S. (1997) *Very Little, Almost Nothing* (London: Routledge).

Cunningham, C. (2002) *Genealogy of Nihilism: Philosophies of Nothing and the Difference of Theology* (London: Routledge).

Dastur, F. (1996) 'The Ekstatico-Horizonal Constitution of Temporality' in C. Macann ed. Critical Heidegger (London: Routledge) 158–71.

De Landa, M. (2002) *Intensive Science and Virtual Philosophy* (London: Continuum).

Deleuze, G. (1968) *Différence et répétition* (Paris: PUF).

Deleuze, G. and Parnet, C. (1977) *Dialogues* (Paris: Flammarion).

Deleuze. G. (1983) *Nietzsche and Philosophy*, tr. H. Tomlinson (London: Athlone).

Deleuze, G. and Guattari, F. (1988) *A Thousand Plateaus*, tr. B. Massumi (London: Athlone).

Deleuze, G. (1994) *Difference and Repetition*, tr. P. Patton, (New York: Columbia University Press).

Deleuze, G. (2002a) 'La conception de la différence chez Bergson' in *L'île déserte et autres textes* (Paris: Minuit) 43–72.

Deleuze, G. (2002b) 'La méthode de dramatisation' in *L'île déserte et autres textes* (Paris: Minuit) 131–62.

Dennett, D. (2006) *Sweet Dreams: Philosophical Obstacles to a Science of Consciousness* (Cambridge, MA: MIT Press).

Derrida, J. (1973) *Speech and Phenomena and Other Essays on Husserl's Theory of Signs*, tr. D.B. Allison (Evanston, IL: Northwestern University Press).

Desanti, J-T. (2004) 'Some Remarks on the Intrinsic Ontology of Alain Badiou' in P. Hallward ed. *Think Again: Alain Badiou and the Future of Philosophy* (London: Continuum) 59-66.

Devitt, M. (1990) 'Transcendentalism about Content' *Pacific Philosophical Quarterly*, Vol. 71, No. 2, 247-63.

Duffy, S. (2004) 'The Logic of Expression in Deleuze's *Expressionism in Philosophy: Spinoza:* A Strategy of Engagement' in *International Journal of Philosophical Studies*, Vol. 12, No. 1, 47–60.

Feyerabend, P. (1963) 'Materialism and the Mind-Body Problem', *Review of Metaphysics*, Vol. XVII, No. 1, Issue 65, 49–66.

Fodor, J. (1987) *Psychosemantics* (Cambridge. MA: MIT Press).

Fodor, J. (2000) *In Critical Condition: Polemical Essays on Cognitive Science and the Philosophy of Mind* (Cambridge, MA: MIT Press).

Fodor, J. and Lepore, E. (1996a) 'Churchland and State Space Semantics' in R.N. McCauley ed. *The Churchlands and Their Critics* (Oxford: Blackwell) 145-58.

Fodor, J. and Lepore, E. (1996b) 'Reply to Churchland' in R.N. McCauley ed. The *Churchlands and Their Critics* (Oxford: Blackwell) 159-62.

Frank, C. and Nash, C. eds (2003) *On the Edge of Surrealism: A Roger Caillois Reader* (Durham: Duke University Press).

Freud, S. (1991) 'Beyond the Pleasure Principle' in *The Penguin*

Freud Library Vol. 11: On Metapsychology, (Harmondsworth, Middlesex: Penguin).
Freud, S. (1991a) 'The Mystic Writing-Pad' in *The Penguin Freud Library Vol. 11: On Metapsychology*, (Harmondsworth, Middlesex: Penguin).
Gillespie, M.A. (1996) *Nihilism before Nietzsche* (Chicago: University of Chicago Press).
Gould, S.J. (1996) *Life's Grandeur: The Spread of Excellence from Plato to Darwin* (London: Jonathan Cape).
Hallward, P. (2003) *Badiou: A Subject to Truth* (Minneapolis: University of Minnesota Press).
Hallward, P. ed. (2004) *Think Again: Alain Badiou and the Future of Philosophy* (London: Continuum).
Hallward, P. (2006) *Out of This World: Deleuze and the Philosophy of Creation* (London: Verso).
Harman, G. (2002) *Tool-Being: Heidegger and the Metaphysics of Objects* (Chicago: Open Court).
Harman, G. (2005) *Guerrilla Metaphysics: Phenomenology and the Carpentry of Things* (Chicago: Open Court).
Haugeland, J. (1985) *Artificial Intelligence: The Very Idea* (Cambridge, MA: MIT Press).
Hegel, G.W.F. (1989) *Science of Logic*, tr. A.V. Miller (New Jersey: Humanities Press).
Heidegger, M. (1962) *Being and Time*, tr. E. Macquarrie and J. Robinson (Oxford: Blackwell).
Heidegger, M. (1977a) 'The Turning' in *The Question Concerning Technology and Other Essays*, tr. W. Lovitt (New York: Harper and Row) 36–52.
Heidegger, M. (1977b) 'The Origin of the Work of Art' in D.F. Krell ed. *Basic Writings* (San Francisco: Harper) 149–87.
Heidegger, M. (1982) *The Basic Problems of Phenomenology*, tr. A. Hofstader (Bloomington & Indianapolis: Indiana University Press).
Heidegger, M. (1990a) *Kant and the Problem of Metaphysics*, tr. R. Taft (Indianapolis: Indiana University Press).
Heidegger, M. (1990b) *Nietzsche Vol. II: The Eternal Recurrence of*

the Same, ed. D.F. Krell (New York: HarperSanFrancisco).
Heidegger, M. (1990c) *Nietzsche Vol. III: The Will to Power as Knowledge and as Metaphysics*, ed. D.F. Krell (New York: HarperSanFrancisco).
Heidegger, M. (1990d) *Nietzsche Vol. IV: Nihilism*, ed. D.F. Krell (New York: HarperSanFrancisco).
Heidegger, M. (1992) *The Concept of Time*, tr. W. McNeill (Oxford: Blackwell).
Heidegger, M. (1995) *The Fundamental Problems of Metaphysics: World, Finitude, Solitude*, tr. W. McNeill (Bloomington & Indianapolis: Indiana University Press).
Heidegger, M. (1996) *The Principle of Reason*, tr. R. Lilly (Bloomington and Indianapolis: Indiana University Press).
Heidegger, M. (1999) *Contributions to Philosophy*, tr. P. Emad and K. Maly (Indianapolis: Indiana University Press).
Heidegger, M. (2000) *Introduction to Metaphysics*, tr. G. Fried & R. Polt (New Haven: Yale University Press).
Henry, M. (1963) *L'essence de la manifestation* (Paris: PUF).
Henry, M. (1973) *The Essence of Manifestation*, tr. G. Etzkorn (The Hague: Nijhoff).
Hume, D. (1957) *Enquiry Concerning Human Understanding*, ed. C.W. Hendel (New York: The Liberal Arts Press).
Hume. D. (1984) *A Treatise of Human Nature*, ed. C. Mossner (Harmondsworth, Middlesex: Penguin).
Husserl, E. (1970) *The Crisis of the European Sciences and Transcendental Phenomenology*, tr. David Carr (Evanston, IL: Northwestern University Press).
Husserl, E. (1982) *Ideas Pertaining to a Pure Phenomenology and to a Phenomenological Philosophy. First Book*, tr. F. Kersten (London: Kluwer).
Husserl, E. (2002) 'The Originary Ark: The Earth Does Not Move' in *Husserl at the Limits of Phenomenology*, ed. L. Lawlor with B. Bergo (Evanston, IL: Northwestern University Press).
Huyssen, A. (2000) 'Of Mice and Mimesis' *New German Critique, No. 81, Dialectic of Enlightenment*, 66-7.
Israel, J. (2001) *Radical Enlightenment: Philosophy and the Making*

of Modernity 1650–1750 (Oxford: Oxford University Press).

Israel, J. (2006) *Enlightenment Contested: Philosophy, Modernity and the Emancipation of Man 1670–1752* (Oxford: Oxford University Press).

Kant, I. (1929) *Critique of Pure Reason*, tr. N.K. Smith (London: Macmillan)

Kisiel, T. (1993) *The Genesis of Heidegger's Being and Time* (London: University of California Press).

Krauss, L. M. and Starkman, G. D. (2000) 'Life, The Universe, and Nothing: Life and Death in an Ever Expanding Universe' in *The Astrophysical Journal* Vol. 531, No. 1, 22–30.

Kuhn, T.S. (1962) *The Structure of Scientific Revolutions* (Chicago: University of Chicago Press).

Laruelle, F. (1985) *Une biographie de l'homme ordinaire* (Paris: Aubier).

Laruelle, F. (1986) *Les Philosophies de la différence. Introduction critique* (Paris: PUF).

Laruelle, F. (1989a) *Philosophie et non-philosophie* (Liège/Bruxelles: Mardaga).

Laruelle, F. (1989b) 'La méthode transcendantale' in *Encyclopédie Philosophique Universelle*. Vol. 1, ed. André Jacob (Paris: PUF) 71-80.

Laruelle, F. (1991) *En tant qu'un* (Paris: Aubier).

Laruelle, F. (1995) 'Réponse à Deleuze' in *La non-philosophie des contemporains* (Paris: Kimé). 49-78.

Laruelle, F. (1996) *Principes de la non-philosophie* (Paris: PUF).

Laruelle, F. (1998) ed. *Dictionnaire de la non-philosophie* (Paris: Kimé).

Laruelle, F. (2000a) *Introduction au non-marxisme* (Paris: PUF).

Laruelle, F. (2000b) *Éthique de l'Étranger, Du crime contre l'humanité* (Paris: Kimé).

Laruelle, F. (2003) 'What Can Non-Philosophy Do?' *Angelaki: Journal of the Theoretical Humanities*, Vol. 8, No. 2, 169-90.

Laruelle, F. (2004) *La Lutte et l'utopie à la fin des temps philosophiques* (Paris: Kimé).

Lawlor, L. (1998) 'The End of Phenomenology: Expressionism in

Deleuze and Merleau-Ponty' in *Continental Philosophy Review*, Vol. 31 No. 1, 15–34.

Lenin, V.I. (1972) *Materialism and Empirio-Criticism* (originally published 1908, tr. A. Fineberg (Peking: Foreign Languages Press).

Levinas. E. (1987) *Time and the Other*, tr. R. Cohen (Pittsburgh: Duquesne University Press).

Levinas, E. (1990) *Autrement qu'être ou au-dela de l'essence* (Livre de Poche/Biblio Éssais).

Levinas, E. (1993) *De l'existence à l'existant* (Paris: Vrin).

Levinas, E. (1998) *Otherwise than Being or Beyond Essence*, tr. A. Lingis (Pittsburg, PA: Duquesne University Press).

Lyotard, J-F. (1991) *The Inhuman* (Stanford, CA: Stanford University Press).

Marshall, J. and Gurd, J. (1996) 'The Furniture of Mind' in R.N. McCauley ed. *The Churchlands and Their Critics* (Oxford: Blackwell) 176-91.

McCauley, R.N. ed. (1996) *The Churchlands and Their Critics* (Oxford: Blackwell).

Meillassoux, Q. (2006) *Après la finitude. Éssai sur la nécéssité de la contingence* (Paris: Seuil).

Metzinger, T. (2004) *Being No-One: The Self-Model Theory of Subjectivity* (London: MIT Press).

Miller, D.W. (1994) *Critical Rationalism: A Re-statement and Defence* (Chicago: Open Court).

Miller, D.W. (2004) 'The Uniformity of Nature: What Purpose Does It Serve? Comments on Karl Milford's "Inductivism in 19th Century German Economics"' in Friedrich Stadler ed. *Induction & Deduction in the Sciences* (Dordrecht: Kluwer Academic Publishers) 293–7.

Miller, D.W. (2006) *Out of Error: Further Essays on Critical Rationalism* (Aldershot: Ashgate).

Minkowski, E. (1932–3) 'Le problème du temps en psychopathologie' in *Recherches Philosophiques*.

Minkowski, E. (1933) *Le Temps vécue. Études phénoménologiques et psychopathologiques* (Paris: L'évolution Psychiatrique).

Minkowski, E. (1970) *Lived Time*, tr. N. Metzel (Evanston:

Northwestern University Press).

Minkowski, E. (1997) *La Schizophrénie* (Paris: Payot, Rivages) (originally published 1927).

Murphy, T. (1992) 'The Theatre of (the Philosophy of) Cruelty in Difference and Repetition' in *Pli: The Warwick Journal of Philosophy Vol. 5. Deleuze and the Transcendental Unconscious*, ed. J. Broadhurst-Dixon (Coventry: University of Warwick) 105-35.

Nietzsche, F. (1968) *The Will to Power*, ed. and tr. W. Kaufman (New York: Vintage).

Nietzsche, F. (1969) *Thus Spake Zarathustra*, tr. R.J. Hollingdale (Harmondsworth: Penguin).

Nietzsche, F. (1974) *The Gay Science*, tr. W. Kaufman (New York: Vintage).

Nietzsche, F. (1979a) 'On Truth and Lies in a Nonmoral Sense' in *Philosophy and Truth: Selections from Nietzsche's Notebooks of the Early 1870s* tr. Daniel Breazeale (Atlantic Highlands, New Jersey: Humanities Press) 79–97.

Nietzsche, F. (1979b) *Ecce Homo*, tr. R.J. Hollingdale (Harmondsworth: Penguin).

Nietzsche, F. (1990) *Twilight of the Idols/The Anti-Christ*, tr. R.J. Hollingdale (Harmondsworth: Penguin).

Nietzsche, F. (1990b) *Beyond Good and Evil*, tr. R.J. Hollingdale (Harmondsworth: Penguin).

Nietzsche, F. (1994) *On the Genealogy of Morality*, ed. K.A. Pearson, tr. C. Diethe (Cambridge: Cambridge University Press).

Nietzsche, F. (1995) *Unpublished Writings from the Period of Unfashionable Observations*, tr. R. Gray (Stanford, California: Stanford University Press).

Odenwald, S. (2002) *Patterns in the Void: Why Nothing is Important* (Boulder, Colorado: Westview Press).

Osborne, P. (1995) *The Politics of Time: Modernity and Avant-Garde* (London: Verso).

Pieper, J. (1954) *The End of Time: A Meditation on the Philosophy of History*, tr. M. Bullock (New York: Pantheon Books).

Popper, K. (2002a) *The Logic of Scientific Discovery* (London:

Routledge).
Popper, K. (2002b) *Conjectures and Refutations* (London: Routledge).
Putnam, H. (1975) 'The Meaning of "Meaning"' in *Mind, Language, and Reality: Philosophical Papers Volume 2* (Cambridge: Cambridge University Press) 215–71.
Prinz, J.J. (2006) 'Empiricism and State Space Semantics' in B.L. Keeley ed. *Paul Churchland* (Cambridge: Cambridge University Press) 88-112.
Rockwell, T. (1998) 'Beyond Eliminative Materialism: Some Unnoticed Implications of Churchland's Pragmatic Pluralism' available at http://cogprints.org/379/00/BeyondEM.html
Rockwell, T. (2005) *Neither Brain nor Ghost: A Non-Dualist Alternative to Mind-Brain Identity Theory* (Cambridge, MA: MIT Press).
Rorty, R. (1965) 'Mind-Body Identity, Privacy, and Categories' *Review of Metaphysics*, Vol. XIX, No. 1, Issue 73, 24-54.
Rose, G. (1984) *Dialectic of Nihilism: Post-Structuralism and Law* (Oxford: Blackwell).
Rosen, S. (2000) *Nihilism: A Philosophical Essay* (New York: St. Augustine's Press).
Rudder-Baker, L. (1987) *Saving Belief: A Critique of Physicalism* (Princeton, NJ: Princeton University Press).
Russell, B. (1948) *Human Knowledge: Its Scope and Limits* (London: George Allen and Unwin Ltd).
Schelling, F. (1993) *On the History of Modern Philosophy*, tr. A. Bowie (Cambridge: Cambridge University Press).
Searle, J. (1992) *The Rediscovery of the Mind* (Cambridge, MA: MIT Press).
Sellars, W. (1963a) 'Philosophy and the Scientific Image of Man' in *Science, Perception and Reality* (London: Routledge and Kegan Paul) 1–40.
Sellars, W. (1963b) *Science, Perception, and Reality* (London: Routledge & Kegan Paul).
Sellars, W. (1997) *Empiricism and the Philosophy of Mind* (Cambridge, MA: Harvard University Press).

Simondon, G. (1964) *L'Individu et sa genèse physico-biologique* (Paris: PUF).

Smith, D.W. (1995) 'Deleuze's Theory of Sensation: Overcoming the Kantian Duality' in P. Patton ed. *Deleuze: A Critical Reader* (Oxford: Blackwell) 34.

Souche-Dagues, D. (1996) *Nihilismes* (Paris: PUF).

Stich, S. (1983) *From Folk Psychology to Cognitive Science: The Case against Belief* (Cambridge, MA: MIT Press).

Toscano, A. (2006) *The Theatre of Production: Philosophy and Individuation between Kant and Deleuze* (Basingstoke: Palgrave Macmillan).

Van der Burg, F. and Eardley, M. (2000) 'Does the Man on the Clapham Omnibus Have a Labcoat in His Pocket? Eliminative Materialism is Based on a Valid Argument from the False Premise That Folk-Psychology is an Empirical Theory', in *PLI: The Warwick Journal of Philosophy, Vol. 9. Parallel Processes: Philosophy and Science*, (Coventry: University of Warwick) 139-55.

Vattimo, G. (1991) *The End of Modernity: Nihilism and Hermeneutics in Postmodern Culture* (Baltimore: John Hopkins).

Vattimo, G. (2004) *Nihilism and Emancipation* (New York: Columbia University Press).

Vernes, J.-R. (1982) *Critique de la raison aléatoire, ou Descartes contre Kant* (Paris: Aubier).

Vetö, Miklos. (1998) *De Kant à Schelling: Les deux voies de l'Idéalisme allemand. Tome I.* (Grenoble: Éditions Jérôme Millon).

Wahl, F. (2002) 'Présentation, représentation, apparaitre' in C. Ramond ed. *Alain Badiou. Penser le multiple* (Paris: L'Harmattan) 169-87.

Weinberg, S. (1978) *The First Three Minutes* (London: Flamingo).

Whitehead, A.N. (1978) *Process and Reality* (London and New York: The Free Press).

Wittgenstein, L. (1974) *Tractatus Logico-Philosophicus*, tr. D.F. Pears & B.F. McGuinness (London: Routledge).

Žižek, S. (2006) *The Parallax View* (London: MIT Press).

人名索引

阿多诺，T. W. Adorno, T. W. 31–48, 129
爱因斯坦，A. Einstein, A. 58

巴迪欧，A. Badiou, A. 86–88, 94, 97–118, 134, 137, 147–148
柏格森，H. Bergson, H. 163–165, 175–177, 196, 201–204
柏拉图 Plato 110, 131, 133, 164, 188
贝克莱，G. Berkeley, G. 51
波普尔爵士，K. R. Popper, Sir K. R. 75
伯恩斯坦，J. Bernstein, J. 40
布朗肖，M. Blanchot, M. 185

达尔文，C. R. Darwin, C. R. 40, 48
丹尼特，D. Dennett, D. 26, 29–30
德勒兹，G. Deleuze, G. 119, 126, 140, 150, 162–194, 196–200, 202–204, 208, 210, 215–217, 221–224
德里达，J. Derrida, J. 30, 119, 121, 129, 140
笛卡尔，R. Descartes, R. 90

弗洛伊德，S. Freud, S. 33, 36, 47, 163, 186, 204, 223, 234–238
福多，J. Fodor, J. 10, 25

歌德，J. Gurd, J. 13
古尔德，S. J. Gould, S. J. 226, 228
海德格尔，M. Heidegger, M. 7, 27–28, 51, 57, 65–66, 68, 73, 97–

98, 119, 121, 124, 126–127, 129–132, 134–135, 137, 140, 150, 153–159, 161, 163, 170, 185, 195, 203, 208, 215, 222–223, 225, 232–233
赫拉克利特 Heraclitus 121
黑格尔，G. W. F. Hegel, G. W. F. 24, 31, 33, 36, 38, 41, 45, 48, 58, 65–66, 70–71, 125, 131, 134–135, 140, 147, 216, 218, 225
亨利，M. Henry, M. 30, 127, 135, 137, 145
胡塞恩，A. Huyssen, A. 32
胡塞尔，E. Husserl, E. 26, 28, 30, 54, 57, 124, 126, 176, 223
怀特海，A. N. Whitehead, A. N. 198
霍克海默，M. Horkheimer, M. 31–42, 44–48

伽利略，G. Galilei, G. 40

凯卢瓦，R. Caillois, R. 33, 42–45
康德，I. Kant, I. 6, 31, 51–52, 54, 63–64, 69, 78–79, 82–85, 90, 93, 123–125, 131–135, 150, 161–163, 202
康托尔，G. Cantor, G. 81, 89
科恩，P. J. Cohen, P. J. 102
克兹尔，T. Kisiel, T. 155
库恩，T. S. Kuhn, T. S. 24
库克，N. Cooke, N. 63

拉康，J. Lacan, J. 137
拉吕埃尔，F. Laruelle, F. 94, 116–120, 122–129, 131–135, 137–139, 143–145, 147–149
莱布尼茨，G. W. Leibniz, G. W. 73, 108, 131, 133
利奥塔，J.-F. Lyotard, J.-F. 223–226, 230–231
列维纳斯，E. Levinas, E. 129, 230–232, 234

马绍尔,J. Marshall, J.　13
梅洛-庞蒂,M. Merleau-Ponty, M.　57
梅青格尔,T. Metzinger, T.　29, 31
梅亚苏,Q. Meillassoux, Q.　40, 49–50, 53–60, 62, 64–65, 76, 70–76, 78–79, 81–94, 97, 118, 148–149
明考斯基,E. Minkowski, E.　43
明考斯基,H. Minkowski, H.　53

尼采,F. Nietzsche, F.　68, 71, 119, 126, 131, 134, 205–208, 210–220, 222–223, 228, 236

齐泽克,S. Žižek, S.　70
丘奇兰德,P. M. Churchland, P. M.　8–14, 16–27, 134
丘奇兰德,P. S. Churchland, P. S.　16

萨特,J.-P. Sartre, J.-P.　137
塞尔,J. Searle, J.　27
塞拉斯,W. Sellars, W.　3–9, 12, 14–15, 17
史密斯,D. W. Smith, D. W.　52
斯宾诺莎,B. Spinoza, B.　202

维特根斯坦,L. Wittgenstein, L.　7, 51, 68, 73
沃尔,F. Wahl, F.　104

谢林,F. Schelling, F.　125
休谟,D. Hume, D.　74–76, 78–80, 134, 196

伊斯顿,W. B. Easton, W. B.　102

主题索引

绑缚 bind, binding（也可参见解缚 unbinding） 124–125, 130, 146, 190, 233–234, 236–239

本体，本体的 noumenon, noumenal 64, 69, 76, 83, 101, 107, 171, 189, 191–192, 196, 210

本体论 ontology 9, 88, 98–101, 107, 109–112, 114–116, 126, 162；相关主义 and correlationism 82–89, 93, 98；基础的 fundamental 126, 155–156, 158；巴迪欧的 in Badiou 98–116；数学的 mathematical 86, 115；元本体论 metaontology 100–101, 107–110, 114, 148, 232；心理存在的 of psychological entities 5–12, 18, 23；科学命题的 of scientific statements 53, 60–63；缩离的 subtractive 102, 114–116, 148

本体论的超越性 ontological transcendence，参见超越，本体论 transcendence, ontological

本质 essence 86, 120–123, 127, 131–138, 153, 170, 209–210, 215, 236

必然性 necessity 19–21, 37, 52, 66–72, 74, 76–80, 82, 91–93, 101–102, 135, 144, 146, 162, 221

辩证法/辩证的 dialectic 45, 47, 66–67, 120, 134, 138, 141–149, 163–165, 171, 189–191, 208, 223, 227, 230

表现/表达 expression 164–165, 172–174, 177–179, 186, 192–200, 218

差异 difference 13, 19, 50, 125, 135–145, 158–203, 205–207, 216–223, 229–230, 233, 238

常识心理学（FP） folk psychology (FP) 10–12, 14–19, 23, 26, 208

超混沌 hyper-chaos，参见混沌 chaos

超经验的 superempirical 18–23, 26

超越 transcendence：绽出 ecstatic 136, 157；有限 finite 126, 135, 154–155, 157, 161–162, 222；实行客体化的 objectifying 140, 142, 144–145；本体论 ontological 131, 135, 142, 144, 146–147, 157, 162, 171, 175, 195；彻底的/激进的 radical 114；时间的 temporal 44, 157–158；不可被客体化的 unobjectifiable 31, 73, 127

呈现 presentation 88, 98–116, 120, 138, 175, 178

重复 repetition 80, 162–165, 168, 170–171, 174–175, 177–186, 190, 193, 195–200, 205, 220, 235–238

出现/涌现 emergence 36, 47, 49, 52, 60–61, 91, 160, 172, 185, 194, 198, 205

创伤 trauma 33, 223, 231–239

此在 Dasein 27, 50–53, 126–127, 135, 137–138, 149, 153–162, 196, 224, 229

存在 Being：在-世界-中-存在 being-in-the-world（也可参见此在 Dasein） 7, 51, 124, 135, 153–154, 158；存在-无 being-nothing 44, 101, 103, 104, 106–107, 113, 116, 118, 138, 140–141, 143–144, 146, 148, 150, 205, 222, 238；不-存在 non-being 101, 104–107, 112–113, 137, 145；存在的空无 void of being 25, 110–111

单向的，单向化 unilateral, unilateralization 44, 84, 120, 127, 133, 139–149

的归纳问题 induction problem of 74–75, 78

反思，自反的　reflection, reflective　3, 29, 34, 38–39, 41–42, 45, 47–48, 108, 138–142, 165, 176–177, 182, 218
反－现象　anti-phenomenon　97–98, 107
方法论　methodology　7, 50, 123, 165
非实在论　irrealism　11, 219–220
非－哲学　non-philosophy　118–122, 127–128, 130, 132–134, 137–138, 147–148
否定　negation　41, 53, 89–90, 104–105, 119–120, 130, 134, 138, 145, 147–148, 206, 208, 216, 220–221
否定性　negativity　34, 38–39, 44–45, 58, 142, 145–148, 208, 216, 218
复杂性　complexity　54, 192–194, 199, 202, 225–227

感质偏爱　qualiaphilia　30
个体，个体化　individual, individuation　12, 29, 43, 46, 79, 100, 154–156, 162–165, 168, 170–203, 222–223, 237–238
工具合理性　instrumental rationality　34, 36, 42, 44, 47
工具主义　instrumentalism　7, 9, 19, 46, 61, 64
观念论　idealism　20–22, 51, 53, 59, 62, 65–66, 67, 70, 85–88, 102, 113–117, 127, 129, 133–134, 136, 139, 142, 155, 158, 191, 202
规定/确定　determination　82, 93, 127, 129, 138–150, 155, 170, 172–185, 187, 192, 204, 238
规范的，规范性，规范　normative, normativity, norms　5–6, 8, 14, 16, 18, 26, 66–68, 108–109, 212

还原主义　reductionism　7, 8, 11, 21
合理的，合理性　rational, rationality　5–6, 8, 9, 15, 31–37, 39–42,

44, 47, 50, 68–69, 73–78, 88, 90, 97, 107, 116, 132, 138, 208, 210, 222, 229

后-康德哲学 post-Kantian philosophy 49–50, 53, 62–64, 68, 97, 118, 127, 231

毁灭 annihilation 37, 53, 159, 207, 210, 222, 228–229

混沌 chaos 68, 70, 83, 116, 188, 191, 210

活力论 vitalism 17, 62, 71, 168, 196, 198–204, 222, 226–229

机会 chance 80–82, 233

记忆 memory 11, 40–42, 48, 60, 163–164, 168–169, 175–182, 196, 200–202, 236

纪念 commemoration 33, 38–42, 44, 47

假死 thanatosis 34, 43–45

建构主义 constructivism 118–119

解缚 unbinding（也可参见绑缚 binding） 97, 131, 134, 141, 143, 147, 204, 223

解构 deconstruction 119, 121, 127, 138

进化 evolution 3, 7, 10–11, 21–23, 25, 41, 48, 88, 117, 225–229

经验 experience：以经验为依据的 empirical 116, 124–125, 189；现象学的 phenomenological 29–30, 209；可能 possible 51–52, 124–126, 164

经验主义 empiricism 3, 25, 76, 116, 164, 190, 196, 199–200

精神衰弱 psychasthenia 44

科学 science 7–12, 17, 25–26, 30, 35, 38–42, 47, 49, 51–53, 59, 61–64, 69, 71, 75, 78–89, 97–99, 108, 114, 116, 120, 148, 187, 191, 221, 231

客观的 objective 29–30, 34, 44, 50, 56, 58–59, 85, 113, 125–126,

140–141, 143, 145, 149, 157–158, 162–163, 170, 185, 190, 222, 238
客观化 objectivation 56, 58
客体/对象 object 35, 39, 44, 50–51, 64, 67, 78, 84, 92–93, 100, 127, 138–145, 149, 157–158, 163, 169, 172, 189–90, 203, 207, 215, 218–219, 221, 229–230
客体化 objectification 135, 138–147, 161, 201, 222, 230, 238–239
肯定 affirmation 71, 104, 107, 165, 167, 171, 182, 184, 186, 196, 206–208, 210–218, 220, 222–223, 239
空间 space 34, 42–48, 59, 123, 136, 149, 157, 164, 167, 174, 176, 178, 193, 196, 200–204, 222, 228–229：空间–时间 space-time 53, 56–58, 150, 159, 200, 202, 204, 230；矢量激活空间 vector activation space 13, 18–20, 25
空无，空无化 void, voiding 25, 88, 104–106, 110–113, 116, 137, 148–149, 204, 233
恐怖 horror 45, 48, 233, 238
快乐 joy 11, 211–217

理性主义 rationalism 31, 68–69, 71, 91, 93, 97, 116, 131
理由 reason 32–34, 38–41, 44, 47–48, 57, 63–84, 91, 135, 163, 199
历时性 diachronicity 55, 56, 83–94, 149
零 zero 148：零度 zero-degree 137, 148, 221, 235；零点 zero-point 223–234
零度 degree-zero（参见零 zero）

矛盾 contradiction 66, 70, 75, 83, 85, 94, 147, 208
迷 enigma 34, 49–50, 64, 91, 172, 232–233
绵延/持续 duration, durée 61, 86, 149, 177–178, 196, 200–201
灭绝/灭尽 extinction 53, 159, 205, 223–225, 227–232, 234,

238–239

命题态度　propositional attitudes　4–5, 8–9, 12, 16, 18

模仿　mimesis（也可参见拟态　mimicry）　32–35, 45–47

目的　purpose　37, 39, 207, 235, 238

内在/内在性　immanence　37–38, 41, 48, 108, 113, 119, 122–124, 127–128, 135, 140, 144, 146, 171, 208；绝对　absolute　41, 145；彻底的/激进的　radical　122, 128–130, 134–137；不可被客体化的　unobjectifiable　127, 135–136, 142, 144

拟态　mimicry（也可参见模仿　mimesis）　32–34, 42–48

逆熵　negentropy　186, 192, 195, 197, 203, 222–223, 225, 238

偶然　contingency　65–72, 79–85, 88–93, 122, 136

启蒙/启蒙运动　Enlightenment　25, 32–39, 42–44, 47–48, 97, 219

潜能的　virtual　83, 164–165, 168, 170, 172–174, 177–178, 194, 196, 198–200, 222

潜在性　potentiality　102, 126, 147, 156, 160, 174, 195, 214, 226

强度，内强的　intensity, intensive　163–204, 223, 237

强迫　compulsion　32–33, 38, 42–47, 119, 163, 186, 234, 237–238

琼斯，琼斯的神话　Jones, myth of，参见琼斯的神话　myth of Jones

琼斯的神话　myth of Jones　3–5

祛魅　disenchantment　36–37, 40, 42, 97, 116

取消唯物主义（EM）　eliminative materialism (EM)　9–11, 14–18, 23, 26–27

取消主义　eliminativism　14–15, 18, 21–23, 31, 208

人的科学图像　scientific image of man　3, 6–9, 26, 231

人的明显图像　manifest image of man　3–10, 26, 31, 209, 211, 213, 219, 222, 231–232, 234

认识论　epistemology　5, 9, 21, 23, 50–51, 64, 87, 116, 123, 190, 200, 215, 219

认知科学　cognitive science　3, 26, 40, 116

熵　entropy　166–170, 186, 192, 195, 197, 200–201, 203, 205, 222–223, 226, 238

神话　myth　5, 32–37, 40–42, 48, 85, 98

神经计算　neurocomputation　9, 11–12, 16, 18–24

生命，活生生的　life, living　17, 33–37, 39, 44–47, 49–52, 61–63, 71, 128, 135, 138, 149, 163, 165, 174, 176, 180, 186–187, 192, 194, 198–199, 202, 205–207, 213–217, 222–229, 234–239

生物学，生物学的　biology, biological　3, 13–14, 22, 27, 31–33, 36, 40, 42, 47–48, 149, 159, 161–162, 168, 173–174, 187–194, 199–200, 224, 228

时间　time：绝对　absolute　68, 70–71, 83–85, 148, 201；先祖的　ancestral　58–62, 84, 229；拟人的 / 人化的　anthropomorphic　229–230, 235；德勒兹的　in Deleuze　162–165, 174–204；海德格尔的　in Heidegger　153–162, 171；尼采的　in Nietzsche　207, 212, 217, 222

时间性　temporality（也可参见时间、序时性　time, chronology）　29, 38, 42, 44, 48, 52, 54–56, 61–62, 116, 149, 153–165, 171–178, 195–204, 217, 222–223, 229–230, 236

实际性　facticity　65–67, 72, 83–84, 92, 156

实用主义　pragmatism　9, 19, 22–26, 31, 115, 117

实在论　realism　13, 31, 43, 49, 62, 118, 129, 149, 219；非实在论

irrealism 11, 219–220；形而上学 metaphysical 149, 218；科学的 scientific 11, 18–19, 31, 62, 85, 116；思辨的 speculative 31；先验的 transcendental 118, 130, 134, 149

事件，事件性的 event, eventual 37, 81, 86, 102, 109–115, 126, 155

事实性 factuality 63–67, 69, 71, 74, 83, 86, 89–93

适应主义，适应主义者/的 adaptationism, adaptationist 18, 25

书写 inscription 48, 61, 63, 87–89, 107, 116–118, 136, 139, 163, 204–205

死亡 death（也可参见假死 thanatosis） 33–34, 36, 43, 47, 56, 68, 114, 126, 153–163, 185–188, 192–194, 196, 203–205, 212, 216–225, 229–233, 235–138：死亡-驱力，死亡-本能 death-drive, death-instinct 33, 47, 163, 168, 195, 204, 235, 238

缩离 subtraction 26, 88, 101, 103, 107, 115, 147

疼痛 pain（参见痛苦 suffering）

同一/同一性 identity 29, 32–34, 43–45, 68, 70, 101, 108, 121, 128, 132, 136–137, 139, 141–143, 145, 148–149, 165–166, 179, 181, 183–185, 189–191, 202–204, 206, 220–221, 230, 238

痛苦 suffering 211–212

唯我论 solipsism 30, 137–138

唯物主义 materialism 89, 93, 116, 138：取消的 eliminative 9–11, 14–18, 23, 26–27；思辨的 speculative 67, 83, 87, 89, 118

未来 future 10, 26, 36, 41–42, 55, 59, 68, 70, 74–75, 106, 154, 156, 160, 163, 174–177, 180, 182–184, 201, 207, 209, 211, 213, 217–218, 220, 223–225, 230, 236

无 nothing, nothingness 10, 15, 19, 28, 34, 37, 40–41, 44, 47,

50, 51–52, 60, 66–68, 71–74, 76, 78, 83, 91, 99–107, 112–113, 116, 118, 127, 136–149, 154, 157, 163, 187, 203–211, 216–222, 227–228, 233–238

无机　inorganic　36, 43, 46, 163, 186, 193, 197–198, 225, 234–238

无限的　infinite　41, 54, 57, 71–72, 80–81, 160, 213, 223, 228, 232–233

物理　physics　3, 42, 54, 58, 80, 85, 200, 226

物质　matter　36, 40, 48–49, 86, 129, 138, 163–164, 178, 181, 184–186, 199, 201, 225, 228, 237

仙境区　asymptopia　228

先验论　transcendentalism　57, 162

先验演绎　transcendental deduction　123–125

先祖的，先祖 / 性　ancestral, ancestrality　49–54, 56–60, 62–64, 83, 85–88, 229–230

显现 / 显明化　manifestation　50–56, 58–60, 85, 110, 121, 128, 130, 140, 142, 195, 216, 230–231

显像 / 表象　appearance　26–31, 39, 48, 76–80, 82–83, 115, 198, 206, 208, 219, 221

现象学　phenomenology　6, 7, 26–31, 41, 51, 59, 84, 88, 92, 98, 107, 109, 110–111, 115–116, 124, 127, 130, 135, 137–138, 145, 158, 161, 190, 209, 224, 231–232, 234

相关主义　correlationism　6, 40, 50–94, 134, 139, 147, 149, 159, 191, 201, 205, 229–230

形而上学　metaphysics　18–19, 22–27, 31, 50–51, 57, 64–65, 67–70, 73, 76–77, 84, 98–99, 102, 114, 116, 118–119, 121–131, 135–136, 144, 149, 158, 162, 170, 178–179, 209, 217–218, 222–223, 231, 236

虚无主义　vvnihilism　97, 205–209, 215–221

序时　chronology（也可参见时间性　temporality）　58–59, 61, 230

意识　consciousness　11, 17, 27, 39, 42, 44–45, 50–51, 53–55, 60–62, 79–80, 83, 107, 110, 124, 136, 157, 163, 172–173, 175, 179, 181–182, 184–185, 187, 189, 191, 193, 197, 199, 203, 210–211, 225, 229, 231, 236–237, 239

意义　meaning　15–17, 27–29, 37, 40–42, 50, 60–61, 64, 68, 73, 92, 98, 116, 161–162, 207, 210, 216–217, 220, 233, 238

意志　will：求知意志　to knowledge　215–217, 222, 227, 229, 238–239；虚无的意志　to nothingness　207, 209, 216, 219, 222, 227, 236；权力意志　to power　207, 209–211, 216, 218–220, 236

永恒，永恒复归　eternity, eternal recurrence　37, 159–160, 165, 182–184, 186, 206–208, 211, 214, 216–220

有机的　organic　25, 33, 43, 46–47, 174, 190, 196–201, 205, 210, 222, 224–225, 234–238

有机体　organism　19–23, 36–37, 43, 160, 174, 178, 193, 197, 212–213, 223–225, 235–238

有限，有限的　finite, finitude　41, 53–54, 57, 65, 71, 80–81, 83, 126–127, 135, 154–156, 160–161, 213, 222, 229

宇宙论　cosmology　42, 48, 59, 62, 159, 232

元本体论　metaontology　100–101, 107–110, 114, 148, 232

原-化石　arche-fossil　49, 51–56, 58–60, 63–64, 85, 87

原型矢量激活（PVA）　prototype vector activation (PVA)　13, 18–19, 23–24, 27

灾难，太阳的　catastrophe, solar　223, 231, 234

在场　presence　29, 88, 98, 106, 115, 121, 138, 153, 159–160, 170

绽出　ekstasis　149, 156–159

真实　real　63–64, 86–90, 92–94, 102, 108, 110, 113, 116–118, 125–130, 135–148, 164, 189, 199, 202–203, 222, 236

直观　intuition　17, 25–27, 29, 51, 53, 65, 78, 83, 110, 117, 123, 128, 132, 202, 229–230：智性的 intellectual 83–93, 107, 118, 134, 139, 229；现象学的 phenomenological 27, 110

智力　intelligence　47–48, 212

自然　nature　8, 25, 33–42, 45, 46–48, 51, 69–71, 74–79, 81–82, 85, 88–89, 109, 111, 114, 121, 153, 156, 157, 166–167, 186–190, 196, 203, 205, 218, 226：自然主义 naturalism 18, 23, 25–26, 31, 41, 48, 116–117, 231；的齐一性 uniformity of, 74–80, 82–83

自我　self, selves　31, 36–38, 45–47, 122, 126–127, 137, 156, 162–163, 174, 179–185, 194, 197, 210–211, 214, 231–232

自在　in-itself (an sich)，也可参见自在事物 thing-in-itself 50, 59, 67–69, 83, 90, 137, 142, 144, 178, 186, 210, 218–221, 227, 239

自在之物　thing-in-itself（也可参见自在 in-itself）64–65, 67, 127

综合　synthesis　8, 26, 51, 78, 80, 84, 123–149, 156, 159–160, 163–183, 186–204, 225, 230–231

踪迹　trace　223, 230, 233, 236–239

图书在版编目（CIP）数据

虚无的解缚：启蒙与灭尽 /(英)雷·布拉西耶著；
聂世昌译. -- 上海：上海文艺出版社，2022（2022.9重印）
（拜德雅·人文丛书）
ISBN 978-7-5321-8325-8

Ⅰ.①虚⋯　Ⅱ.①雷⋯②聂⋯　Ⅲ.①虚无主义—研究
Ⅳ.①B089

中国版本图书馆CIP数据核字(2022)第038661号

发 行 人：毕　胜
责任编辑：肖海鸥　李若兰
特约编辑：任新亚
书籍设计：左　旋
内文制作：重庆樾诚文化传媒有限公司

书　　名：虚无的解缚：启蒙与灭尽
作　　者：［英］雷·布拉西耶
译　　者：聂世昌
出　　版：上海世纪出版集团　上海文艺出版社
地　　址：上海市闵行区号景路159弄A座2楼201101
发　　行：上海文艺出版社发行中心
　　　　　上海市闵行区号景路159弄A座2楼206室　201101　www.ewen.co
印　　刷：上海盛通时代印刷有限公司
开　　本：787×1092　1/32
印　　张：15.875
字　　数：254千字
印　　次：2022年7月第1版　2022年9月第2次印刷
ＩＳＢＮ：978-7-5321-8325-8/B.082
定　　价：88.00元
告 读 者：如发现本书有质量问题请与印刷厂质量科联系　T：021-37910000

Nihil Unbound: Enlightenment and Extinction, by Ray Brassier, ISBN: 9780230522053

First published in English by Palgrave Macmillan, a division of Macmillan Publishers Limited under the title *Nihil Unbound* by Ray Brassier. This edition has been translated and published under licence from Palgrave Macmillan. The author has asserted his right to be identified as the author of this work.

Simplified Chinese translation copyright © 2022 by Chongqing Yuanyang Culture & Press Ltd. ·
All rights reserved.

版贸核渝字（2016）第216号

拜德雅 Paideia 人文丛书

（已出书目）

语言的圣礼：誓言考古学（"神圣人"系列二之三）	[意]吉奥乔·阿甘本 著
宁芙	[意]吉奥乔·阿甘本 著
奇遇	[意]吉奥乔·阿甘本 著
普尔奇内拉或献给孩童的嬉游曲	[意]吉奥乔·阿甘本 著
品味	[意]吉奥乔·阿甘本 著
什么是哲学？	[意]吉奥乔·阿甘本 著
什么是真实？物理天才马约拉纳的失踪	[意]吉奥乔·阿甘本 著
业：简论行动、过错和姿势	[意]吉奥乔·阿甘本 著
海德格尔：纳粹主义、女人和哲学	[法]阿兰·巴迪欧 & [法]芭芭拉·卡桑 著
苏格拉底的第二次审判	[法]阿兰·巴迪欧 著
追寻消失的真实	[法]阿兰·巴迪欧 著
不可言明的共通体	[法]莫里斯·布朗肖 著
什么是批判？自我的文化：福柯的两次演讲及问答录	[法]米歇尔·福柯 著
自我解释学的起源：福柯1980年在达特茅斯学院的演讲	[法]米歇尔·福柯 著
自我坦白：福柯1982年在多伦多大学维多利亚学院的演讲	[法]米歇尔·福柯 著
铃与哨：更思辨的实在论	[美]格拉汉姆·哈曼 著
迈向思辨实在论：论文与讲座	[美]格拉汉姆·哈曼 著
福柯的最后一课：关于新自由主义，理论和政治	[法]乔弗鲁瓦·德·拉加斯纳里 著
非人：漫谈时间	[法]让-弗朗索瓦·利奥塔 著
异识	[法]让-弗朗索瓦·利奥塔 著
从康吉莱姆到福柯：规范的力量	[法]皮埃尔·马舍雷 著
艺术与诸众：论艺术的九封信	[意]安东尼奥·奈格里 著
批评的功能	[英]特里·伊格尔顿 著

走出黑暗：写给《索尔之子》	[法]乔治·迪迪-于贝尔曼 著
时间与他者	[法]伊曼努尔·列维纳斯 著
声音中的另一种语言	[法]伊夫·博纳富瓦 著
风险社会学	[德]尼克拉斯·卢曼 著
动物与人二讲	[法]吉尔伯特·西蒙东 著
非政治的范畴	[意]罗伯托·埃斯波西托 著
临界：鲍德里亚访谈录	[法]让·鲍德里亚 & [法]菲利普·帕蒂 著
"绝对"的制图学：图绘资本主义	[英]阿尔伯特·托斯卡诺 & [美]杰夫·金科 著
社会学的问题	[法]皮埃尔·布迪厄 著
读我的欲望！拉康与历史主义者的对抗	[美]琼·柯普洁 著
虚无的解缚：启蒙与灭尽	[英]雷·布拉西耶 著
我们从未现代过：对称性人类学论集	[法]布鲁诺·拉图尔 著